数学解题研究

张蜀青　曹广福　李亚秀　编著

清华大学出版社
北京

内 容 简 介

本书紧密结合现行中学数学的教学内容,以问题驱动的理念为基准,开展数学解题的探索.在方法上,从"直觉""辨析""解决"三个角度分析数学解题的过程;在题目的选择上,除选择一些传统的几何、代数的题目外,纳入了大量的函数、概率方面的题目,以更好地指导教师的课堂教学及提升学生的应试能力.

本书可供高等师范院校教育硕士学科教学(数学)方向研究生、数学教育专业本科生作为数学解题研究课程教材使用,也适用于中小学数学教师、教研员及初高中学生阅读.

图书在版编目(CIP)数据

数学解题研究 / 张蜀青,曹广福,李亚秀编著. -- 北京 :清华大学出版社,2025. 8. -- ISBN 978-7-302-69997-2

Ⅰ. G633.602

中国国家版本馆 CIP 数据核字第 2025X5Q497 号

责任编辑:刘 颖
封面设计:傅瑞学
责任校对:薄军霞
责任印制:丛怀宇

出版发行:清华大学出版社
  网   址:https://www.tup.com.cn,https://www.wqxuetang.com
  地   址:北京清华大学学研大厦 A 座   邮   编:100084
  社 总 机:010-83470000   邮   购:010-62786544
  投稿与读者服务:010-62776969,c-service@tup.tsinghua.edu.cn
  质量反馈:010-62772015,zhiliang@tup.tsinghua.edu.cn
印 装 者:三河市东方印刷有限公司
经   销:全国新华书店
开   本:170mm×240mm   印 张:16   字   数:218 千字
版   次:2025 年 8 月第 1 版   印   次:2025 年 8 月第 1 次印刷
定   价:59.80 元

产品编号:106172-01

序

很多年以前拜读过波利亚的《怎样解题》,这本书或许可以算得上关于如何解题的经典著作了,影响了很多人.在今天看来,该书存在两个方面的问题,一是内容太过陈旧,基本上限于很传统的中学数学内容,今天的中学数学内容之广、思维量之大是传统中学数学无法企及的;二是太过于纠缠细节,有些问题也许是不必要的,教师在课堂上实际也很难按照该书的方案开展教学,它比较适合于节奏比较缓慢的教学,在知识量空前提高的今天,这样的节奏多少显得有些不合时宜.当然,这只是一孔之见,未见得正确,姑妄言之,姑妄听之.

《怎样解题》强调思维能力的培养,这与新课标的理念以及我们一贯提倡的观念不谋而合.传统的教学也许过分强调了解题技巧,姑且称为技巧性思维吧,忽略了直觉感知能力与思辨能力的培养.解题对于思辨能力的提升有没有帮助?我想是有的,解题的功能通常包括强化基础知识和技能、培养解题的思维能力、提高解题技巧、培养逻辑思维能力等,这与一般意义上的解题训练是不同的.2024年新课标数学高考试卷对于考生平时思考问题的方法是个很好的检验,不仅试题量减少了,打乱了往年试题内容的顺序,而且部分题型新颖,对考生的思维能力是很大的考验,考生依靠平时刷题和解题技巧的训练很难应付这类题型.它需要考生真正懂得思考,从陌生的情境中寻找解决问题的方案.这与花费相当大的篇幅让考生临场学习新的知识有着本质不同.考试毕竟是检验考生掌握已学知识的程度以及灵活运用这些知识的能力,学习能力不应该在时间非常宝贵的考试中检验.人与人的学习速度有区别,吸收新知识的快慢并不代表已有的知识有没有掌握好或者思维能力强不强,试题中夹带一些教材与课标中没有的所谓新知不是一种创新性命题方式,它也不可能真正检验出考生的创新能力.从这个意义上说,2024年新课标数学高考试卷的命制颇具水准,具有真正的创新性,大大提升了考题的思维量.有鉴于此,本书专门安排1章的篇幅谈论这两套试卷,讨论是否精准到位有待行家指正.

解题有没有一般性策略?我想是有的,对解题意义的认识、解题方法的凝练、解题目标的明确以及解题的反思、规范等对解题策略都具有重要价值.如何通过解题提升直觉思维能力、思考辨析能力、解决问题能力以及想象力都是需要思考的.本书由数学解题简论、数学解题能力的培养、新课标数学高考试卷分析及对教学的启示,以及高中数学解题研究4章组成.原计划涵盖初中数学,但限于篇幅,只能另册考虑.在内容的编排上,我们尝试将题与解答分开,读者可以先行尝试求解,再与后面的答案比较,或许效果更好.如果本书能对大学数学专业师范生、教育学硕士以及中学一线教师们有所帮助,我们的目的也就达到了.

曹广福

2025 年 1 月 25 日

目 / 录

第1章　数学解题简论

1.1　数学解题的认识

所谓解题,顾名思义,就是"解决问题".数学解题即求出数学题的答案,根据数学问题的类型,答案可以是通过逻辑演绎的方式给出的,通常称为"证明",也可以是由计算或计算加演绎得到的,通常称为"解".所以,解数学题就是求出该题的"证明"或"解"的活动.作为教育任务的数学题不同于数学上未解决问题,其答案都是已知的,所以学习过程中的解题是一个再创造的过程,是数学学习的核心内容之一.

数学解题是数学教育至关重要的环节,没有解题的训练过程就好比观众看杂技演员走钢丝,原理看似简单,保持平衡就可以了,但真正自己走上钢丝的时候却无法做到平衡,这是缺少训练的必然结果.解题是将课堂上学到的数学思想与方法运用到实际问题中从而内化成自身能力的一个必经过程.无论是对概念、定理的理解与熟练运用,还是对数学思想方法的领悟与思维能力的提升,都需要通过解题活动得到实现.解题也是评价学生掌握数学知识的深度与广度以及数学综合水平的有效手段.虽然学生的学业评价不完全由解题水平确定,但解题的确是最有效、最方便、最直接也是最公平的方法.它对于数学学习者的整个学习过程是至关重要的.

解题研究是通过对一些典型数学题的分析,探究数学问题解决的基本规律,学会用数学的头脑思考问题."题"是解题的对象,"解"则是解题的目标,解题是开发智力的重要方式,具有提升数学思维能力的功能.

学生也许习惯了具体的数学题,注重解答的准确性,关心解题的结果,却忘记了解题的初衷,解题的目的并非结果,而是过程.这与数学家以问题解决为目标的研究是不同的.解题强调的是其教育价值,即通过解题弄清楚问题解决的障碍,熟悉探索问题的过程,在这个过程中不仅强化了对所学数学概念与定理的理解,更懂得了如何利用它们学会思考辨析,创造性地解决问题.换句话说,解题是一种"有意识地寻求某一适当的行动,以便达到一个被清楚地意识到但又不能立即达到的目的."(波利亚《数学的发现》[1]).

从思维的形式考察,数学解题包括直觉思维、形象思维、抽象思维和逻辑思维四种基本形式,这几种形式并非相互孤立,在解决一个数学问题的过程中常常需要综合运用几种不同的思维形式.直觉思维可以帮助解题者从问题中捕捉重要信息,通过联想、类比、归纳等方法提取解题依据与解题方法,或猜测一般性的结论,这个过程通常是形象思维的过程.它需要解题者具有比较系统的知识结构和一定的解题策略.在此基础上将各种信息进一步组合,最终形成对问题的完整认知链,对所有相关信息进行加工,组合成严谨的逻辑结构,这个过程正是培养逻辑思维能力的过程.

在解决问题的过程中,由于没有掌握足够的信息量,可能误入歧途,所以需要不断地调整思路,改变策略,甚至改变考虑问题的角度.实际上,在对问题的分析中,需要不断地试错,通过各种特殊的案例找到可能的途径,不断有新的发现.

解题的前提是审题,理解题意.很难想象,在题意不清的情况下能找到解决问题的方法.解题者首先需要清楚地知道目标是什么? 条件是什么? 条件与结论之间需要通过何种桥梁建立起联系? 当这种桥梁建立起来之后,解题的思路也就呼之欲出了.在此基础上,尝试给出解答,运气好的话,设想的方案是可行的,问题得到圆满解决.但很多时候,事情并不那么顺利,可能缘于对隐藏的信息没有深入的挖掘,亦可能在某个地方遇到了难以逾越的技术障碍,需要解题者调整策略或方案,有时甚至需要从头开始.尽管第一次的尝试失败了,但失败是成功之母,正是通过这个失败找到了问题的关键所在,进而找到了解决问题的合适方案.

应该看到的是,解题的过程总是因人而异的,有些人或许天生具有某种洞察力,或许对问题的理解比较透彻,他能够立刻抓住问题的关键,找到解决问题的最佳途径.有些人也许在还没有准确理解题意,尚未掌握必要信息或不清楚条件与目标之间的逻辑关联的情况下便试图求解,其结果可想而知.即使是前者,在完成解答之后,也应该进行反思,寻找可能存在的更好的解答或结果.

1.2　数学解题的意义

哈尔莫斯说:"学习数学的唯一方法是做数学."(参见文献[2])适度地解题是数学学习必不可少的环节,但教师应该对问题有所选择,选择那些能启发学生思考、有效提升学生数学思维能力的好题,而不仅仅是依靠刷题提高熟练度.通过富有启发性的问题帮助学生发现其中所蕴含的规律,进而达到触类旁通的效果.

解题的意义何在? 价值是什么? 这是需要首先搞清楚的问题.解题的意义在于通过合适的问题固化所学的概念、原理以及所体现的思想方法,并能熟练运用它们解决问题.解题的本质特征是探究或研究,刷题在一定程度上可以提升解题的速度,这在大题量的考试中是必不可少的,尤其是通过对题目进行合适的分类,可起到举一反三的效果.但刷题除了增加熟练度外,对提升学生的数学思维能力并无太大价值.

解题的本质在于探究.探究性解题不仅可以达到对知识与方法的深入理解与掌握,更有利于创新思维能力的形成与发展.在此过程中,能否取得成就的关键在于学生的探究热情是否被充分激发出来.学生囿于认知能力的局限,教师合适的引导是不可或缺的.换言之,在充分体现学生主体地位的同时需要有教师的有效引导、帮助与支持.

学生的解题通常在两种场景下,一种是独立自主解题,课外自主学习过程中的解题通常属于这种类型;另一种是在教师引导下解题,课堂教学过程中的练习或习题课一般都需要教师的引导.即使是学生独立自主的解题,也离不开课堂上教师的有效引导与启发,教师需要教会学生解题的一般方法,而不是通过类比简单模仿教材或教师的解法,否则所谓探究将成为一句空话,最终陷入传统刷题的窠臼.

探究式解题通常指针对给定的问题从条件出发,将问题进行分解,形成一个层层递进的问题链,进而找到最终解决问题的方法.换言之,所谓探究式解题,即将解题过程当成一个研究的过程,其理论基础是弗登塔尔的"数学教育是数学的再创造".众所周知,数学并非单纯的演绎科学,当人们试图解决一个数学问题时,并不是仅仅通过罗列一些条件,然后进行推理.实际上,解决问题是一个不断摸索、试错、猜想、检验的过程.解题不仅有固化已学概念、原理的功能,同时也是培养解决数学问题正确方法的重要实践环节.当然,学生的认知能力和知识积累与数学家不能相提并论,不可能像数学家那样完全独立地研究数学.所以不仅教师要在课堂上示范性地创设一系列引导式问题以启发学生寻找解决问题的思路,而且学生在课外独立自主解题时也需要学会有逻辑地将问题"化整为零",通过从特殊到一般,从具体到抽象的思辨,最终找到解决问题的方法.

问题出现的形式是千变万化的,从解题的功能性看,问题可以分为两类,一类是固化所学概念、定理以及简单运用的基本问题,这类问题通常不需要经历太复杂的思考过程;另一类是提升思维能力的综合问题,解决这类问题不仅需要对过去所学的概念、定理及基本思想了然于胸,还需要具备一些创造性思维能力,通过抽丝剥茧、层层剖析,从复杂的条件中抓住最本质的东西,进而找到解决问题的方案.这两类问题都是必不可少的,而且它们面对的对象也有所不同.第一类问题面对的是所有学生,它是固化所学知识不可或缺的重要过程;第二类问题则是面对学有余力的学生,这些学生需要在固化概念、定理的基础上学会综合运用,掌握更高阶的思维能力,即创新能力、问题求解能力、决策力和批判性思维能力.这种思维能力体现了新时代对人才素质的新要求,它是适应时代发展的关键能力.但企图让所有的学生都具备高阶思维能力是不切实际的,每个人都是独特的,各有其所长,各有其所短,其天赋是千差万别的,教师对其要求自然也有所不同.教育的根本任务是让每一个学生都享受到适合自己的教育,真正体现因材施教的原则.我国目前实施的中考分流、拔尖人才培养等举措正是体现了这种原则.每个学生都需要努力提升自身解决问题的能力,但这种能力对不同的学生所展现的方面是不同的.

从数学题的类型看,一般分选择题、填空题与解答题.但问题的难度未必按照题目的类型分级,有些选择题与填空题也许需要不小的计算量,与解答题不同的是不需要详细写出过程,这类题的得分率不见得高,需要学生对知识点非常熟悉,并且训练有素.从应试的角度看,提高这类题的答题准确率的重要方法是训练熟练度,即俗称的刷题.对于刷题,需要有一个客观的认识,刷题并非一无是处.俗话说,熟能生巧,多做题,尤其是分类做题,善于总结答题经验,从而培养"题感",即做题的感觉,当看到某一道题时,就可以下意识地想到用哪一类方法去解.但从数学思维能力训练的角度看,刷题不是一个好方法,它需要的是深度思考的能力.各种考试中的部分解答题依靠刷题常常无法奏效,答题者不具备相当的数学直觉且数学思维能力不足以完成这类题型的解答.刷题的问题不在于刷,而在于题.要刷两类题目.一类是错题,即你做错的习题或考题,这类题目反映出你的薄弱环节,是你的难点所在,刷这样的题目可以做到有的放矢,达到事半功倍的效果;另一类是考试的真题,一份试卷是命题者对相关知识点重要程度的一个较全面的反映,可以比较充分地反映出考点的所在,以及各考点的深度(难度)与广度(综合程度)的体现.

无论出于提升分析问题与解决问题能力的目的还是应试的目的,两者并无根本矛盾.考试的初衷乃是检验考生掌握概念、原理、思想与方法的程度,检验学生的数学素养与运用数学理论与方法解决问题的能力.所以,选拔式考试是根指挥棒,如何使之能真正促进素质教育,促进一线教师加强学生数学思维能力的培养,改革是一项势在必行的工作.另外,学习要兼顾能力提升与应试两个方面.对概念与原理要融会贯通,这是成功解题的基础.所以,在一定时期内,适当刷题依然是不可或缺的解题环节,但同时也需要适应新的考试模式对解题能力的要求,在提升熟练度的同时要兼顾素养与能力的提升.

探究式解题至少应注意三方面的问题：

（1）如何从问题的条件出发通过特例、试错等方法猜测一般规律？

（2）如何在前述基础上找到解决问题的方法并反思是如何想到这个方法的？

（3）什么是好的方法？第一个环节属于方法的探究过程，第二个环节本质上属于元认知问题，第三个环节则涉及对数学方法的价值与审美判断.

1.3 数学解题的方法

成功解题的基础是具有相当的知识积累，指望脑子如一张白纸的人完成数学解题是天方夜谭.哥德巴赫猜想很容易被理解，但对于一个只有初高中知识的人来说，这是个不可能解决的问题，因为所有可能的最初等方法早就为前人所尝试过了.

当然，仅仅有足够的知识积累未必能顺利完成一道题的解答，还需要具备根据目标问题将所有知识点之间的逻辑关系进行快速梳理的能力.事实上作为学习任务的数学题所需要的数学素材都在解题者已经熟知的数学知识体系中，能否成功解决某个问题，不在于知识量是否足够，而在于能否从问题所提供的信息中挖掘似曾相识的知识点，并在这些知识点之间建立起逻辑关系.绝大多数情况下，一旦在目标与所涉及的知识点之间建立起了逻辑关系，解题的思路也就水到渠成了.常见的解题障碍在于对问题的信息没有充分的了解，对目标与相关知识点之间的逻辑关系不够清楚，俗称找不到感觉，无从下手.假设解题者熟悉相关知识点，具有解决问题的足够知识量，克服这个障碍的唯一办法是回到起点，仔细寻找问题中的信息与所熟悉的问题、知识点之间的逻辑关系，这样有助于产生正确的思路.

如果上述方法依然不可行，不妨改变问题的条件，先从特例开始，再寻找一般方法.这里不妨以著名的勾股定理为例,说明如何寻找解一般直角三角形的方法.

迄今为止,人们发现了勾股定理的四百多种证明方法.教学中通常以两种方式引入,一种是从毕达哥拉斯的故事开始,另一种是从赵爽弦图作为切入点.但这两种方法都没有揭示出勾股定理需要解决的问题是什么,更没有阐述清楚这个问题的重要性以及勾股定理所蕴含的思想方法.

从数学的角度看,勾股定理是为了解特殊三角形——直角三角形.作为初中生,此前学习了全等三角形,清楚全等三角形的判定定理,已经具备了解这类问题的知识量.关键在于如何通过已掌握的知识,深入挖掘问题内在的信息,从而找到解决问题的方案.问题所提供的信息有两点:①直角三角形;②两条边的长度.从全等三角形的判定定理可知这个直角三角形是唯一确定的,理论上就是可解的.

问题是清楚的,相关的信息也是清楚的,剩下的是如何寻找这些信息与已经熟悉的知识点之间的逻辑关系.我们需要解决的问题是,一个直角三角形的两条边的长度已知,如何计算第三条边的长度?我们不妨按照这样的逻辑梳理这个问题与已知知识点之间的关系:

(1)如何在直角三角形的三个边之间建立起联系?

不难想到,通过三角形的面积可以在三条边之间建立起关系,因为可以在三角形的每条边上作高进而计算三角形的面积.假设 $Rt\triangle ABC$ 的两个直角边 a,b 是已知的,记斜边的长为 c,斜边上的高为 h,则三角形的面积为

$$S_{\triangle ABC} = \frac{1}{2}ab = \frac{1}{2}hc.$$

这里遇到了一个本质的困难:斜边上的高也是未知的,所以从上述等式并不能通过直角边的长计算斜边的长.

如果我们纠缠在这个一般问题上,可能终究不得其解,不妨将问题特殊化,先考察一类特殊的直角三角形——等腰直角三角形:

(2)能否找到等腰直角三角形的斜边与直角边之间的关系?

如果在等腰直角三角形的斜边上作三角形的高(如图 1.1 所示),假设 $AB = c$,则由 $AC = CB = a$ 及 $CD = AD = \frac{1}{2}AB$ 知 $\triangle ABC$ 的面积

$$S_{\triangle ABC} = \frac{1}{2}a^2 = \frac{1}{2}\left(c \cdot \frac{1}{2}c\right) = \frac{1}{4}c^2, \quad \text{故} \ c^2 = 2a^2.$$

这里成功地得到了斜边与直角边之间的关系,但在回到一般直角三角形之前还有一段路需要走.几何上看,c^2 是以三角形斜边长为边长的正方形面积,a^2 是以直角边为边长的正方形面积,这样自然建立了以等腰直角三角形斜边为边的正方形与以直角边为边的正方形面积之间的关系(如图 1.2 所示).从这个图形不难发现,斜边为边的正方形由四个已知的等腰直角三角形构成,这个发现是发现解一般直角三角形思路的关键.

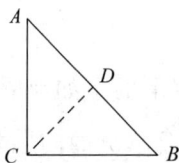

图 1.1　等腰直角三角形　　　图 1.2　以 a,c 为边的正方形

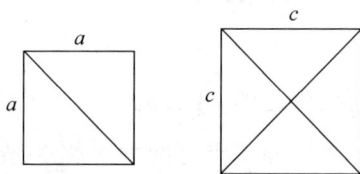

(3) 上述拼图的方法是否适用于一般的直角三角形?

通过对(2)的分析,不难想到如何尝试解一般直角三角形的方法,即利用四个已知的全等直角三角形拼凑.思路找到了,拼凑的方向也就有了,而且方法不是唯一的.例如,下面的两种拼凑方法并不难想到(参见图 1.3).

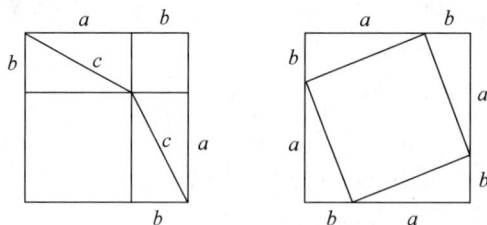

图 1.3　用直角三角形拼凑成正方形

赵爽弦图也是由四个已知直角三角形拼凑而成,但要从赵爽弦图中发现勾股定理还需要运用代数公式进行计算,不如上述两幅图更加直接(参

见图 1.4).

上述三个问题分别揭示了勾股定理的意义,发现证明的基本思想方法以及最终的解决途径.

通过对(1)的思考,作出了直角三角形斜边上的高,如果不急于纠结三边之间的关系,而是从几何上考察被斜边上的高分割出来的几个直角三角形,则走向了另一条可能的途径.事实上,斜边上的高将直角三角形分成了两个小的相似三角形,而且它们与原来的三角形也是相似的(参见图 1.5).

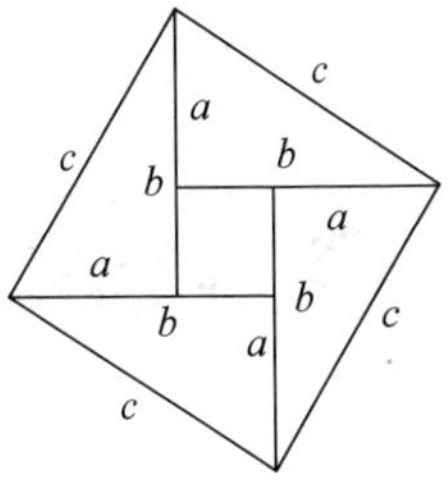

图 1.4 赵爽弦图

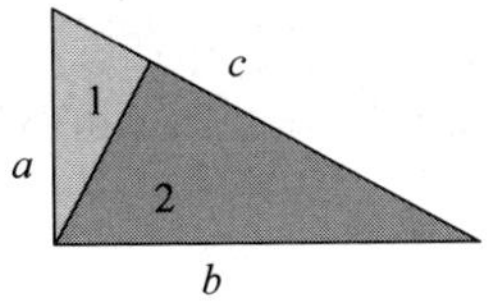

图 1.5 直角三角形及斜边上的高线

显然,两个小三角形的面积之和等于大三角形的面积.众所周知,相似三角形对应边成比例,假如问题的目标不明确,即解题者尚不清楚勾股定理在说什么,需要去发现直角三角形三条边之间的关系,或许沿着这条路径很难走下去.假定解题者对勾股定理的内涵是清楚的,需要做的是寻找它的证明途径,事情则另当别论.原直角三角形三个边的平方分别代表以它们为边的正方形的面积,这三个正方形的边正好也是三个相似三角形的斜边(参见图 1.6).三个三角形的对应边之比的平方即面积之比,如果设三角形面积与以其斜边为边的正方形面积之比为 m,则三个三角形的面积

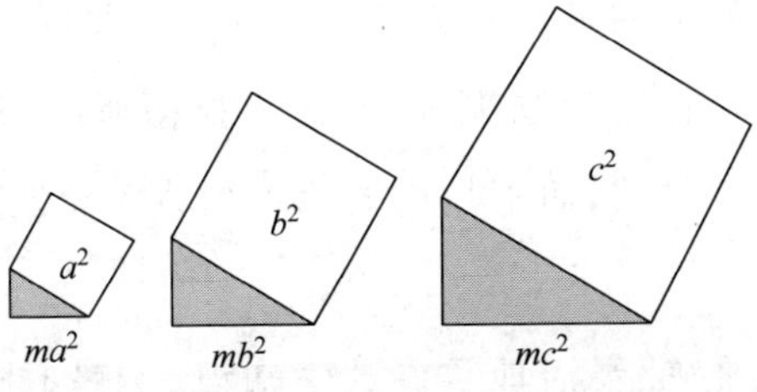

图 1.6 以图 1.5 中三条边为斜边的三个相似三角形的面积间的关系

分别为 ma^2, mb^2, mc^2：于是有 $a^2 + b^2 = c^2$. 相传这个证明是爱因斯坦在 11 岁左右的时候给出的, 虽然某教材曾经误传爱因斯坦用相对论的质能方程证明了勾股定理, 也算是幽了一大默! 但这个证明充分说明了爱因斯坦很聪明.

从勾股定理的证明发现可以看出, 为了获得问题的最终解决, 可以先考虑问题的特殊情形, 或许对特殊情形的分析可以为一般问题的解决带来可能. 当然, 有时未必如此幸运, 这就需要换一种思路, 重新寻找解决问题的出路.

1.4　数学解题的目标

如前所述, 解题的目标除了固化所学知识外, 更重要的目标是掌握重要的数学思想方法, 提升数学思维能力, 形成良好的思维习惯, 从而有效挖掘潜在的智力, 激发创造力. 这就需要解题者不能将知识作为解决问题的机械化工具, 而要掌握知识背后所蕴藏的思想方法, 这或许是很多解题者所欠缺的.

当一个数学问题出现时, 我们首先要做的不是急于给出解答, 而是针对该问题进行模式识别, 搞清楚问题的本质. 为了解决这个问题, 常常需要按步骤设计一系列小问题, 分析这些小问题的目的是最终解决目标问题. 即波利亚所说的辅助问题(参见文献[1]). 通过对辅助问题的分析, 可以找到对目标问题的解题思路. 辅助问题的提出并非凭主观臆断, 需要根据问题所涉及的知识点厘清问题与相关知识点的逻辑关联, 这种逻辑关联的梳理通常需要通过设计辅助问题来分析, 深入挖掘所隐藏的思想方法, 进而透彻理解目标问题的本质, 而不是机械地将相关的知识点运用于目标问题的解答.

解题者不仅要准确、灵活地掌握数学知识, 了解不同知识点之间的内在联系, 还需要通过对相关知识点的回顾与联想形成解决问题的思想方法,进而达到发展思维潜能,提升思维能力的根本目标.虽然现实的解题目标之一是提升应试能力,但思维能力的提升无疑对于提升应试能力是有帮助的.

以函数与导数题型为例,解题者往往忽视了函数与导数的几何直观,分析问题常常流于机械化的代数运算.尤其是对于一些相对比较复杂的问题,由于函数作图相对比较困难,解题时往往略过函数的图像,试图直接利用导数甚至高阶导数分析函数的特征,最终将函数与导数问题用近乎机械化的方法去解决.微积分的思想被湮没在一堆复杂的演算技巧中,难以从中寻找到问题的本质.

几何直观对于分析函数与导数问题至关重要,它可以帮助解题者找到正确的解题方向,避免陷入机械化操作的窠臼中.几何直观对于数学直觉与思辨能力的培养是十分有效的,解题过程中如果没有基本的数学直觉,就不可能有明确的解题思路,找不到正确的解题方向,所谓核心素养也就无从谈起.从这个意义上说,解题过程中注重几何直观,可以帮助我们了解函数图像的初步特征,再利用代数运算与导数等工具验证基于几何直观的猜测,进而作出函数的图像的正确示意图.

2021年八省联考的第22题是一道充分体现了微积分思想方法的典型题例:

已知函数 $f(x)=\mathrm{e}^x-\sin x-\cos x$, $g(x)=\mathrm{e}^x+\sin x+\cos x$.

(1) 证明:当 $x>-\dfrac{5\pi}{4}$ 时, $f(x)\geqslant 0$;

(2) 若 $g(x)\geqslant 2+ax$, 求 a.

第(1)问属常规题,难点在第(2)问.一些解题者将 a 按照不同的取值范围分类讨论,而且不同的解题者有着不同的分类方法,让读者很难透过解答看到其清晰的解题思路.因为解题者将导数作为一种机械化的运算工具,忽略了其深刻的内涵.如果解题者不是急于寻找 a 的取值范围,而是首先对目标问题进行辨析,或许可能迅速找到问题的解决方案.

不妨先考察一次函数簇 $y = 2 + ax$ 的图像特征,这里的参数 a 是一次函数图像(直线)的斜率,这簇直线有一个公共点 $(0,2)$. 换言之,这是过 $(0,2)$ 的一个直线束. 从几何上看,不等式 $g(x) \geqslant 2 + ax$ 意味着函数 $g(x) = e^x + \sin x + \cos x$ 的图像被 $y = 2 + ax$ 的图像从下方支撑住了. 因此,问题的目标是确定能支撑函数 $g(x)$ 图像的那些直线斜率 a 的范围. 函数 $g(x)$ 的图像显然也过点 $(0,2)$. 换言之,直线束与函数 $g(x)$ 的图像有公共点 $(0,2)$. 只要我们了解在一点处导数的几何意义便不难想象,满足 $g(x) \geqslant 2 + ax$ 的参数 a 必是函数 $g(x)$ 的图像在点 $(0,2)$ 处切线的斜率,于是应该有

$$a = g'(0) = 2.$$

上述基于直觉的分析为解题找到了正确的方向,但直觉不能代替证明,还需要给予严格的证明. 有两个问题是需要回答的:

① 使得不等式 $g(x) \geqslant 2 + ax$ 成立的参数 a 必为 2 吗?

② 不等式 $g(x) \geqslant 2 + 2x$ 在整个实数范围内都成立吗?

由于切线是个局部概念,回答了问题①只能说明在点 $(0,2)$ 附近确实有不等式 $g(x) \geqslant 2 + 2x$,尚需检验这个不等式在整个实数域上也成立. 为了完成目标①,需要做一个简单的变形.

由 $g(x) \geqslant 2 + ax$ 知

$$2 + 2x + [g(x) - (2 + 2x)] \geqslant 2 + ax,$$

于是

$$(2 - a)x + [g(x) - (2 + 2x)] \geqslant 0.$$

当 $x > 0$ 时,有

$$(2 - a) + \frac{g(x) - (2 + 2x)}{x} \geqslant 0; \qquad (*)$$

当 $x < 0$ 时,有

$$(2 - a) + \frac{g(x) - (2 + 2x)}{x} \leqslant 0. \qquad (**)$$

$(*)$ 式与 $(**)$ 式的左边进一步变形

$$(2 - a) + \frac{g(x) - (2 + 2x)}{x} = (2 - a) + \frac{g(x) - 2}{x} - 2,$$

接下来轮到极限粉墨登场了.显然

$$\lim_{x\to 0}\frac{g(x)-2}{x}=2.$$

由(＊)式可得 $a\leqslant 2$,由(＊＊)式可得 $a\geqslant 2$,可见必有 $a=2$.①得到圆满解决.

上述讨论仅适用于 $x=0$ 的附近,要完成不等式 $g(x)\geqslant 2+2x(\forall x\in\mathbf{R})$ 的证明还需要再往前走一步.由于 $y=g(x)$ 的二阶导数刚好是 $y=f(x)$,借助题目的第(1)问容易证明当 $x>-\dfrac{5}{4}\pi$ 时,$g(x)\geqslant 2+2x$ 恒成立(需要利用二阶导数讨论一阶导数的符号并参考函数在 $x=0$ 点的取值),当 $x\leqslant-\dfrac{5}{4}\pi$ 时,$2+2x\leqslant 2-\dfrac{5}{2}\pi<-5$,而

$$g(x)=e^x+\sin x+\cos x>-2,$$

这就完成了②的证明.

解题过程也是个学习的过程,通过解题回顾所学过的相关概念、公式、定理并寻找它们之间的逻辑关系,学会灵活运用,找到解题的思路.解题过程需要展现整个思维过程,在这个过程中,需要充分发挥解题者的数学直觉能力、思辨能力与逻辑思维及计算能力.由此可见,解题不仅是固化所学知识的过程,也是检验解题者的数学直觉与综合运用知识的过程,更是检验解题者对数学思想的领悟能力与数学思维能力的过程.

1.5　数学解题的反思

找到了问题的解答不等于万事大吉,一个善于学习的人在解答完目标问题后会懂得反思.一方面,检查一下所给出的解答是否正确、完整;另一方面,也是更重要的方面,所给的解答是不是最好的?能否得到更好的结果?通过这种反思,不仅可以提高对问题及解答的认知水平,还可能因此找到更好的解法.

这里不妨从一道平面几何题开始,分析如何在解题之后进行反思,找到通解通法,从而获得更好的结果.

平面几何是初中数学的重要组成部分,与传统平面几何的逻辑性与系统性相比,新课标下的平面几何更注重与代数之间的联系,生活化的味道也相对浓了一些.几何是培养学生的直观思维与逻辑推理能力的重要载体,如何通过几何问题提升思辨能力是值得探讨的问题.

下面这道几何题远算不上难题,甚至可以说是一道基本题,稍微有点基础的学生都不难找到正确的答案:"正方形内一点与 4 条边的中点依次连接,得到 4 个区域,其部分区域面积如图 1.7(a)所示,求剩余区域的面积."

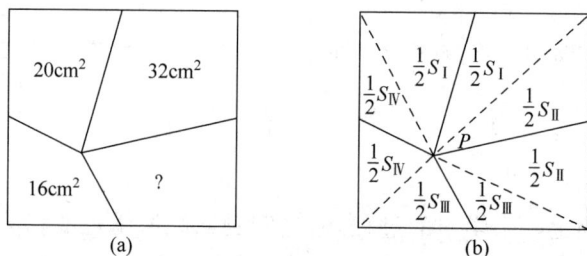

图 1.7　题图及解图

这个问题中蕴含着一个非常有趣的一般规律,如何发现这个规律则是件有难度的事情.

解题者如果清楚了多边形面积计算的一般方法,即化多边形为三角形或特殊的多边形(例如矩形、平行四边形、梯形等),则很容易想到把图 1.7(a)中的图形分解成若干三角形:

点 P 在正方形内部时,相对的两个区域面积之和相等,即

$$S_{\text{I}} + S_{\text{III}} = S_{\text{II}} + S_{\text{IV}},$$

连接 4 个顶点,如图 1.7(b)所示,每块区域利用中点平均分成 2 块,共 8 块,重新组合成 4 块大区域,即

$$20 = \frac{1}{2}(S_{\text{I}} + S_{\text{IV}}), \quad 32 = \frac{1}{2}(S_{\text{I}} + S_{\text{II}}),$$

$$16 = \frac{1}{2}(S_{\text{III}} + S_{\text{IV}}), \quad ? = \frac{1}{2}(S_{\text{II}} + S_{\text{III}}).$$

对比可知

$$?+20=32+16, \quad 故?=32+16-20=28\text{cm}^2.$$

有一种分割方法也不难想到,即连接正方形 4 个边的中点(如图 1.8 所示),也可完成对 4 个多边形的三角剖分.

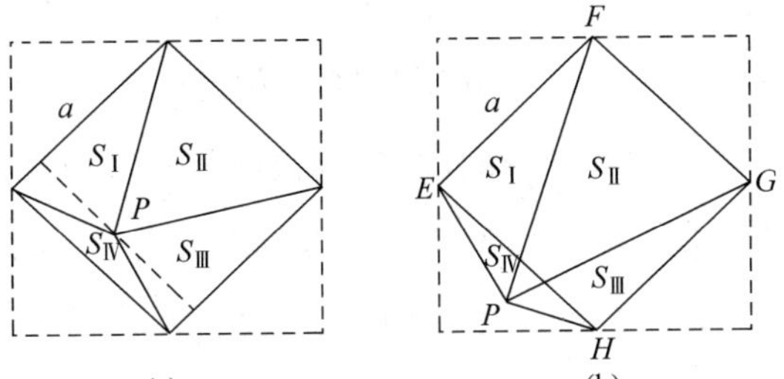

图 1.8 其他分割图示

从图形结构来看,4 块区域都有一部分面积相等的等腰直角三角形,同时去掉后,还是一个小正方形,在新的正方形中探究这些小区域的面积关系(如图 1.8(a)所示).4 个新区域的面积分别为 S_{I},S_{II},S_{III},S_{IV},则有

$$S_{\text{I}}+S_{\text{III}}=\frac{1}{2}a(h_1+h_2)=\frac{1}{2}a^2,$$

所以 $S_{\text{I}}+S_{\text{III}}=S_{\text{II}}+S_{\text{IV}}$,放回被去掉的 4 个全等等腰直角三角形后,上述规律保持不变,故?$=32+16-20=28\text{cm}^2$.

看起来上述问题似乎已经得到解决,但有一种情况可能会出现,大正方形内的点 P 有可能不在小正方形内(如图 1.8(b)所示):设内点为 P,当点 P 在小正方形外(同时在大正方形内)时,区域的划分会显得复杂一些.为方便起见,记 $S_{\text{I}}=S_{\triangle PEF}$,$S_{\text{II}}=S_{\triangle PFG}$,$S_{\text{III}}=S_{\triangle PGH}$,$S_{\text{IV}}=S_{\triangle PEH}$,同理可推得 $S_{\text{I}}+S_{\text{III}}=S_{\text{II}}-S_{\text{IV}}$.这说明若点 P 不在小正方形内部,需将两个面积相减.

上述两个方法的思路是类似的,出发点都是试图将四边形分割成三角形,利用"三角形等底等高则面积相等"这一性质完成问题的解答.显然第一个方法比第二个方法更简洁,避开了可能出现的分类讨论.所以从方法上判断,第一个方法比第二个方法更优.

解答如果到此终结,将丧失了一次绝好的拓展新知的机会.G.波利亚有句名言:"发现问题比解决问题更重要."哈尔莫斯也曾说过:"问题是数学的心脏."由此可见问题对于数学的重要性.一个习惯思考的人不会仅仅停留在解决已知的问题,还善于通过对已知问题的解答进行反思从而发现新的问题.

前面的两种方法都是基于经验,经过训练的学生都不难发现这类解题思路,需要反思的问题是:它们是不是好的方法?什么叫好的方法?有几个基本的判断标准:(1)简洁,抓住了问题的本质;(2)方法具有一般性.

上述问题的本质是什么?如果把问题稍微变换一下,类似的结果是否还成立?类似的方法是否还适用?例如,若是把正方形换成矩形,结果如何?或者把正方形边界的中点换成更一般的点,结果又会如何?此时的问题没有发生本质的变化,上述两个方法依然是适用的.如果将正方形换成圆(到了高中甚至可以换成椭圆)呢?类似的结论是否还成立?这就涉及问题的本质与方法一般性的讨论了.一旦边界是"弯曲的",第一种方法显然不能照搬,因为用此方法无法将 4 个小区域分割成三角形.第二种方法或许可行,将圆周上的 4 个等分点连接之后,得到了 4 个面积相等的曲边区域,割掉这 4 个小区域后得到一个正方形,问题再次回到了正方形的情形.从这个角度看,第二个方法比第一个方法更具有一般性.换言之,第一个方法更具简洁性,第二个方法更具一般性.所以两种方法各有千秋,优劣在伯仲之间.

上述两种方法都具有局限性,它们仅适用于多边形,一旦区域的形状发生变化,这些方法可能就不再适用了,但类似的结论是否仍然成立?例如将正方形换成圆将会如何?不难发现上述第二种解法也适用于圆,但如果换成更一般的对称区域呢?通过对这个问题的分析可以帮助我们了解:分割多边形的方法依赖于区域的形状.它仅适用于正方形或平行四边形,如果边界弯曲,就要想办法把边界割成多边形.但第二种方法仍然具有局限性,因为如果是更一般的区域,第二种方法可能也不适用.两种方法之所以具有局限性,根本原因就在于两种方法都需要转换成多边形才能利用三角形面积完成计算.

　　还有其他方法吗？这就需要暂时摆脱化多边形为三角形的惯性思维，以对问题本质的探索作为出发点寻找新的方法．

　　数学研究的一个基本特征是从特殊到一般．姑且不管是何种区域，问题的关键是区域内一点与区域的 4 个边界点连接得到 4 个不同的子区域，这 4 个子区域之间的关系与内部点的位置是否有关？不妨先从特殊的点出发考察这些子区域之间的关系．例如，若内部的点是正方形的中心或者在正方形的一条中线上，结果如何？此时将会发现一个共同的规律：相对的两个区域面积之和相等．再考察更一般情形，中线上的点发生了偏移，变成了正方形内的任意一点，类似的现象是不是还会出现？这样的思考方式有效避开了分割多边形为三角形的惯性思维，虽然最终还是需要利用三角形的面积，但这是探索出来的必然方法，而不是基于经验的结果，这也是进行科学研究的普适性思维，两者不可同日而语．

　　不妨先探究一下第三种解答：接对边中点 EG,FH，相交于点 O（如图 1.9 所示），连接 PE,PF,PG,PH,PO，因为 O 是对称中心，有 $S_{\triangle POE}=S_{\triangle POG}$，$S_{\triangle POF}=S_{\triangle POH}$，同时减去公共部分后有①＋②＝③＋④（数字符号代表区域面积），这说明相对的区域面积总是"相互补充的"（即某块区域面积增加，其对角区域面积会

图 1.9　题图的变形

减少相应部分），且对角区域的面积之和为全部面积的一半，对比原图，则必然有？＝32＋16－20＝28cm^2．

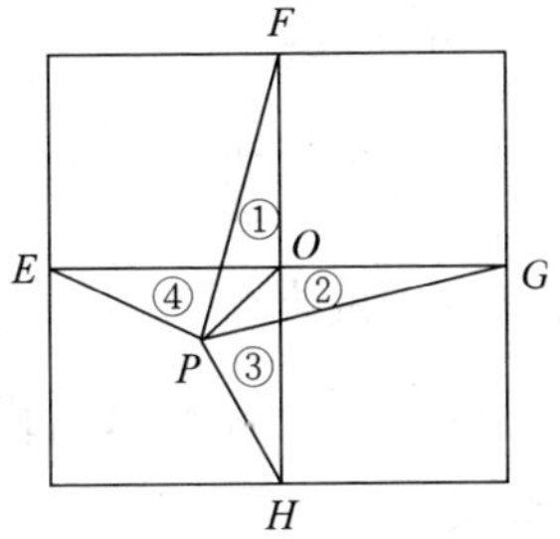

　　上述解法的出发点并非化多边形为三角形，虽然最终还是用到了三角形面积之间的关系，但这种关系建立在探索的基础上而不是经验的基础上．更重要的是，第三种解答抓住的是区域内部点的位置，没有直接去关心边界，也就使得这种方法具有了普适性．边界是不是直线并不重要，最终需要的并非正方形图形本身，而是正方形的对称性．只要保证交点 O 是整个平面图形的对称中心，即可使得"对角区域面积之和为定值"这一性质得以保留，因为中心对称图形的对称中心可以保证原始划分中的对角区域面积

之和相等,这可以从平行四边形和椭圆这两种特殊图形中加以验证(参见图 1.10).

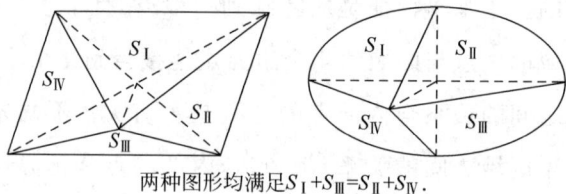

两种图形均满足 $S_I + S_{III} = S_{II} + S_{IV}$.

图 1.10 题图的变形

这个方法为问题的一般化打开了思路.假设两条直线交于区域内一点 O,与区域边界分别交于点 A,B,C,D(如图 1.11 所示),$ACBD$ 构成一个平行四边形.线段 AB 与 CD 将区域分割成 4 块小区域,使得相对的两块区域面积之和等于整个区域面积的一半.任取区域内一点 P,P 与 A,B,C,D 的连线将区域分成 4 个小的区域,相对的两块区域面积之和是否仍是整个区域面积

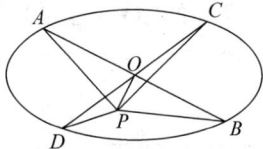

图 1.11 题图的变形

的一半?为什么?

该问题中的区域很宽泛,甚至不必要求它是中心对称图形,只要过区域内部一点 O 的任意两条线段被 O 点平分且能将区域分割成 4 块小区域,使得相对两块区域面积之和等于整个区域的一半,那么 4 个点就决定了区域内任意点 P 的性质:到 4 个边界点连线得到的 4 个小区域相对区域面积之和相等.有了前面的分析基础,学生已经不难应对这个问题.这个结论与区域形状无关,只与分割区域的两条直线的位置有关.在此基础上可以进一步拓展:

是不是所有的区域都能找到两条相交直线具有上述性质?

这是个稍具挑战性的问题,其基本的思想是:①有没有一条直线将一个给定的区域面积平分?这个问题不难得到肯定的回答.②过平分区域面积的线段中点是否存在一条直线将区域分割成具有面积平分性质的 4 块小区域,而且交点也是该线段的中点?结论为必然.不妨把面积平分性质

称为区域面积对分性. 于是可以建立一个概念:

定义　假设区域 Ω 的边界上有 4 个点, Ω 内的点 P 到 4 个边界点的连线将区域分割成 4 个相对的区域面积之和相等的小区域, 则称 P 为相对于 4 个边界点的区域面积对分点. 如果区域的边界上存在 4 个点, 使得区域内的任意点相对于 4 个边界点具有面积对分性质, 则称该区域具有面积对分性.

由此可以得到一个一般性的结论, 姑且称为定理:

定理　假设 Ω 是中心对称的有界凸区域, 则 Ω 具有面积对分性质.

以上一系列分析体现了探索的一般思维方法, 思维能力正是在这种探索中潜移默化而成(参见文献[3]).

善于反思的人可以更有效地提升数学思维能力, 它是培养元认知的重要途径. 通过对解题过程进行检验和再认识, 可以强化思维的严谨性, 因为解题过程难免挂一漏万, 出现疏漏在所难免, 反思过程可以帮助解题者纠正疏漏甚至错误. 更重要的是, 反思不仅可以起到举一反三的效果, 还可以深化对原问题的认识, 使得思维空间更加广阔, 甚至发现新的更有意义的问题.

从不同角度分析目标问题, 会给解题者带来不同的启示, 从前面的例子可以看出, 对多解法进行反思, 不仅可以寻找最优解题策略, 还可以培养发散性思维, 激发想象力, 这是创新的重要驱动力.

解题后的反思还有一个重要功能, 可以培养解题者的数学直觉与数学思辨. 事实上, 对解答的反思需要思维具有一定的灵活性, 不能仅凭经验、模仿或套用现成的公式与定理, 需要具备较好的洞察力、思辨力、论证力与想象力. 由此可见, 养成反思的习惯对于把握数学不同知识点的逻辑关联与内在的数学思想方法并灵活运用是至关重要的.

有时错误的解答并非毫无益处, 具有反思习惯的人不会因为错误的解答而立刻放弃原来的解法寻找新的方法, 而是会反思为什么会犯错? 是对题意的理解不够清晰还是知识量不够? 或者思维活动犯了方向性错误? 对错误的分析有助于寻找正确的解答.

1.6　数学解题的规范

所谓解题的规范是指解答准确、简洁、完整.要做到解答的规范,准确理解题意很关键,要按照题目的目标解答.

从考试的题型看,通常有选择题(包括多选题)、填空题、解答题,虽然选择题、填空题不需要解答过程,但思考的过程也存在是否规范的问题.与解答题相比,有些选择题、填空题似乎显得更简单,但如果不注意审题的规范性,很容易出错.

所谓审题,指的是深入思考和反复推敲题目的含义,它是应试最基本、最首要的一项工作.审题准确,正确地了解题意、把握试题要求,是作答的前提.善于审题的人比较容易从题目中找到与所学知识点之间的内在关系,这就是所谓的直觉.很多情况下,能不能找到感觉决定了能不能正确完成解题,大多数时候,灵感正是在审题的过程中获得的.从审题中获得灵感不仅需要对题目所涉及的知识点融会贯通,还需要具备一定的想象力,因为解题者所掌握的知识与题目的目标之间可能还存在鸿沟,需要充分发挥联想、类比等思维工具去想象目标与已知之间的关系.

联想与类比是审题过程中常用的思维,它也是创造性思维的源泉.联想与类比的能力在一定程度上可以通过训练获得,通过联想、类比能力的提升,可以在潜移默化中使得直觉思维、灵感思维、顿悟思维等创造性思维能力得到提升.

为什么说联想与类比能力可以通过训练获得?这是因为联想与类比具有结构化的特点,远不似直觉思维、灵感思维、顿悟思维显得有些神秘.创造心理学认为,联想"是由一个事物'想'到其他事物的过程",亦即通过思维或想象在事物之间建立联系的过程,而无论这些事物之间是否存在内在、本质、必然的联系.按分类的标准和约束条件的不同,联想可分为因果联想、相似联想与对比联想,简单联想与复杂联想,单项联想、双向联想或多项联想,控制(强制)联想与自由联想等.类比则是"由于不同事物具有某种相似或相同的属性,进而推断它们在更多的方面也具有相似或相同属性的一种思维方式."

联想与类比对于审题的重要性不言而喻,它可以激活解题者对所学知识的记忆,激发解题者的灵感.审题过程要求对题目中的每一个字、每一句话、每一个符号的含义及其相互间的关系仔细地推敲、揣摩、辨析,从题目中挖掘隐藏的条件,寻找与所掌握的知识点之间的关系,进而发现解题的思路.无论是哪种题型,这个过程都是必不可少的,它是获得解题灵感并成功解题的关键.选择题与填空题没有中间过程,读者不可能透过答案了解解题者的思维过程,所以审题更加重要.因为这类题的结果只有两个,要么是满分,要么是零分.对此类题的观察需要细致,在弄清楚题意的基础上认真推敲、演算,确保推理与计算的准确无误.

解答题的规范性要求更高,不仅审题过程需要规范,解题过程更需要规范,因为教师或评卷人需要根据解题人的解题过程考察解题人的思路与表达方式,不规范的解答不仅会让教师或评卷人对解答过程莫名所以,难以揣摩解题者的思路,还可能由于不规范使得解答大打折扣,导致失分.

解答的表达既是对解题者对所学知识的理解与运用的考察,也是对其表达能力的考察.遗憾的是,很多解题者不仅解答过程的逻辑不清晰,表达方式也很不规范,甚至出现语法错误.

表达方式的不规范不仅表现在对数学的理解出现偏差,还表现在遣词造句与逻辑梳理的能力有所欠缺.有时候,教师在课堂上把一个问题的解决方案分析清楚了,要求学生把完整的解答整理出来,学生清楚怎么解答,却不知道该如何有条理地按照逻辑关系将其梳理出来.例如,某博士生在研究计划中拟站在 A 国研究 B 国的某种现象,计划书强调了 A 国相关学科的强大,可以为研究 B 国的某种现象提供有力的支持,这是典型的逻辑混乱.研究 B 国某种现象需要大量的数据采集,站在 B 国研究 B 国自然最容易获得第一手资料,为什么要站在 A 国研究 B 国? 如果说因为 A 国某学科有优势,但 C 国该领域比 A 国更具有优势,为什么不去 C 国? 逻辑上显然站不住脚.A 国相关学科的强大可以成为研究 B 国的优势,却不构成站在 A 国研究 B 国的必要性.计划本身是很好的,却没有把逻辑关系梳理清楚.合适的着眼点应该是:"站在 A 国研究 B 国必然涉及两国的比较,通过两者之间的比较挖掘 B 国某种现象之所以与他国不同的内在本质,这样才能体现站在 A 国研究 B 国的必要性."

解题中最常见的频繁用语是形如"因为……,所以……"的句式.众所周知,英文写作中一段文字里切忌重复使用同样的句式,中文何尝不是如此?数学证明总是按照特定的逻辑进行的,由什么得到什么需要有特定的逻辑关联词将其连接起来."因为……,所以……"之类的句式是很常见的.但一道题的证明中应该尽量杜绝重复使用同样的句式,除了"因为……,所以……"外,还可以使用"由……,可得……""从……,可知……""注意到……,故而……"等句式表述,这样方可使得证明过程不至于显得枯燥乏味,让人读起来味同嚼蜡.

解题的规范性有赖于教师日常有意识的训练,可以通过不同的教学方法提升学生的解题规范性.

(1)示范性教学.通过课堂的示范帮助学生学会合适的表达方式,教师在课堂上通过各种题型的解答过程进行示范,让学生了解各种题型的解答方式与解答习惯.正如专业英语有特定的习惯用语,各种题型的解答也有自身特定的习惯.这种示范需要有典型的案例作为素材.现行教材缺少相关素材,教师需要在教材之外精挑细选,引导学生剖析各类题型的解答精要,并提供一些素材,让学生结合示范性解答进行解题,老师再给予点评.

(2)比较式教学.这里的比较并非通常意义上的不同教学的比较,而是通过同一道题不同解答表达方式的比较让学生直观了解表达方式的不同.正如同样的意思用现代文与用古文写作的效果是不同的,同一道题的解答表达方式也不尽相同.可以从句式的结构、载体、词汇特征等多角度做比较,这样方能让学生在今后的解题中找到最合适的解答表达方式.

(3)纠错式教学.教师在课堂上也常运用纠错式教学手段,例如针对学生作业中的错误进行分析,给出正确的解答,这便是纠错式教学.在解题问题上也存在表达方面的纠错,包括语法错误与逻辑错误,后者更为困难.
教师不妨通过正反两方面的案例说明不同题型解答表达方式的不同,例如
计算题的表达与论证题的表达有很大的不同.论证题的解答固然需要严谨
的逻辑,计算题的解答也需要严谨的逻辑,尤其是解答过程中不同的逻辑
层次需要合适的逻辑关联词将它们联系起来.

对很多人来说,把一道数学题的解答严谨地写出来并不那么容易.阐
述既要准确严密、逻辑清晰、层次分明,又要简明扼要,把经过思辨所产生
的想法经过运算、推理,准确无误地表述清楚,既没有废话,也没有疏忽,还
要符合各种不同题型解答的格式要求.有时候还需要作图,虽然不一定要
作出很精确的图像,但图像要把最本质的要素反映出来.一个好的图形不
仅为解答提供清晰的思路,也为读者理解解题者的思路提供很重要的帮
助.要具备这些能力,需要教师教学过程中反复示范、比较、纠错,逐步培养
出规范的表达方式.

1.7 数学解题的能力

所谓解题能力是指审查题意,准确理解题目的条件,梳理清楚条件与
条件、条件与结论之间的关系,从而得到答案的能力.数学解题能力的提升
依赖于思维能力的提升.数学思维通常需要经历三个阶段:直觉感知、思
考辨析、演绎证明,也可以把它们称为数学思维能力的三要素.直觉感知与
思考辨析往往需要比较强的想象力,从数学思维的角度看,可以把想象力
归结为直觉感知能力与思考辨析能力.体现在问题上,直觉感知通常是提
出问题的过程,思考辨析是分析问题的过程,演绎证明则是解决问题的过
程(参见文献[4]).说到数学思维,通常会涉及逻辑,似乎不讲逻辑就不是
数学思维了.事实上,数学思维最初等的形式往往是直觉感知的过程,人们
通过若干具体的例子去感知客观对象大概是什么,然后大胆做出猜测.有
时候,也可能问题是明确的,需要的是解决问题的方法,这时也存在直觉感

知的问题,即什么样的方法是合适的? 这个过程并不总是那么合乎逻辑,更多的是需要发挥联想、类比的功能,寻找各种已知信息与这个问题之间可能的联系. 虽然总的方向是一定的,但其中尝试的过程可能是不合乎逻辑的,尤其是有反例存在的时候. 数学史上很多反例都是天才的杰作,试图探寻发现者的足迹恐怕是徒劳的,有些理论的建立也是如此.

数学解题需要直观吗? 答案是显而易见的! 如果一个人不能直观地理解题意,很难说他理解了问题的本质. 数学上的直观通常有两种含义,一种是通过几何直观描述其大概的样子,另一种是通过具体的例子说明抽象的条件与结论之间的关系. 这个过程对于解题者是必须的,原因在于人的认知过程是循序渐进的. 有时候,一个具体的例子或者一个形象化的几何示意图,可以帮助解题者深刻理解题意并看清其本质.

但直观不能代替抽象,它只能帮助我们理解,培养我们的数学直觉,代替不了抽象. 如同一个概念或定理的建立,解题过程常常也需要经过感知、归纳、抽象等诸多环节. 换言之,解题者不能停留在直观,需要从直观和特例中走出来,回到原始的问题.

数学思维的第二个阶段是思考辨析. 直觉在很多时候依赖于经验和灵感. 与直觉不同的是,思考需要有某种依据,这种依据常常是某种逻辑. 胡思乱想不是思考,更不可能辨析出真理来. 思考辨析通常是在直觉的基础上依据某种原则进行初步的演绎,辨析出问题的本质以及解决的可能途径,辨析清楚了,解决问题的方案多半就出来了. 当然,在解决问题的过程中可能会发现原来的方向有偏差甚至错了,需要回到起点,重新辨析. 那种偏差并非毫无意义,它可能为进一步辨析提供了依据.

数学思维的第三个阶段是演绎证明. 当思路明确了,剩下的则是检验思路的可行性,这时需要进行实操,看原来的方案是否确实可行,这个过程既有可能是逻辑证明的过程,也有可能是计算推理的过程,更多的是逻辑演绎与计算并重的过程. 思路很清晰并不意味着演绎证明一定畅通无阻,可能还会有一些细节性的梗阻,一个人的基本功如何在这个时候就凸显出来了. 从这个意义上说,解题是检验一个人思维能力的重要方式,掌握必要的解题基本功,不仅可以提高应试能力,对于领悟数学思想、训练思维能力也是重要的.直觉与思辨好比机器的发动机,它可以为我们提供动力;而解题基本功则是机器的润滑剂,它可以保证我们在数学演绎的过程中不至于举步维艰、步步是坎.

解决数学问题的常用方法是转化,一个复杂的问题可以转化为简单问题或若干简单问题形成的问题链,也可以把一个不规则问题转化为规则问题.这种转化的思想可以使得解题的思路变得更具有灵活性,从而增强对复杂问题的应对能力.这里针对 2023 年全国新高考 Ⅱ 卷中第 22 题函数与导数题的两种不同解法进行对比分析,说明几何直观与数学思想的重要性.由此说明解题的关键是深挖题意中蕴藏的思想,不应沦陷于机械化的技巧中.

(1) 证明:当 $0 < x < 1$ 时,$x - x^2 < \sin x < x$;

(2) 已知函数 $f(x) = \cos(ax) - \ln(1 - x^2)$,若 $x = 0$ 是 $f(x)$ 的极大值点,求 a 的取值范围.

本题第(1)问属于常规问题,学生不难想到利用导数判断单调性.此处重点探讨第(2)问.先来看看一种基于机械化操作的解答:

(2) 令 $1 - x^2 > 0$,解得 $-1 < x < 1$,即函数 $f(x)$ 的定义域为 $(-1, 1)$.

若 $a = 0$,则 $f(x) = -\ln(1 - x^2)$,$x \in (-1, 1)$.因为 $y = -\ln u$ 在定义域内单调递减,$y = 1 - x^2$ 在 $(-1, 0)$ 内单调递增,在 $(0, 1)$ 内单调递减,则 $f(x) = -\ln(1 - x^2)$ 在 $(-1, 0)$ 内单调递减,在 $(0, 1)$ 内单调递增,故 $x = 0$ 是 $f(x)$ 的极小值点,不合题意,所以 $a \neq 0$.

当 $a \neq 0$ 时,令 $b = |a| > 0$.因为
$$f(x) = \cos(ax) - \ln(1 - x^2) = \cos(|a|x) - \ln(1 - x^2)$$
$$= \cos(bx) - \ln(1 - x^2),$$
且 $f(-x) = \cos(-bx) - \ln[1 - (-x)^2] = \cos(bx) - \ln(1 - x^2) = f(x)$,所以函数 $f(x)$ 在定义域内为偶函数,由题意可得
$$f'(x) = -b\sin(bx) - \frac{2x}{x^2 - 1}, \quad x \in (-1, 1).$$

① 当 $0 < b^2 \leqslant 2$ 时,取 $m = \min\left\{\dfrac{1}{b}, 1\right\}$,$x \in (0, m)$,则 $bx \in (0,1)$,由第

(1)问可得

$$f'(x) = -b\sin(bx) - \frac{2x}{x^2 - 1} > -b^2 x - \frac{2x}{x^2 - 1} = \frac{x(b^2 x^2 + 2 - b^2)}{1 - x^2},$$

且 $b^2 x^2 > 0$,$2 - b^2 \geqslant 0$,$1 - x^2 > 0$,所以

$$f'(x) > \frac{x(b^2 x^2 + 2 - b^2)}{1 - x^2} > 0,$$

即当 $x \in (0, m) \subseteq (0,1)$ 时,$f'(x) > 0$,则 $f(x)$ 在 $(0, m)$ 内单调递增.

结合偶函数的对称性可知:$f(x)$ 在 $(-m, 0)$ 内单调递减,所以 $x = 0$
是 $f(x)$ 的极小值点,不合题意.

② 当 $b^2 > 2$ 时,取 $x \in \left(0, \dfrac{1}{b}\right) \subseteq (0,1)$,则 $bx \in (0,1)$. 由(1)问可得

$$f'(x) = -b\sin(bx) - \frac{2x}{x^2 - 1} < -b(bx - b^2 x^2) - \frac{2x}{x^2 - 1}$$

$$= \frac{x}{1 - x^2}(-b^3 x^3 + b^2 x^2 + b^3 x + 2 - b^2),$$

构建 $h(x) = -b^3 x^3 + b^2 x^2 + b^3 x + 2 - b^2$,$x \in \left(0, \dfrac{1}{b}\right)$,则

$$h'(x) = -3b^3 x^2 + 2b^2 x + b^3,\ x \in \left(0, \dfrac{1}{b}\right),$$

且 $h'(0) = b^3 > 0$,$h'\left(\dfrac{1}{b}\right) = b^3 - b > 0$,则 $h'(x) > 0$ 对 $\forall x \in \left(0, \dfrac{1}{b}\right)$ 恒成

立,可知 $h(x)$ 在 $\left(0, \dfrac{1}{b}\right)$ 上单调递增,且 $h(0) = 2 - b^2 < 0$,$h\left(\dfrac{1}{b}\right) = 2 > 0$,所

以 $h(x)$ 在 $\left(0, \dfrac{1}{b}\right)$ 内存在唯一的零点 $n \in \left(0, \dfrac{1}{b}\right)$.

当 $x \in (0, n)$ 时,则 $h(x) < 0$,且 $x > 0$,$1 - x^2 > 0$,则

$$f'(x) < \frac{x}{1 - x^2}(-b^3 x^3 + b^2 x^2 + b^3 x + 2 - b^2) < 0,$$

即当 $x \in (0, n) \subseteq (0,1)$ 时,$f'(x) < 0$,则 $f(x)$ 在 $(0, n)$ 内单调递减.

结合偶函数的对称性可知：$f(x)$ 在 $(-n,0)$ 内单调递增，所以 $x=0$ 是 $f(x)$ 的极大值点，符合题意.

综上所述：$b^2>2$，即 $a^2>2$，解得 $a>\sqrt{2}$ 或 $a<-\sqrt{2}$，故 a 的取值范围为 $(-\infty,-\sqrt{2})\bigcup(\sqrt{2},+\infty)$.

这一解法将导数作为一种机械化操作的工具，对函数多次求导，不仅涉及分类讨论，而且导致比较烦琐的计算.

这类题需要运用导数是毋庸置疑的，问题是如何运用？运用到何种程度？是利用其蕴含的思想还是将其作为工具？这是决定解题"境界"的关键.为了寻找合适的解题方案，不妨将问题分解，通过若干辅助性问题的辨析寻找解题思路.

（1）$x=0$ 是函数的极大值点意味着什么？

由于这是初等函数，在定义域内都是可导的，既然 $x=0$ 是极大值点，故必有 $f'(0)=0$，求导是必不可少的，显然

$$f'(x)=-a\sin(ax)+\frac{2x}{1-x^2}.$$

由导数的定义知

$$f'(0)=\lim_{x\to 0}\frac{f(x)-f(0)}{x-0},$$

既然 $x=0$ 是极大值点，当 x 充分靠近 0 点时，有 $f(x)<f(0)$. 如果允许用中值定理，问题也会变得比较简单.但中学教材并不介绍中值定理，所以这里需要回避，可以充分利用几何来分析这个问题. $\dfrac{f(x)-f(0)}{x-0}$ 几何上表示原点与点 $(x,f(x))$ 连线（即曲线的割线）的斜率，直观观察，可以将割线平移使得与曲线相切，因此必有位于 x 与原点之间的一点 ξ_x 使得

$$f'(\xi_x)=\frac{f(x)-f(0)}{x-0}.$$

这里相当于将中值定理直观地证明了一遍，但应该允许这样的分析.由上式可知

$$f'(\xi_x)>0,\quad x<0,$$

$$f'(\xi_x) < 0, \quad x > 0.$$

代入 $f'(x)$ 的表达式中得

$$-a\sin(a\xi_x) + \frac{2\xi_x}{1 - \xi_x^2} > 0, \quad x < 0,$$

$$-a\sin(a\xi_x) + \frac{2\xi_x}{1 - \xi_x^2} < 0, \quad x > 0.$$

当 $x \neq 0$ 时, ξ_x 显然也不等于 0, 而且当 $x \to 0$ 时也有 $\xi_x \to 0$.

（2）能否分离出参数 a?

比较自然的做法是将不等式的两边分开, 即将上述不等式转换为

$$a\sin(a\xi_x) < \frac{2\xi_x}{1 - \xi_x^2}, \quad x < 0,$$

$$a\sin(a\xi_x) > \frac{2\xi_x}{1 - \xi_x^2}, \quad x > 0.$$

这两个不等式进一步变形可得

$$a\,\frac{\sin(a\xi_x)}{\xi_x} > \frac{2}{1 - \xi_x^2}, \quad x < 0,$$

$$a\,\frac{\sin(a\xi_x)}{\xi_x} > \frac{2}{1 - \xi_x^2}, \quad x < 0.$$

由此可以看到, 无论 x 为正还是为负, 不等式的结构都是一样的. 从不等式

左边的结构自然想到那个特殊的函数 $\dfrac{\sin x}{x}$, 显然需要将不等式进一步变形为

$$a^2\,\frac{\sin(a\xi_x)}{a\xi_x} > \frac{2}{1 - \xi_x^2}.$$

（3）如何根据上述不等式判断 a 的范围?

注意到当 $x \to 0$ 时也有 $\xi_x \to 0$, 取极限便知必有 $a^2 \geqslant 2$. 如果 $a^2 = 2$, 则应有

$$\frac{\sin(a\xi_x)}{a\xi_x} > \frac{1}{1 - \xi_x^2},$$

但不等式左边小于 1, 右边大于 1, 故必有 $a^2 > 2$. 基于几何直观及对几个辅

助问题的辨析, 找到了 a 的取值范围, 在这个分析过程中, 既需要对概念的

深刻理解, 也需要熟练运用导数的思想. 接下来的任务便是检验上述分析

是否正确,即证明当 $a^2 > 2$ 时,$x = 0$ 确是极大值点.

对函数求导得

$$f'(x) = -a\sin(ax) + \frac{2x}{1-x^2},$$

如果 $x = 0$ 是极大值点,则当 x 充分靠近 0 点时,有 $f(x) < f(0)$,于是有

$$\frac{f(x) - f(0)}{x - 0} > 0, \quad x < 0,$$

$$\frac{f(x) - f(0)}{x - 0} < 0, \quad x > 0.$$

$\dfrac{f(x) - f(0)}{x - 0}$ 是原点与点 $(x, f(x))$ 连线(即曲线的割线)的斜率,由于函数在 0 点附近处处可导,可将割线平移使得与曲线相切,因此必有位于 x 与原点之间的一点 ξ_x 使得

$$f'(\xi_x) = \frac{f(x) - f(0)}{x - 0},$$

于是有

$$-a\sin(a\xi_x) + \frac{2\xi_x}{1-\xi_x^2} > 0, \quad x < 0,$$

$$-a\sin(a\xi_x) + \frac{2\xi_x}{1-\xi_x^2} < 0, \quad x > 0.$$

上式变形得

$$a^2 \frac{\sin(a\xi_x)}{a\xi_x} > \frac{2}{1-\xi_x^2}, \quad x \text{ 充分靠近 } 0,$$

显然当 $x \to 0$ 时也有 $\xi_x \to 0$,因此有 $a^2 \geqslant 2$.

如果 $a^2 = 2$,则当 x 充分靠近 0 时,有

$$\frac{\sin(a\xi_x)}{a\xi_x} > \frac{1}{1-\xi_x^2},$$

但当 $|x| < 1$ 时

$$\frac{\sin(a\xi_x)}{a\xi_x} < 1, \quad \frac{1}{1-\xi_x^2} > 1,$$

这说明必有 $a^2 > 2$.

往证 $a^2 > 2$ 时,$x=0$ 是极大值点.当 $x \neq 0$ 时,将

$$f'(x) = -a\sin(ax) + \frac{2x}{1-x^2}$$

变形得

$$f'(x) = -x\left(a^2\frac{\sin(ax)}{ax} - \frac{2}{1-x^2}\right).$$

令

$$h(x) = a^2\frac{\sin(ax)}{ax} - \frac{2}{1-x^2},$$

则 $\lim\limits_{x\to 0}h(x) = a^2 - 2 > 0$.显然,当 $x<0$ 充分接近于 0 时,$f'(x)>0$,当 $x>0$ 充分接近于 0 时,$f'(x)<0$.故 $x=0$ 必是极大值点.综上,得

$$a \in (-\infty, -2) \bigcup (2, +\infty).$$

上述解法利用极大值的局部性本质求出 a 可能的取值范围,再根据 a 的范围判断导数的符号,进而证明极大值点,思路自然,逻辑清晰,一气呵成,充分展现了微积分的局部化思想(即对无穷小量或者取极限过程的实质性理解,而非形式化操作),无须对参数分类讨论,也没有任何繁杂的计算.这个解答完美诠释了数学思维能力中的直觉感知、思考辨析与演绎证明三要素.

直觉是对问题本质的洞察力,它源于经验又高于经验,是经验的升华.思想蕴藏在知识内部,需要有效挖掘,思想以知识为载体而高于知识,知识是基础,但不能停留在知识层面.思维是对问题的理性认知能力,它是完成思维任务所必需的,且直接影响思维活动的效率,思维能力的提升需要一定的推理与运算技巧做基础,但思维重于技巧,技巧是为提升思维能力服务的.由此可见,要具备良好的解题能力,离不开数学直觉的培养、数学思想的熏陶,以及数学思维的提升,离开了对数学知识背后思想本质的挖掘,必然会陷入浅表化理解和机械化操作的俗套,解题能力的提升终究是句空话.

第2章 数学解题能力的培养

2.1 课堂教学对解题能力提升的意义

数学解题能力有先天性因素,但在一定程度上,可以通过探究式教育过程得到提高.天赋好比天花板,每个人在不同的方面有着各自不同高度的天花板,教育的目的正是发现学生的天赋,最大限度地帮助他们抵达各自的天花板.

课堂教学是学校教育的主要形式,解题能力的提升并不仅仅体现在解题课上,概念课、原理课等各种课型都对学生解题能力的提升发挥着重要作用.这与体现解题能力的要素有关.

2.1.1 想象力对解题的重要性

教师在课堂教学中处理问题需要经历三个环节:问题提出,问题分析,问题解决.这三个环节的教育价值不尽相同.提出问题的过程是培养数学直觉的过程,教师通过创设合适的情境,将问题嵌入情境中形成问题情境,引导学生对情境进行深入分析,直观感知其中所存在的数学问题,这种直观感知便是数学直觉(参见文献[4]).数学直觉通常需要学生充分发挥想象力,正如德摩所说:"数学发明创造的动力不是推理,而是想象力的发挥."想象力的重要性不言而喻,爱因斯坦认为:"想象力远比知识更重要,因为知识是有限的,而想象力概括着世界上的一切并推动着进步.想象才是知识进化的源泉."爱因斯坦的话说明创造力来自想象力而非知识.想象一直是科学家、文学家与艺术家们关心的话题.美国思想家、文学家爱默生认为："幻想情趣横溢,想象则自发而生;幻想,是与我们称为男人、女人的木偶、小狗玩游戏;想象则是关于思想与现实事件之间真实联系的知觉和肯定.幻想使人快乐;想象则使我们开阔和升华."法国诗人波德莱尔则说:"没有想象力,一切官能无论多么健康敏锐,都等于乌有."由此可见,想象力对于数学、自然科学、社会科学以及文学的创造是多么重要.

数学创造力的激发来自想象力的培养,数学的想象力绝非仅仅指空间、图形的想象.要弄清楚这个问题,首先要了解什么叫想象力.所谓想象力是指"人的思维在知觉材料的基础上创造出新形象的能力."由此可见,想象力的本质是一种特殊的思维能力,这种能力既有可能是形象化的,也有可能是抽象化的.由此可见,数学思维能力的培养是数学想象力培养的根本,也是激发数学创造力的根本.

想象力与人的成长和发展过程有关,小学、初中、高中直到大学,其想象力是逐渐提升与升华的过程.随着认知水平、知识积累的不断提高,人的想象力自然随之发生变化.儿童阶段是最富有想象力的时期,但儿童的想象既没有知识与经验作为基础,也缺少一定的逻辑基础.如何以知识为载体,维护学生的好奇心并逐步培养其科学理性的想象力是小学数学教学面临的重要课题.

2.1.2　数学直觉的培养

直觉思维是解决数学问题不可或缺的重要能力.一个人"对问题未经逐步分析,仅依据内因的感知迅速地对问题答案作出判断,猜想、设想,或者在对疑难百思不得其解时,忽然对问题有'灵感'和'顿悟',甚至对未来事物的结果有'预感''预言'等"都是直觉思维.作为一种心理现象,直觉思维在创造性思维活动中起着极为重要的作用.如何从纷繁复杂的现象中寻找共性特征从而提炼出数学概念? 如何从一些特殊结论中发现一般规律从而发现一个定理? 如何在逻辑演绎与计算的基础上发现不同量之间的内在关系从而建立一个数学公式? 要解决这些问题需要学生具有敏锐的洞察力与数学直觉能力.除了天赋外,直觉思维在一定程度上可以加以训练和培养.

数学直觉有赖于教师通过由具体到抽象、由特殊到一般的不完全归纳过程有意识地培养.为什么说课堂教学对于培养学生的数学直觉至关重要?这是由数学课堂教学的本质所决定的.

教学需要面对教材、知识与课堂三个方面,众所周知,教材是知识的载体,数学课堂传播数学知识固然是数学课堂应有之意,但这仅仅是数学课堂教学的一个方面,甚至不是最重要的方面.因为知识并非教育的终极目标.怀特海说:"把学校学到的知识忘掉,剩下的那一部分才是教育."(参见文献[5]),据说爱因斯坦在一次演讲中引用了怀特海的这句话,以至于有人误以为这句话出自爱因斯坦.知识忘掉了,还剩下什么?这可能有些令人困惑.要回答这个问题,首先要清楚课堂教学除了传播知识外,还需要做什么?

要解决数学课堂需要做什么的问题,首先需要清楚知识对于课堂是不是终极目标的问题.学习知识的目的是什么?自然是解决问题,特定的知识面对的可能是不同的问题,或者是从特定的角度考察某些问题.任何学科无一例外地都是因为问题而生,因为问题而发展,正如希尔伯特所说:"只要一门科学分支能提出大量的问题,它就允满着生命力,而问题缺乏则预示着独立发展的终止或衰亡."G.波利亚有句名言:"发现问题比解决问题更重要."哈尔莫斯也曾说过:"问题是数学的心脏."由此可见问题对于数学的重要性.

数学课堂自然也离不开问题,问题是数学的心脏,也是数学课堂的核心.这个核心对于数学课堂的重要性体现在哪里?它正是数学课堂传播数学知识之外的另一项重要任务,这就是数学思想的传授.换言之,数学教师的任务不仅仅是传播数学知识,还需要传授数学思想.数学知识是显性的,数学思想是隐性的,教师的任务是透过数学知识的表象深入挖掘隐藏在知识背后的思想.关键问题是,如何挖掘?这就需要教师搞清楚教材、课堂、知识及思想等各要素之间的关系.

问题在课堂教学中发挥了何种作用?如果不清楚这个问题,就无法理解为什么问题是课堂的核心.知识不是教育的终极目标,它本身也是一种载体,承载着丰富的数学思想,但这种思想是蕴藏于知识内部的,要将这种内蕴的思想展现出来,需要在知识与思想之间架设一座桥梁,这座桥梁就是问题.一节高水准的数学课应该围绕着问题展开,通过问题提出、问题分析、问题解决等环节建构数学知识体系.在分析问题、解决问题的过程中展现数学火热的思考,散发出数学思想的光芒.如果说问题是数学课堂的核心,那么数学思想则是数学课堂的灵魂;如果一节数学课不能引导学生体验数学思想的魅力,这节课便失去了灵魂.知识与思想是密不可分的,没有思想,知识如同行尸走肉,没有知识,思想便似幽灵般无处安放.

问题在知识与思想之间是如何发挥桥梁作用的? 这就需要考察问题在数学课堂教学中如何体现数学的教育功能.核心素养的本质无非是培养学生三个方面的能力:直觉能力、思辨能力与演绎能力,这里的演绎既包括逻辑演绎也包括计算演绎.这三种能力如何通过问题来得到提升? 数学思想的光芒又是如何散发出来的? 这就需要分析问题的价值与意义.如果说传授数学思想属于教什么的问题,那么如何通过问题提升数学素养与数学思维能力则是怎么教的问题.

直觉感知往往需要比较强的想象力,从数学思维的角度看,可以把想象力归结为直觉感知能力与思考辨析能力.数学的想象力是数学直觉的基础与源泉.卢卡斯说过:“多数的数学创造是直觉的结果,对事实多少有点儿直接的知觉或快速的理解,而与任何冗长的或形式的推理过程无关.”由此可见,直觉对于数学创造有多么重要.提出问题既涉及直观想象也有可能涉及数学建模,还可能涉及数据的初步分析以及数学抽象化过程.

数学思维最初等的形式往往是一个直觉感知的过程,这个过程也称为直觉思维过程.人们通过若干具体的例子去感知客观对象大概是什么,然后大胆做出猜测.有时候,也可能问题是明确的,需要的是解决问题的方法,这时也存在直觉感知的问题,即什么样的方法是合适的? 这个过程并不总是那么合乎逻辑,更多的是需要发挥联想、类比的功能,寻找各种已知信息与这个问题之间可能的联系.虽然总的方向上是一定的,但其中尝试的过程可能是不合乎逻辑的,尤其是有反例存在的时候.数学史上很多反例都是天才的杰作,试图探寻发现者的足迹恐怕是徒劳的,有些理论的建立也是如此.

数学直觉的形成往往基于直观,如果一个人不能直观地理解一个概念或原理,很难说他理解了概念与原理的本质.数学上的直观通常有两种含义,一种是通过几何直观描述其大概的样子,另一种是通过具体的例子说明抽象的概念与原理.这个过程对于初学者是必须的,原因在于人的认知过程是循序渐进的.有时候,一个具体的例子或者一个形象化的几何示意图,可以帮助学生理解概念与定理的深刻内涵.

众所周知,一个抽象概念的建立需要经过感知、归纳、抽象、固化、运用等诸多环节.换言之,我们不能停留在直观,需要从直观或现实中慢慢走出来,抽象出数学概念,这就是弗莱登塔尔的所谓数学化.

2.1.3 思辨能力的培养

学生的思维能力与数学素养是在分析问题的过程中逐步提升的.在明确了问题之后,对问题的分析过程便是个思考辨析过程.思辨是数学研究与学习永恒的主题,到任何时候都不会过时.问题的最终解决需要思辨提供思路,数学思想的火花正是在分析问题的过程中迸发出来的.分析问题的过程既是"将数学冰冷的美丽转化为对数学火热的思考"(参见文献[6])过程,也是大胆猜测的过程.这个过程中通过对问题的分析抓住问题的本质,寻找解决问题的初步方案与思路.虽然这个过程并非严格的解决问题过程,但也可能涉及初步的逻辑演绎与数学计算.

如前所述,思辨需要有某种依据,即依赖于某种逻辑,它是在直觉的基础上依据某种原则进行初步的演绎,辨析出问题的本质以及解决的可能途径,辨析清楚了,解决问题的方案多半就形成了.

圆锥曲线概念是一个教学难点,虽然光学性质并非圆锥曲线的起源,但却是很好的教学切入点.现实与自然科学中有很多关于圆锥曲线的应用,完全可以通过现实的情境引入圆锥曲线,利用其光学性质获得其焦点性质.

图 2.1 是电影放映机装置,放映机的聚光灯是旋转椭球面,为了使片门获得最强的光线,灯丝与片门正好位于椭球的两个焦点处.老花眼镜、放大镜和远视眼镜都是椭圆透镜(凸透镜).

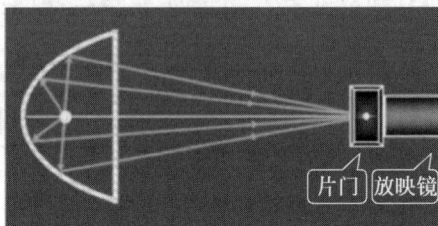

图 2.1　电影放映机示意图

卡塞格林式射电望远镜由一个接收电磁波的抛物面和一个反射电磁波的双曲面组成,既利用了抛物线的光学特性,也利用了双曲线的光学特性(如图 2.2 所示).

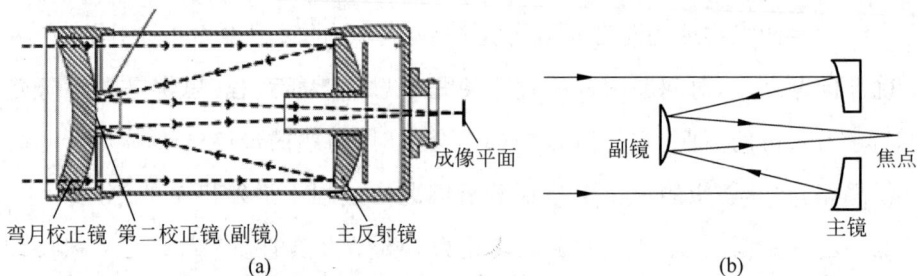

弯月校正镜　第二校正镜(副镜)　主反射镜　成像平面　　副镜　焦点　主镜
(a)　　　　　　　　　　　　(b)

图 2.2　卡塞格林式射电望远镜

(a) 原理图;(b) 示意图

卫星天线接收装置是日常生活中最常见的设备,例如电视台楼顶锅状的信号接收器便是一个抛物面,其高频头处于抛物面的焦点处,如图 2.3 所示.

以椭圆教学为例,实际教学过程中不妨围绕椭圆的光学性质展开:能否在封闭曲线(曲面)内找到两个定点,使得从其中一点发出的光源经曲线

图 2.3 卫星天线接收装置

反射后,反射光线都经过另一个点? 这个问题有着广泛的现实背景,如回音壁的原理,天体运动等都与此有关. 在一次同课异构教学中,作者为了建立放映机工作原理的数学模型,设计了几个辅助问题引导学生思考:

(1) 放映机的光学原理抽象为数学模型即是:将光源置于 F_1 点处,光源所发出的光线经反光镜反射之后相交于另一点 F_2,这种反光镜是来自一种球体的一部分,它是什么样的球体?

有学生回答是圆球,也有预习过的学生回答是椭球. 于是教师追问:反光镜会不会是乒乓球一样的圆球? 如何验证?

学生们一时想不出来,教师提示学生回顾光线的反射定理,假设光线从球心射出,被乒乓球状的透镜反射会怎样? 这是一个建模的过程,调动学生的物理知识可以形成下面的数学问题:

(2) 在平面内以 O 点为圆心,r 为半径画一个圆,P 为圆周上任意一点. 当光线从圆心 O 发出投射到圆周上任意一点 P,光线在点 P 将被反射出去,反射光线的方向如何确定?

由于学生在物理课上已经知道光线被球面一点反射实际上是被球面上该点的切线反射,因此学生比较容易得到答案:根据反射定律,反射光线会沿半径原路返回经过圆心,由此可见,(1)中的透镜肯定不是圆球状的.

(3) 若 P,Q 是直线 l 的同一侧的两个不同点,从点 P 射出的光线经直线 l 反射,其反射光线怎样才能经过 Q 点(如图 2.4 所示)?

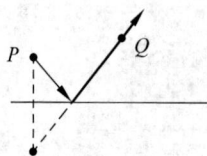

图 2.4　光的反射路径

学生根据光学定律比较容易地回答了这个问题.

教师继续向刚刚回答是椭球的同学提问,学生说是因为今天应该学椭圆了.教师进一步提问:你知道椭圆是什么吗? 学生回答了定义.由此可见,一些学生已经在课前预习过,如果简单输入概念,并不能进一步启发学生思考椭圆的本质.此时有学生发言,能不能把圆压扁一些,使圆心分裂成两个点,那样入射光线从一个"圆心"射出,反射光线经过另一个"圆心",就可以解决问题了(出乎意料的是我们在两所层次相差较大的学校里针对这节课采用同样的教案时,都有学生做出了这样的回答,可见学生的想象力是丰富的),教师充分肯定了学生的想象,从学生的回答可以看出他们已经具备初步的数学直觉,捕捉到了探究的方向.因此教师根据学情无须做过多铺垫,下一个问题的出现就是自然的了.

(4) 将一个圆"压扁"后,光线从圆心射出后是如何反射出去的? 如图 2.5 所示,光线被圆内的一条曲线挡住,光线的反射方向将发生变化,能否找到一条曲线,使得从圆心 O 发出的光线都被该曲线反射到点 F_2(F_2 为圆内异于圆心 O 的一点)? 根据光线反射原理,假设光线在该未知曲线上 P 点处被反射,则需要找出该点处的法线,即图中的直线 m.找法线的常用方法是找出曲线在该点处的切线,即图中的直线 l.

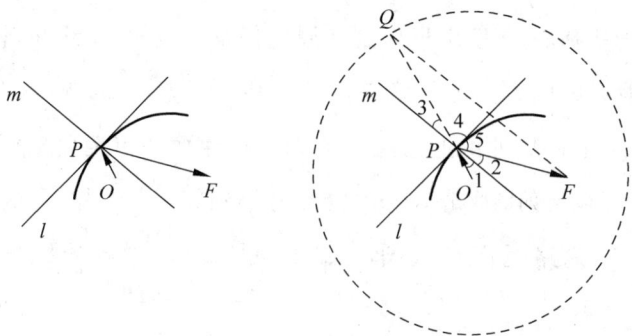

图 2.5　光线的反射路径

我们不妨设 P 为圆被压扁后所形成的曲线上任一点,该曲线在 P 点的切线为 l,法线为 m,延长 OP.由入射角等于反射角可得 $\angle 1 = \angle 2$,再由对顶角相等得 $\angle 1 = \angle 3$,且直线 $l \perp m$,易得 $\angle 4 = \angle 5$.由此可知点 F 关于直线 l 的对称点一定在直线 OP 上.过 F 作法线 m 的平行线,与直线 OP 交于点 Q,该点就是点 F 关于直线 l 的对称点.有(3)问的铺垫,很容易获得等量关系 $PO + PF = OQ$.问题的关键是 Q 点在哪里?不妨反向思考一下,看如何确定 P 点.给定两点 O,F,如果以 O 点为圆心作一个圆(相当于要被"压扁"的那个圆),使得 F 位于圆内.在圆上任取一点 Q(就是前面要的那个 Q),连接点 F,Q,根据上面的分析,FQ 应该平行于法线 m,垂直于切线 l.因此可以将 FQ 的中垂线看成 l,考察一下能不能得到需要的 P 点.设中垂线与半径 OQ 交于点 P,过 P 点作 l 的垂线 m,连接 PF.不难看到此时 m 确实为 $\angle OPF$ 的角平分线.换言之,从 O 点发出的光线经过 P 点反射到了 F 点.如果取遍圆上所有的点,便可得到一条封闭曲线,从 O 点发射的光线经过该曲线上每一点都被反射到了 F 点.由于 l 是 FQ 的中垂线,故 $|OP| + |PF| = |OQ|$,即圆的半径,因此 OQ 为定值.

通过这个探究,让学生把抽象的椭圆与生活实际联系起来,寻找其数学原理,体现数学的价值所在.后续教学便可以回到传统了.学生提到的椭球,可以解释为椭圆绕对称轴旋转一周所得.

(5)用一根绳子和粉笔可以在黑板上画出一个圆,如何用这些工具画出问题(4)中 P 点的轨迹?

教师可以稍作提示,画圆的时候,将绳子的两端重叠作为圆心,绳子套住粉笔拉直了在黑板上绕一圈便形成一个圆.如果将绳子的两个端点分离并固定于黑板上,用粉笔绷紧绳子在黑板上画一圈,此时粉笔(动点 P)到两个定点的距离之和为定值,这个定值即绳子的长度.

绳子的两个端点如同前面提到的两个定点 O,F,只要用粉笔将绳子绷紧,绳子上粉笔到绳子两个端点的距离之和不会发生变化(等于绳子的长度),恰好满足所要求的等式.进一步引导学生思考:两个定点的距离与绳子的长度是什么关系?并给予学生思考的时间.同学们发现需要让两个定点之间的距离小于绳子的长度,这时只要用粉笔将绳子绷紧并在绳子上滑动,便能画出满足条件的曲线,这便是椭圆.

通过类比圆的作图,让学生尝试作出椭圆曲线,这样不仅培养了学生动手操作的能力,还在实际操作中加深了对定义的理解和掌握,弄清楚为什么要求"距离之和等于常数 $2a$(大于 $|F_1F_2|$)".

上述思辨并不需要繁杂的计算,只需要具备一点几何直观便可以理解.

2.1.4　解决问题能力的培养

问题解决的过程是锤炼逻辑演绎能力与计算能力的过程.在分析清楚问题的数学本质并找到解决问题的初步方案后,需要经过严谨的逻辑演绎或计算来验证解决问题的方案是否可行,这是训练学生基本功必不可少的环节.如果把问题分析(直觉与思辨)比喻成驱动数学思维向前发展的发动机,那么逻辑演绎与计算则是机器的润滑剂,没有一定的逻辑演绎能力与计算能力,再好的解决方案也会让你寸步难行.问题解决过程也是建构知识体系的过程,在问题分析的基础上发现数学概念与数学定理或公式,通过合适的方法检验概念的合理性与定理或公式的正确性,在检验过程中不断纠偏,寻找正确的解决问题的方向,最终完成相应知识系统的建构.这个过程对于培养学生在直觉与思辨基础上解决问题的能力具有示范意义.

数学教育最终自然落实到解决问题的能力上,学生需要通过教师的教学过程慢慢养成数学直觉、数学思辨与解决问题的能力.即使是解题课的教学方式也会决定学生如何思考、如何解题.如果教师习惯于先作解题示范,然后通过若干练习让学生模仿,而不是通过对问题的直觉感知与思考辨析找到解决问题的方案,再通过逻辑演绎与计算检验思辨的可靠性并最终解决问题,学生将只会模仿,一旦遇到陌生的问题将一筹莫展,这正是传统教学之殇.

这里不妨以余弦定理教学为例,探讨如何通过合适的情境在教学过程中培养数学直觉能力与数学思辨能力并最终解决问题.

在进一步讨论之前首先辨析一下数学建模与数学应用的区别.中小学教学中一个普遍的问题是实际教学中往往将数学建模和数学应用混为一谈.数学应用的任务设定是从数学到实际问题,教师设计任务通常是问"这个数学知识可以用在什么地方?"它是建模的一个重要的桥梁,但它本身并不是数学建模.而数学建模是从实际问题出发抽象出数学问题,通过数学方法解决问题,最后再回到实际问题,是现实、建模、解模、验模的多次循环不断深化过程(参见文献[7]).实际的状况是,高中阶段的教学中所使用的问题大部分是应用题性质的问题,已经过加工,结构良好,可以直接套用某种函数模型,但总体上问题与真实情境有较大迁移距离(参见文献[8]).同样的问题也出现在解三角形和其他内容的教学中.这里从余弦定理的两种导入情境进行说明.

情境 1 (来自某版教材)下面是某工程师对某平直隧道的测量方案:在隧道外取一点 C,用光学仪器测得该点到隧道两端点 A,B 的距离分别为800m 与1500m,再用经纬仪测得 $\angle C = 41°$,如何求隧道的长,参见图 2.6(a).

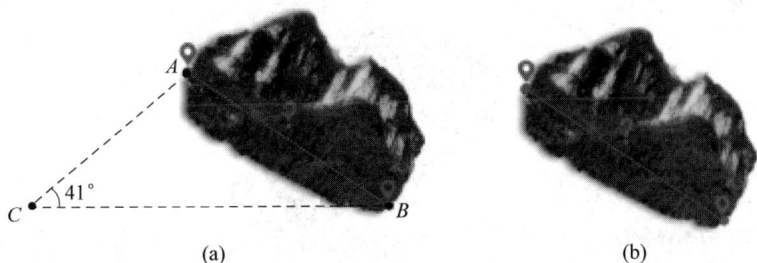

(a)   (b)

图 2.6 观测示意图

(a) 情境 1;(b) 情境 2

情境 2 在开凿隧道(假如平直)前,工程师如何测量隧道长度? 请你设计一个方案计算出隧道的长.

情境 1 是教材和教学中常用的问题情境形式,美其名曰数学建模.做法是借用一个现实情境,给它套上一个数学模型,再配上设定好的数据,直接利用已给的模型和数据进行运算就行了,实际并不需要建构模型,教材也没有说明为什么这么做.情境 2 则不同,它只是一个不涉及数学的现实问题,是哪种模型并不知道,需要抽象出它的数学问题,再结合学生已有知识经验去识别问题所对应的模型,通过对实际的考察来建模、解模、验模、修模,这也许是一个多次循环的过程.前者就是典型的数学应用,后者才真正体现了数学建模.因此,要想真正地将数学建模的素养落到实处,首先需要辨别是数学应用还是数学建模.

回到问题本身,为了通过情境 2 找到合适的问题,不妨设计几个辅助性问题引导学生深入思考,寻找数学直觉,辨析其中蕴含的数学问题是什么.

(1) 在开凿隧道(假如平直)前,工程师如何测量隧道长度(如图 2.6(b) 所示)? 这是一个什么问题?

通过解三角形的本原性问题——计算无法直接测量的长度——驱动新知的探究.给出现实情境,引导学生进行模型识别,对应的数学问题是:线段长度的测量,以此揭示问题的本质.

(2) 如果你是工程师,请你设计一个方案计算出隧道 AB 的长(参见图 2.7(a)).

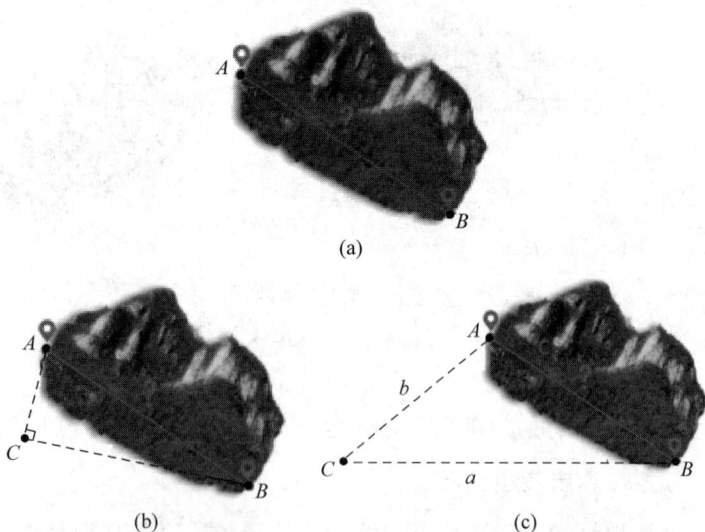

(a)

(b)　　　　　　　　(c)

图 2.7　测量问题及解决方案

通过这个现实的情境激活已有的知识经验,为寻找新的方法作铺垫.回忆初中已学习过的全等三角形的判定,给定 SSS,SAS,ASA,AAS 时,三角形的其他元素唯一确定,对于特殊的直角三角形有勾股定理与锐角三角比.

(3) 结合此现实情境,可以构建已知哪些条件的模型?

因为学习过解直角三角形,可能会想到直接构建直角三角形,如图 2.7(b)所示,找一个位置 C,使得 $\angle ACB$ 为直角,再通过测量出 AC 和 BC 的距离,用勾股定理解出第三边即可,以此确定那条无法直接测量的边的长度.

(4) 若现实中的观测点不便构建直角三角形,能求出第三边吗?

现实中很多条件未必是理想状态,可能只能得到一般的三角形,这种一般情况在现实中更为普遍,因此构建的模型需要通过检验去完善.由此引出要研究的问题,并体现新知与旧知、一般与特殊的逻辑关系,形成认知的矛盾冲突,进而完成知识体系的建构.对于一般的位置 C,可以测量出 AC,BC 和 $\angle ACB$,即已知 SAS 情形下的一般三角形,根据全等三角形的判定,此三角形是可解的(参见图 2.7(c)).

抽象出要研究的数学模型为:已知 $\triangle ABC$ 的两边 AC,BC 和夹角 $\angle ACB$,求第三边 AC 的长.

(5) 如何在已知一般三角形的两边及其夹角的情况下求出第三边?

学生在初中学习中积累了丰富的求边经验,更加容易联想到几何法,且几何法更能体现余弦定理的几何背景.因此,可以首先应用几何法解决问题.

(6) 已学的特殊情况即直角三角形的相关方法对解决上述问题有何启发意义?

由于已学习过解直角三角形,可以将未知转化为已知,即一般三角形转化为直角三角形,只需作高即可.鉴于锐角三角形和钝角三角形高的位置不一样,所以需要分类讨论(参见图 2.8).

① 当夹角为锐角时,参见图 2.8(a),易知

$$AD = b\sin C, \quad CD = b\cos C,$$

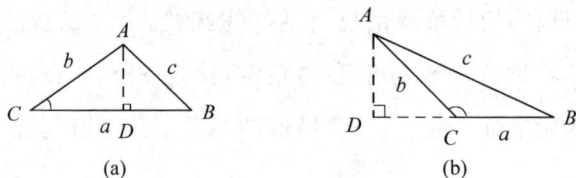

(a)   (b)

图 2.8 三角形及其高线

因此 $BD = BC - CD = a - b\cos C$，所以

$$c^2 = AD^2 + BD^2 = (b\sin C)^2 + (a - b\cos C)^2 = a^2 - 2ab\cos C + b^2.$$

② 当夹角为钝角时，参见图 2.8(b)，易知

$$AD = b\sin C, \quad CD = -b\cos C,$$

因此 $BD = BC + CD = a - b\cos C$，所以

$$c^2 = AD^2 + BD^2 = a^2 - 2ab\cos C + b^2.$$

夹角为直角的情况由勾股定理得 $c^2 = a^2 + b^2 - 2ab\cos 90°$.

综上得出余弦定理 $c^2 = a^2 + b^2 - 2ab\cos C$.

在此基础上，可以设计一个反思性的问题：

（7）勾股定理描述了直角三角形中三边之间的关系，余弦定理描述了什么样的关系？这两个定理之间具有何种关系？

通过对这两个定理的比较，建立起新知和旧知之间的联系，即特殊与一般的关系. 如果观察足够细心，会发现一个十分眼熟的项：$ab\cos C$. 于是可以进一步思考下面的问题：

（8）仔细观察一下余弦定理中含角的余弦项，它像什么？由此能否发现解决上述问题的新方案？

通过考察两边及其夹角以及余弦定理中的乘积项，学生比较容易联想到前面学过的向量的内积，尝试如何用向量法解决此问题. 问题探讨到此尚不算完美，既然得到了两种不同的解法，就有必要比较其优劣，即下面的问题：

（9）几何法和向量法各有什么优缺点？

向量法将几何问题代数化，用于余弦定理的推导过程比较简洁，锐角和钝角的情况可以统一处理，但与初中解三角形的知识脱节. 几何法能将初中和高中的知识自然地衔接起来,思路更自然,用于余弦定理的推导过程更简洁,缺点是需要分类讨论.由此可以领悟到向量法(代数法)的威力.

有了上述分析做基础,可以回到具体的数值:

(10)若测量出真实的数据如下:

在隧道外取一点 C,测得该点到隧道两端点 A,B 的距离分别为 800m 与 1500m,$\angle ACB = 41°$,请试着用余弦定理求隧道的长度.

在现实情境中感知蕴含的数学问题,从而建立数学模型,这个过程不仅锤炼数学直觉,也考验思考辨析能力,通过思辨判别问题的本质:解三角形,这是个数学建模的过程.通过联想、类比等方式找到解决问题的方案,最终完成数学问题的解答,至此为一个完整的数学建模与解模过程.问题(10)则将解决的数学问题运用到现实情境,这个问题也即为数学应用.

综上所述,充满思想性的课堂教学是引领学生形成数学直觉、学会思考辨析、完成问题解决的过程.这个过程对于提升学生的数学思维能力与解题能力无疑是大有裨益的.

2.2　数学解题能力的自我提升

2.2.1　直觉思维能力的自我提升

俗话说,读万卷书,行万里路,数学学习也是这样,读书的目的除了学习知识外,更重要的是领会知识所蕴含的思想.同一个数学理论,仅仅靠一本书往往是很难融会贯通的,需要通过各种途径、各种不同的书籍了解这些知识的内涵.

多读书是自我提升直觉能力的重要途径.不同的阅读材料中可能蕴藏着不同的信息,很多时候,作者的观点、见解会融入他撰写的书中,读者可以透过作者的文字了解其对相关内容的理解.

读书最大的忌讳是被动读书,全盘接受作者的观点,缺少批判精神,这样的读书方法会让读者失去思考的机会.读者需要带着问题读书,面对作者的观点与见解,要多问几个为什么? 这样才能形成自己的观点.这个过程正是培养感知能力,提升直觉思维能力的过程.

生活也是一本书,它是培养直觉思维的生动载体.养成观察现实环境的习惯,可以培养敏锐的洞察力,从特殊现象中发现共性的东西,寻找其中的规律,进而建立数学模型.这就要求观察者需要用心观察,具备科学的眼光,能够从纷繁复杂的现象中发现有价值的问题并寻找表达该问题的合适数学语言,将现实问题转化成数学问题,这就是数学直觉.

以教材中曾提到的赵州桥为例,即使没见过真实的赵州桥,生活中也常见到类似赵州桥拱桥形状的物体.当书本或老师告诉我们赵州桥是抛物线或近似抛物线时,我们是否想过:它为什么会是抛物线? 这里涉及一个基本问题:桥梁的设计需要进行应力分析,抛物线的应力原理是什么? 它能使得桥面的受力最均匀、最稳定吗? 为什么? 如果带着这个问题去观察现实生活,会发现有很多类似的现象反映了同一个问题.例如马路边的链条式的栏杆(参见图 2.9(a)),山谷里的铁索桥(参见图 2.9(b))等,与拱桥的形状刚好相反.与赵州桥拱桥类似的桥梁建筑在现代生活中更常见,例如钢筋结构的桥梁建筑为了减少桥桩以便于船只通行,常常用一个与拱桥

(a)　　　　　　　　　　　(b)

(c)　　　　　　　　　　　(d)

图 2.9　铁链、铁索及铁拱桥

形状类似的弧状钢柱,在钢柱上用钢筋将桥面吊起来(参见图 2.9(c)),也有些桥面就是"类抛物线"形的(参见图 2.9(d)).所有这些形状的物体都是抛物线形吗?

要搞清楚这些问题,依靠自己的知识积累也许是不够的,需要继续读书、学习历史.事实上,关于上述图形是什么形状的问题困扰了数学家数百年,它是由画家达·芬奇提出来的.达·芬奇在画"抱银貂的女人"(参见图 2.10)时,不知道女人脖子上的项链该画成什么形状,于是他将项链的下部用女人的手盖住,并提出了一个问题:

固定项链的两端,使其在重力的作用下自然下垂,那么项链所形成的曲线是一条什么线?

这个看似简单,甚至有点无聊的问题,困扰了包括伯努利兄弟、费马在内的众多数学家整整两百年时间.最终数学家证明:悬链线的中心是最低

图 2.10   抱银貂的女人

的,只要调整一点点,中心都要比处于自然状态下时更高,所以悬链线才是最稳定的.将悬链线倒过来,得到的便是最稳定的貌似抛物线的拱形.但它不是抛物线,两者完全不是一回事.

悬链线的方程是一个双曲余弦函数,在适当的坐标系下,其标准方程为

$$y = a \cosh \frac{x}{a} = a \, \frac{\mathrm{e}^{\frac{x}{a}} + \mathrm{e}^{-\frac{x}{a}}}{2},$$

其中 a 为曲线顶点到横坐标轴的距离.

这个例子告诉我们,多读书、多观察、多思考,具有批判精神对于开阔视野、提升直觉思维能力是多么重要.

2.2.2 思考辨析能力的自我提升

思考辨析能力是成功解题的前提,刷题可以提高熟练度,有效提升应考的成绩,但刷题带不来数学思维能力的提升.数学思维能力的提升依赖

于对问题有逻辑的思考辨析.思考辨析能力不仅是辨别问题类型、寻找解决问题方案的必备能力,也是批判与反思的必要前提.

以函数概念为例.函数概念在初中与高中两个学段都有定义,初中通过变量之间的因果关系定义函数概念,即所谓的变量说,函数的定义域与值域分别用自变量的变化范围与因变量的变化范围取代.高中阶段又再次给函数下了个定义,即所谓的对应说,自变量的取值范围称为函数的定义域,因变量的取值范围称为函数的值域.这里很容易给人一种印象:初中函数的定义与高中函数的定义有着不同的内涵.事实上,一些老师在教学中也是将两个学段的函数解释为不同的概念,教材也没有明确说明高中的函数概念与初中的函数概念是什么关系.我们在参考文献[9,10]中均对这个问题做了阐述,但读者在阅读教材之后可能依然会很困惑,到底谁说的是正确的? 搞清楚这个问题的根本自然是熟悉历史,只要对函数概念的历史了然于胸,自然不难作出正确的判断.假设读者并不清楚历史,该如何判断两种不同观点的正误? 这就需要具备一定的思辨能力.

要判断两个函数概念的异同,最简单的方法是将初中见过的函数用高中的函数概念去检验,看看是否满足高中函数的定义,再将高中教材中出现的函数用初中的概念检验,看能不能解释得通.最后在一般意义上进行考察,初中函数能不能用高中的函数概念解释清楚? 反之如何? 如果二者等价,则说明概念的内涵是一样的.

当然,思辨仅止于此是不够的,还需要进一步思考:既有初中函数概念,缘何又来高中函数概念? 高中函数概念是必要的吗? 严格意义上看,初中并未将函数概念的各个要素严格定义,例如函数的定义域与值域并非始于集合产生之后,在初中的函数概念中完全可以把函数的变化范围称为函数的定义域,把函数的取值范围称为函数的值域,这么做并不会带来对函数概念理解的任何障碍.只不过初中介绍的都是很特殊的函数,通过不等式便可以将其定义域与值域表示出来,高中出现的函数更丰富,除了初等函数外,还有很多"古怪"的函数,例如定义域有限的函数,数列也是特殊的函数,用集合表示这些函数的定义域与值域将更加方便.

不妨以 2022 年全国高考数学理科乙卷的第 21 题为例探讨思辨对于寻找解题思路的重要性：

21. 已知函数 $f(x)=\ln(1+x)+ax\,\mathrm{e}^{-x}$.

（1）当 $a=1$ 时，求曲线 $y=f(x)$ 在点 $(0,f(0))$ 处的切线方程；

（2）若 $f(x)$ 在区间 $(-1,0)$，$(0,+\infty)$ 各恰有一个零点，求 a 的取值范围.

先摘录一个常见的解答：

（1）$f(x)$ 的定义域为 $(-1,+\infty)$.

当 $a=1$ 时，$f(x)=\ln(1+x)+\dfrac{x}{\mathrm{e}^{x}}$，$f(0)=0$，故切点为 $(0,0)$. 又由于

$f'(x)=\dfrac{1}{1+x}+\dfrac{1-x}{\mathrm{e}^{x}}$，$f'(0)=2$，切线斜率为 2，所以曲线 $y=f(x)$ 在点 $(0,f(0))$ 处的切线方程为 $y=2x$.

（2）对 $f(x)=\ln(1+x)+\dfrac{ax}{\mathrm{e}^{x}}$ 求导得

$$f'(x)=\frac{1}{1+x}+\frac{a(1-x)}{\mathrm{e}^{x}}=\frac{\mathrm{e}^{x}+a(1-x^{2})}{(1+x)\mathrm{e}^{x}}.$$

设 $g(x)=\mathrm{e}^{x}+a(1-x^{2})$.

① 若 $a>0$，当 $x\in(-1,0)$ 时，$g(x)=\mathrm{e}^{x}+a(1-x^{2})>0$，即 $f'(x)>0$，所以 $f(x)$ 在 $(-1,0)$ 内单调递增，$f(x)<f(0)=0$，故 $f(x)$ 在 $(-1,0)$ 内没有零点，不合题意.

② 若 $-1\leqslant a\leqslant 0$，当 $x\in(0,+\infty)$ 时，则 $g'(x)=\mathrm{e}^{x}-2ax>0$，这说明 $g(x)$ 在 $(0,+\infty)$ 内单调递增，故 $g(x)>g(0)=1+a\geqslant 0$，即 $f'(x)>0$，因此 $f(x)$ 在 $(0,+\infty)$ 内单调递增，$f(x)>f(0)=0$，故 $f(x)$ 在 $(0,+\infty)$ 内没有零点，不合题意.

③ 若 $a<-1$.

（ⅰ）当 $x\in(0,+\infty)$ 时，则 $g'(x)=\mathrm{e}^{x}-2ax>0$，所以 $g(x)$ 在 $(0,+\infty)$ 内单调递增，$g(0)=1+a<0$，$g(1)=\mathrm{e}>0$，故存在 $m\in(0,1)$，使得 $g(m)=$

0，即 $f'(m) = 0$.

当 $x \in (0, m)$ 时，$f'(x) < 0$，$f(x)$ 单调递减；当 $x \in (m, +\infty)$ 时，$f'(x) > 0$，$f(x)$ 单调递增. 从而，当 $x \in (0, m)$ 时，$f(x) < f(0) = 0$，而当 $x \to +\infty$ 时，$f(x) \to +\infty$，因此 $f(x)$ 在 $(m, +\infty)$ 内有唯一零点. 又 $f(x)$ 在 $(0, m)$ 内没有零点，即 $f(x)$ 在 $(0, +\infty)$ 内有唯一零点.

（ⅱ）当 $x \in (-1, 0)$ 时，$g(x) = e^x + a(1 - x^2)$.

设 $h(x) = g'(x) = e^x - 2ax$，则 $h'(x) = e^x - 2a > 0$，故 $g'(x)$ 在 $(-1, 0)$ 内单调递增.

$g'(-1) = \dfrac{1}{e} + 2a < 0$，$g'(0) = 1 > 0$，从而存在 $n \in (-1, 0)$，使得 $g'(n) = 0$.

当 $x \in (-1, n)$ 时，则 $g'(x) < 0$，故 $g(x)$ 单调递减；当 $x \in (n, 0)$ 时，则 $g'(x) > 0$，故 $g(x)$ 单调递增，$g(x) < g(0) = 1 + a < 0$.

又 $g(-1) = \dfrac{1}{e} > 0$，所以存在 $t \in (-1, n)$，使得 $g(t) = 0$，即 $f'(t) = 0$.

当 $x \in (-1, t)$ 时，$f(x)$ 单调递增；当 $x \in (t, 0)$ 时，$f(x)$ 单调递减.

而当 $x \to -1$ 时，$f(x) \to -\infty$，注意 $f(0) = 0$，所以当 $x \in (t, 0)$ 时，$f(x) > 0$，这说明 $f(x)$ 在 $(-1, t)$ 内有唯一零点，在 $(t, 0)$ 内无零点，即 $f(x)$ 在 $(-1, 0)$ 内有唯一零点.

可见 $a < -1$，符合题意. 因此若 $f(x)$ 在区间 $(-1, 0)$，$(0, +\infty)$ 内各恰有一个零点，则 a 的取值范围为 $(-\infty, -1)$.

解答的最后作出了函数的大概图像（参见图 2.11）.

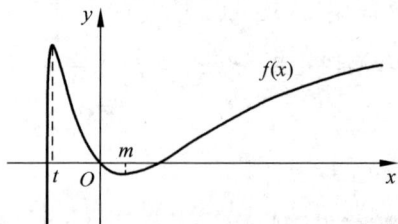

图 2.11　函数的图像

与 2023 年全国理科 Ⅱ 卷第 22 题的解答类似,从这个解答中看不出对参数 a 的分类依据.如果结合几何直观,针对问题本身进行分析,或许能找到如何确定 a 的取值范围的方法.

思辨过程可以分两步进行:

第一步:函数在区间 $(-1,0)$ 端点的取值很容易计算,分别为

$$f(0)=0, \quad \lim_{x \to -1}f(x)=-\infty.$$

由此可见,如果函数在 $(-1,0)$ 内有且仅有一个零点,则函数在该区间内的单调性必然会发生变化.换言之,函数必有极值点(而且是极大值点),于是导数至少有一个零点(如图 2.12(a)所示).

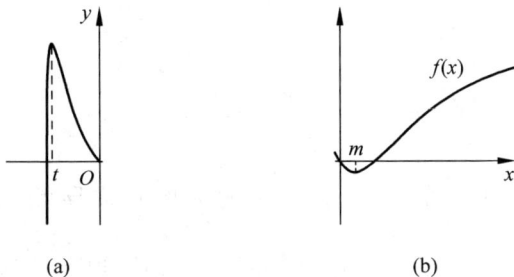

图 2.12 函数在不同区间的大致图像

(a) 函数在 $(-1,0)$ 内的大致图像; (b) 函数在 $(0,+\infty)$ 内的大致图像

对函数 $y=f(x)$ 求导得

$$f'(x)=\frac{1}{1+x}+a(1-x)\mathrm{e}^{-x}.$$

设 $f'(t)=0$,则

$$a=\frac{\mathrm{e}^t}{t^2-1}, \quad -1<t<0,$$

这说明必然有 $a<0$.

第二步:由于 $f(0)=0$,$\lim\limits_{x \to +\infty}f(x)=+\infty$,可见,如果 $y=f(x)$ 在 $(0,+\infty)$ 内有且仅有一个零点,则该函数在 $(0,+\infty)$ 内的单调性也会发生变化,直觉上应该是先递减再递增,这样才能保证函数的图像再次穿过 x 轴.设 $f'(m)=0,0<m<+\infty$,则

$$a = \frac{\mathrm{e}^m}{m^2 - 1}, \quad 0 < m < +\infty.$$

由于前面已经知道 $a < 0$，所以必有 $0 < m < 1$. 当 $x < m$ 时，函数应该单调递减，于是应有 $f'(x) < 0, x \in (0, m)$，当 $x > m$ 时，函数应该单调递增（如图 2.12(b)所示），即有 $f'(x) > 0, x \in (m, +\infty)$. 将 $f'(x)$ 稍加变形得

$$f'(x) = \left(a - \frac{\mathrm{e}^x}{x^2 - 1}\right)(1 - x)\mathrm{e}^{-x}.$$

当 $x < m < 1$ 时，$(1 - x)\mathrm{e}^{-x} > 0$，故由 $f'(x) < 0$，应有

$$a < \frac{\mathrm{e}^x}{x^2 - 1}, \quad x < 1,$$

即

$$\frac{\mathrm{e}^m}{m^2 - 1} < \frac{\mathrm{e}^x}{x^2 - 1}, \quad x < m.$$

显然，这里需要判断函数 $g(x) = \dfrac{\mathrm{e}^x}{x^2 - 1}$ 的单调性. 求导得

$$g'(x) = \frac{\mathrm{e}^x(x^2 - 1) - 2x\mathrm{e}^x}{(x^2 - 1)^2} = \frac{((x - 1)^2 - 2)\mathrm{e}^x}{(x^2 - 1)^2},$$

因此 $g'(x) < 0 (0 < x < m < 1)$. 从而

$$a = \frac{\mathrm{e}^m}{m^2 - 1} < g(0) = -1.$$

上述分析帮助我们找到了 a 的范围，即如果函数 $y = f(x)$ 在区间 $(-1, 0)$ 与 $(0, +\infty)$ 内各恰有一个零点，则必有 $a < -1$.

从上述分析可以看出，几何直观与直觉可以有效地帮助我们找到解决问题的方向，在直观的基础上有逻辑地辨析问题的本质，进而发现解决问题的可能方法. 如果没有基本的数学直觉，缺少辨析问题的能力，就不可能有明确的解题思路，也就找不到正确的解题方向.

2.2.3　解题能力的自我提升

解题能力的基础是数学直觉与数学思辨，如前所述，直觉可以帮助我

们找到解题的正确方向,思辨可以帮助发现解决问题的可能方法.但这些方法能不能解决目标问题,则要基于逻辑演绎与计算加以检验.

以上述考题为例,通过辨析猜测到了 a 的范围,但 $a < -1$ 是不是问题的正确答案则需要严格论证.这是训练推理能力与计算能力的重要过程,不具备一定的推理能力与计算能力,再好的设想也是空想.

这里给出该题第(2)问的详细解答,可以据此与思辨过程做比较,通常情况下,正确的思辨可以得到正确的解答:

(1) 由于

$$f(0) = 0, \quad \lim_{x \to -1} f(x) = -\infty,$$

且函数 $y = f(x)$ 在 $(-1, 0)$ 内恰好有一个零点,故函数在 $(-1, 0)$ 内必有极大值点,记为 $x = t$,对 $y = f(x)$ 求导得

$$f'(x) = \frac{1}{1+x} + a(1-x)e^{-x} = \left(a - \frac{e^x}{x^2-1}\right)(1-x)e^{-x}.$$

由 $f'(t) = 0$,解出 a 得

$$a = \frac{e^t}{t^2-1}, \quad -1 < t < 0,$$

这说明必有 $a < 0$.又由于

$$f(0) = 0, \quad \lim_{x \to +\infty} f(x) = +\infty,$$

如果 $y = f(x)$ 在 $(0, +\infty)$ 内有且仅有一个零点,则该函数在 $(0, +\infty)$ 内的单调性也会发生变化,函数在 $(0, +\infty)$ 内必有极小值点,记为 $x = m$.则 $f'(m) = 0, 0 < m < +\infty$,于是

$$a = \frac{e^m}{m^2-1}, \quad 0 < m < +\infty.$$

因为 $a < 0$,故必有 $0 < m < 1$.

(2) 记 $g(x) = \frac{e^x}{x^2-1}$,求导得

$$g'(x) = \frac{e^x(x^2-1) - 2xe^x}{(x^2-1)^2} = \frac{((x-1)^2-2)e^x}{(x^2-1)^2}.$$

显然当 $0 < x < 1$ 时,有 $g'(x) < 0$,从而 $g(x)$ 在 $(0, 1)$ 内单调递减.因此

$$a = \frac{e^m}{m^2-1} < g(0) = -1.$$

(3) 设 $x \in (-1,0)$，将 $f'(x) = \frac{1}{1+x} + a(1-x)e^{-x}$ 变形为

$$f'(x) = \frac{e^x + a(1-x^2)}{(1+x)e^x}.$$

记 $h(x) = e^x + a(1-x^2)$，则 $h'(x) = e^x - 2xa$，$h''(x) = e^x - 2a > 0$，故 $h'(x)$ 在 $(-1,0)$ 内单调递增，由于

$$h'(-1) = e^{-1} + 2a < 0, \quad h'(0) = 1 > 0,$$

存在 $c \in (-1,0)$ 使得 $h'(c) = 0$. 当 $x \in (-1,c)$ 时，$h'(x) < 0$，当 $x \in (c,0)$ 时，$h'(x) > 0$. 又

$$h(-1) = e^{-1} > 0, \quad h(0) = 1 + a < 0,$$

所以存在 $t \in (-1,0)$ 使得 $h(t) = 0$，即 $f'(t) = 0$. 当 $x \in (-1,t)$ 时，$f(x)$ 单调递增，当 $x \in (t,0)$ 时，$f(x)$ 单调递减. 故 $y = f(x)$ 在 $(-1,0)$ 内恰好有一个零点.

(4) 由于 $g(x)$ 在 $(0,1)$ 内单调递减，故当 $x \in (0,m)$ 时，有

$$g(x) > g(m) = a,$$

即

$$f'(x) = \left(a - \frac{e^x}{x^2-1}\right)(1-x)e^{-x} < 0,$$

当 $x \in (m,1)$ 时，有

$$g(x) < g(m) = a,$$

即

$$f'(x) = \left(a - \frac{e^x}{x^2-1}\right)(1-x)e^{-x} > 0,$$

当 $x \in (1, +\infty)$ 时，$1 - x < 0$，进而

$$f'(x) = \frac{1}{1+x} + a(1-x)e^{-x} > 0.$$

综上所述，$y = f(x)$ 在 $(0,m)$ 内单调递减，在 $(m, +\infty)$ 内单调递增. 由

$$f(0) = 0, \quad \lim_{x \to +\infty} f(x) = +\infty,$$

可知 $y = f(x)$ 在 $(0, +\infty)$ 内恰好有一个零点.

也可以利用函数 $y = g(x)$ 的单调性讨论 $y = f(x)$ 在 $(-1, 0)$ 内的变化规律. 由 $g'(x)$ 的符号容易看出 $y = g(x)$ 在 $(-1, 1-\sqrt{2})$ 内单调递增, 在 $(1-\sqrt{2}, 0)$ 内单调递减, 分析 t 与 $1-\sqrt{2}$ 的位置关系便可以得到所需的结论. 事实上, 由于 t 是极大值点, 故一定有 $t < 1-\sqrt{2}$. 于是对任意 $x \in (-1, t)$, 有

$$f'(x) = \left(a - \frac{\mathrm{e}^x}{x^2 - 1}\right)(1-x)\mathrm{e}^{-x} = \left(\frac{\mathrm{e}^t}{t^2 - 1} - \frac{\mathrm{e}^x}{x^2 - 1}\right)(1-x)\mathrm{e}^{-x} > 0,$$

对任意 $x \in (t, 1-\sqrt{2})$, 有 $f'(x) < 0$. 由于 $y = g(x)$ 在 $(1-\sqrt{2}, 0)$ 内单调递减, 且 $f'(0) = a + 1 < 0$, 进而在 $x \in (1-\sqrt{2}, 0)$ 内有 $f'(x) < 0$. 因此 $y = f(x)$ 在 $(-1, t)$ 内单调递增, 在 $(t, 0)$ 内单调递减.

从上述解答可以看出, 从思辨到完整解答还有相当遥远的距离, 掌握逻辑推理能力与计算能力没有捷径可走, 需要经过一定强度的训练才有可能做到解答过程畅通无阻.

第3章 新课标数学高考试卷分析及对教学的启示

3.1 新课标数学高考试卷分析

3.1.1 试卷题型分布

所谓新课标高考,是新时代下的高考制度改革,它是国家层面上为推动高中教育向素质教育转变、全面提升学生综合素质而实施的重要举措.

2024 年新课标数学高考试卷在结构上有了比较大的变化,题量减少,从原来的 22 道题变成了 19 道题,解答题不仅分值增加了,对学生思维能力的要求也有所提升.各题型的大致分布为:

单项选择题 8 道,每道题的分值 5 分,总共 40 分,与原来的数量与分值一样;多项选择题 3 道,每题 6 分,共 18 分,比原来减少了 1 道,减少了 2 分;填空题 3 道,每题 5 分,共 15 分,比原来减少了 5 分;解答题 5 道,分值分别为 13,15,15,17,17,总共 77 分;具体分布如表 3.1 所列.

表 3.1　新课标数学高考试卷题型及分值

单选题	1~8	每题 5 分	40 分	
多选题	9~11	每题 6 分	18 分	73 分
填空题	12~14	每题 5 分	15 分	
解答题	15	立体几何	13 分	
	16	圆锥曲线	15 分	
	17	概率	15 分	77 分
	18	导数	17 分	
	19	新题型(数列数论+竞赛方向)	17 分	

2024年新课标数学高考Ⅰ卷及Ⅱ卷的内容如下：

2024年新课标数学高考Ⅰ卷

一、选择题：本题共 8 小题，每小题 5 分，共 40 分．在每小题给出的四个选项中，只有一个选项是正确的．请把正确的选项填涂在答题卡相应的位置上．

1. 已知集合 $A=\{x:-5<x^3<5\},B=\{-3,-1,0,2,3\}$，则 $A\bigcap B=$（　　）．

    A. $\{-1,0\}$ B. $\{2,3\}$

    C. $\{-3,-1,0\}$ D. $\{-1,0,2\}$

2. 若 $\dfrac{z}{z-1}=1+i$，则 $z=$（　　）．

    A. $-1-i$ B. $-1+i$ C. $1-i$ D. $1+i$

3. 已知向量 $\vec{a}=(0,1),\vec{b}=(2,x)$，若 $\vec{b}\perp(\vec{b}-4\vec{a})$，则 $x=$（　　）．

    A. -2 B. -1 C. 1 D. 2

4. 已知 $\cos(\alpha+\beta)=m,\tan\alpha\tan\beta=2$，则 $\cos(\alpha-\beta)=$（　　）．

    A. $-3m$ B. $-\dfrac{m}{3}$ C. $\dfrac{m}{3}$ D. $3m$

5. 已知圆柱和圆锥的底面半径相等，侧面积相等，且它们的高均为 $\sqrt{3}$，则圆锥的体积为（　　）．

    A. $2\sqrt{3}\pi$ B. $3\sqrt{3}\pi$ C. $6\sqrt{3}\pi$ D. $9\sqrt{3}\pi$

6. 已知函数 $f(x)=\begin{cases}-x^2-2ax-a, & x<0,\\ e^x+\ln(x+1), & x\geq0\end{cases}$ 在 **R** 上单调递增，则 a 的取值范围是（　　）．

    A. $(-\infty,0]$ B. $[-1,0]$ C. $[-1,1]$ D. $[0,+\infty)$

7. 当 $x\in[0,2\pi]$ 时，曲线 $y=\sin x$ 与 $y=2\sin\left(3x-\dfrac{\pi}{6}\right)$ 的交点个数为（　　）．

    A. 3 B. 4 C. 6 D. 8

8. 已知函数 $f(x)$ 的定义域为 **R**, $f(x) > f(x-1) + f(x-2)$, 且当 $x < 3$ 时 $f(x) = x$, 则下列结论中一定正确的是(   ).

    A. $f(10) > 100$ B. $f(20) > 1000$

    C. $f(10) < 1000$ D. $f(20) < 10000$

二、选择题：本题共 **3** 小题,每小题 **6** 分,共 **18** 分.在每小题给出的四个选项中,有多项符合题目要求.全部选对得 **6** 分,选对但不全的得部分分,有选错的得 **0** 分.

9. 随着"一带一路"国际合作的深入,某茶叶种植区多措并举推动茶叶出口.为了解推动出口后的亩收入(单位:万元)情况,从该种植区抽取样本,得到推动出口后亩收入的样本均值 $\bar{x} = 2.1$, 样本方差 $s^2 = 0.01$. 已知该种植区以往的亩收入 X 服从正态分布 $N(1.8, 0.1^2)$, 假设推动出口后的亩收入 Y 服从正态分布 $N(\bar{x}, s^2)$, 则(   )(若随机变量 Z 服从正态分布 $N(\mu, \sigma^2)$, $P(Z < \mu + \sigma) \approx 0.8413$).

    A. $P(X > 2) > 0.2$ B. $P(X > 2) < 0.5$

    C. $P(Y > 2) > 0.5$ D. $P(Y > 2) < 0.8$

10. 设函数 $f(x) = (x-1)^2(x-4)$, 则(   ).

    A. $x = 3$ 是 $f(x)$ 的极小值点

    B. 当 $0 < x < 1$ 时, $f(x) < f(x^2)$

    C. 当 $1 < x < 2$ 时, $-4 < f(2x-1) < 0$

    D. 当 $-1 < x < 0$ 时, $f(2-x) > f(x)$

11. 设计一条美丽的丝带,其造型 ✕ 可以看作图中的曲线 C 的一部分.已知 C 过坐标原点 O 且 C 上的点满足:横坐标大于 -2, 到点 $F(2, 0)$ 的距离与到定直线 $x = a(a < 0)$ 的距离之积为 4, 则(   ).

A. $a=-2$

B. 点$(2\sqrt{2},0)$在 C 上

C. C 在第一象限的点的纵坐标的最大值为 1

D. 当点(x_0,y_0)在 C 上时，$y_0 \leqslant \dfrac{4}{x_0+2}$

三、填空题：本题共 3 小题，每小题 5 分，共 15 分.

12. 设双曲线 $C:\dfrac{x^2}{a^2}-\dfrac{y^2}{b^2}=1(a>0,b>0)$，左右焦点分别为 F_1,F_2，过 F_2 作平行于 y 轴的直线交 C 于 A,B 两点，若$|F_1A|=13$，$|AB|=10$，则 C 的离心率为_____.

13. 若曲线 $y=e^x+x$ 在点$(0,1)$处的切线也是曲线 $y=\ln(x+1)+a$ 的切线，则 $a=$ _____.

14. 甲、乙两人各有四张卡片，每张卡片上标有一个数字，甲的卡片上分别标有数字 1，3，5，7，乙的卡片上分别标有数字 2，4，6，8. 两人进行四轮比赛，在每轮比赛中，两人各自从自己持有的卡片中随机选一张，并比较所选卡片上数字的大小. 数字大的人得 1 分，数字小的人得 0 分，然后各自弃置此轮所选的卡片（弃置的卡片在此后的轮次中不能使用）. 则四轮比赛后，甲的总得分不小于 2 的概率为_____.

四、解答题：本题共 5 小题，共 77 分. 解答应写出文字说明、证明过程或演算步骤.

15. 记△ABC 的内角 A，B，C 的对边分别为 a，b，c，已知

$$\sin C=\sqrt{2}\cos B，\quad a^2+b^2-c^2=\sqrt{2}ab.$$

(1) 求 B；

(2) 若△ABC 的面积为 $3+\sqrt{3}$，求 c.

16. 已知 $A(0,3)$和 $P\left(3,\dfrac{3}{2}\right)$为椭圆 $C:\dfrac{x^2}{a^2}+\dfrac{y^2}{b^2}=1(a>b>0)$上两点.

(1) 求 C 的离心率；

(2) 若过 P 的直线 l 交 C 于另一点 B，且△ABP 的面积为 9，求 l 的

方程.

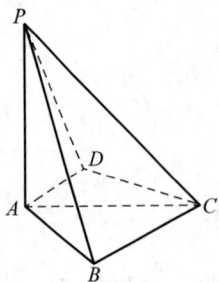

17. 如图,四棱锥 $P\text{-}ABCD$ 中,$PA \perp$ 底面 $ABCD$,$PA = AC = 2$,$BC = 1$,$AB = \sqrt{3}$.

(1) 若 $AD \perp PB$,证明:$AD /\!/$ 平面 PBC;

(2) 若 $AD \perp DC$,且二面角 $A\text{-}CP\text{-}D$ 的正弦值为 $\dfrac{\sqrt{42}}{7}$,求 AD.

18. 已知函数 $f(x) = \ln\dfrac{x}{2-x} + ax + b(x-1)^3$.

(1) 若 $b = 0$,且 $f'(x) \geqslant 0$,求 a 的最小值;

(2) 证明:曲线 $y = f(x)$ 是中心对称图形;

(3) 若 $f(x) > -2$ 当且仅当 $1 < x < 2$,求 b 的取值范围.

19. 设 m 为正整数,数列 $a_1, a_2, \cdots, a_{4m+2}$ 是公差不为 0 的等差数列,若从中删去两项 a_i 和 $a_j (i < j)$ 后剩余的 $4m$ 项可被平均分为 m 组,且每组的 4 个数都能构成等差数列,则称数列 $a_1, a_2, \cdots, a_{4m+2}$ 是 (i, j)-可分数列.

(1) 写出所有的 (i, j),$1 \leqslant i < j \leqslant 6$,使数列 $a_1, a_2, \cdots, a_6$ 是 (i, j)-可分数列;

(2) 当 $m \geqslant 3$ 时,证明:数列 $a_1, a_2, \cdots, a_{4m+2}$ 是 $(2, 13)$-可分数列;

(3) 从 $1, 2, \cdots, 4m+2$ 中一次任取两个数 i 和 $j (i < j)$,记数列 $a_1, a_2, \cdots, a_{4m+2}$ 是 (i, j)-可分数列的概率为 P_m,证明:$P_m > \dfrac{1}{8}$.

2024 年新课标数学高考 II 卷

一、单项选择题:本题共 8 小题,每小题 5 分,共 40 分. 在每小题给出的四个选项中,只有一个选项是正确的. 请把正确的选项填涂在答题卡相应的位置上.

1. 已知 $z = -1 - i$,则 $|z| = (\quad)$.

　　A. 0　　　　　　B. 1　　　　　　C. $\sqrt{2}$　　　　　　D. 2

2. 已知命题 p：$\forall x \in \mathbf{R}$，$|x+1|>1$；命题 q：$\exists x>0$，$x^3=x$，则（　　）.

    A. p 和 q 都是真命题　　　　B. $\neg p$ 和 q 都是真命题

    C. p 和 $\neg q$ 都是真命题　　　　D. $\neg p$ 和 $\neg q$ 都是真命题

3. 已知向量 $\vec{a}$，$\vec{b}$ 满足 $|\vec{a}|=1$，$|\vec{a}+2\vec{b}|=2$，且 $(\vec{b}-2\vec{a})\perp\vec{b}$，则 $|\vec{b}|=$（　　）.

    A. $\dfrac{1}{2}$　　　　B. $\dfrac{\sqrt{2}}{2}$　　　　C. $\dfrac{\sqrt{3}}{2}$　　　　D. 1

4. 某农业研究部门在面积相等的 100 块稻田上种植一种新型水稻，得到各块稻田的亩产量（单位：kg）并整理如下表：

亩产量	[900,950)	[950,1000)	[1000,1050)	[1050,1100)	[1100,1150)	[1150,1200)
频数	6	12	18	30	24	10

根据表中数据，下列结论中正确的是（　　）.

    A. 100 块稻田亩产量的中位数小于 1050kg

    B. 100 块稻田中亩产量低于 1100kg 的稻田所占比例超过 80%

    C. 100 块稻田亩产量的极差介于 200kg 至 300kg 之间

    D. 100 块稻田亩产量的平均值介于 900kg 至 1000kg 之间

5. 已知曲线 C：$x^2+y^2=16(y>0)$，从 C 上任意一点 P 向 x 轴作垂线段 PP'，P' 为垂足，则线段 PP' 的中点 M 的轨迹方程为（　　）.

    A. $\dfrac{x^2}{16}+\dfrac{y^2}{4}=1(y>0)$　　　　B. $\dfrac{x^2}{16}+\dfrac{y^2}{8}=1(y>0)$

    C. $\dfrac{y^2}{16}+\dfrac{x^2}{4}=1(y>0)$　　　　D. $\dfrac{y^2}{16}+\dfrac{x^2}{8}=1(y>0)$

6. 设函数 $f(x)=a(x+1)^2-1$，$g(x)=\cos x+2ax$，当 $x \in (-1,1)$ 时，曲线 $y=f(x)$ 与 $y=g(x)$ 恰有一个交点，则 $a=$（　　）.

    A. -1　　　　B. $\dfrac{1}{2}$　　　　C. 1　　　　D. 2

7. 已知正三棱台 $ABC\text{-}A_1B_1C_1$ 的体积为 $\dfrac{52}{3}$，$AB=6$，$A_1B_1=2$，则

A_1A 与平面 ABC 所成角的正切值为(　　).

　　A. $\dfrac{1}{2}$　　　　B. 1　　　　C. 2　　　　D. 3

8. 设函数 $f(x)=(x+a)\ln(x+b)$,若 $f(x)\geqslant 0$,则 a^2+b^2 的最小值为(　　).

　　A. $\dfrac{1}{8}$　　　　B. $\dfrac{1}{4}$　　　　C. $\dfrac{1}{2}$　　　　D. 1

二、多项选择题：本题共 3 小题,每小题 6 分,共 18 分.在每小题给出的四个选项中,有多项符合题目要求.全部选对得 6 分,选对但不全的得部分分,有选错的得 0 分.

9. 对于函数 $f(x)=\sin 2x$ 和 $g(x)=\sin\left(2x-\dfrac{\pi}{4}\right)$,下列说法中正确的有(　　).

　　A. $f(x)$ 与 $g(x)$ 有相同的零点

　　B. $f(x)$ 与 $g(x)$ 有相同的最大值

　　C. $f(x)$ 与 $g(x)$ 有相同的最小正周期

　　D. $f(x)$ 与 $g(x)$ 的图像有相同的对称轴

10. 抛物线 $C:y^2=4x$ 的准线为 l,P 为 C 上的动点,过 P 作

$$A:x^2+(y-4)^2=1$$

的一条切线,Q 为切点,过 P 作 l 的垂线,垂足为 B,则(　　).

　　A. l 与 $\odot A$ 相切

　　B. 当 P,A,B 三点共线时,$|PQ|=\sqrt{15}$

　　C. 当 $|PB|=2$ 时,$PA\perp AB$

　　D. 满足 $|PA|=|PB|$ 的点 P 有且仅有 2 个

11. 设函数 $f(x)=2x^3-3ax^2+1$,则(　　).

　　A. 当 $a>1$ 时,$f(x)$ 有三个零点

　　B. 当 $a<0$ 时,$x=0$ 是 $f(x)$ 的极大值点

　　C. 存在 a,b,使得 $x=b$ 为曲线 $y=f(x)$ 的对称轴

　　D. 存在 a,使得点 $(1,f(1))$ 为曲线 $y=f(x)$ 的对称中心

三、填空题：本题共 3 小题，每小题 5 分，共 15 分.

12. 记 S_n 为等差数列 $\{a_n\}$ 的前 n 项和，若 $a_3+a_4=7,3a_2+a_5=5$，则 $S_{10}=$ _____.

13. 已知 α 为第一象限角，β 为第三象限角，且
$$\tan\alpha+\tan\beta=4, \quad \tan\alpha\tan\beta=\sqrt{2}+1,$$
则 $\sin(\alpha+\beta)=$ _____.

14. 在如图的 4×4 的方格表中选 4 个方格，要求每行和每列均恰有一个方格被选中，则共有 _____ 种选法，在所有符合上述要求的选法中，选中方格中的 4 个数之和的最大值是 _____.

11	21	31	40
12	22	33	42
13	22	33	43
15	24	34	44

四、解答题：本题共 5 小题，共 77 分.解答应写出文字说明、证明过程或演算步骤.

15. 记 $\triangle ABC$ 的内角 A,B,C 的对边分别为 a,b,c，已知
$$\sin A+\sqrt{3}\cos A=2.$$
（1）求 A.

（2）若 $a=2,\sqrt{2}b\sin C=c\sin 2B$，求 $\triangle ABC$ 的周长.

16. 已知函数 $f(x)=\mathrm{e}^x-ax-a^3$.

（1）当 $a=1$ 时，求曲线 $y=f(x)$ 在点 $(1,f(1))$ 处的切线方程；

（2）若 $f(x)$ 有极小值，且极小值小于 0，求 a 的取值范围.

17. 如图，平面四边形 $ABCD$ 中，$AB=8$，$CD=3,AD=5\sqrt{3},\angle ADC=90°,\angle BAD=30°$，点 E,F 满足 $\overrightarrow{AE}=\dfrac{2}{5}\overrightarrow{AD},\overrightarrow{AF}=\dfrac{1}{2}\overrightarrow{AB}$，将 $\triangle AEF$ 沿 EF 翻折至 $\triangle PEF$，使得 $PC=4\sqrt{3}$.

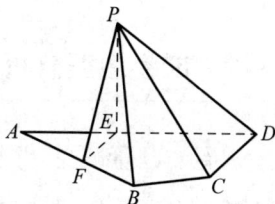

(1) 证明：$EF \perp PD$；

(2) 求平面 PCD 与平面 PBF 所成的二面角的正弦值.

18. 某投篮比赛分为两个阶段，每个参赛队由两名队员组成，比赛具体规则如下：第一阶段由参赛队中一名队员投篮 3 次，若 3 次都未投中，则该队被淘汰，比赛成绩为 0 分；若至少投中一次，则该队进入第二阶段. 第二阶段由该队的另一名队员投篮 3 次，每次投篮投中得 5 分，未投中得 0 分. 该队的比赛成绩为第二阶段的得分总和. 某参赛队由甲、乙两名队员组成，设甲每次投中的概率为 p，乙每次投中的概率为 q，各次投中与否相互独立.

(1) 若 $p = 0.4, q = 0.5$，甲参加第一阶段比赛，求甲、乙所在队的比赛成绩不少于 5 分的概率；

(2) 假设 $0 < p < q$，

① 为使得甲、乙所在队的比赛成绩为 15 分的概率最大，应该由谁参加第一阶段比赛？

② 为使得甲、乙所在队的比赛成绩的数学期望最大，应该由谁参加第一阶段比赛？

19. 已知双曲线 $C: x^2 - y^2 = m (m > 0)$，点 $P_1(5,4)$ 在 C 上，k 为常数，$0 < k < 1$. 按照如下方式依次构造点 $P_n (n = 2,3,\cdots)$：过 P_{n-1} 作斜率为 k 的直线与 C 的左支交于点 Q_{n-1}，令 P_n 为 Q_{n-1} 关于 y 轴的对称点，记 P_n 的坐标为 (x_n, y_n).

(1) 若 $k = \dfrac{1}{2}$，求 x_2, y_2；

(2) 证明：数列 $\{x_n - y_n\}$ 是公比为 $\dfrac{1+k}{1-k}$ 的等比数列；

(3) 设 S_n 为 $\triangle P_n P_{n+1} P_{n+2}$ 的面积，证明：对任意正整数 $n, S_n = S_{n+1}$.

3.1.2　试卷题型分析

试卷的题量减少，并增加了解答题的分值，反映了试题对数学思维能力的考察有所加强. 既考虑了对基础知识的考察，也兼顾了综合性、应用性.强调对原理、方法的理解和综合应用以及不同知识点之间的内在联系,考题没有增加超出教材的知识量,但具有较强的灵活性与综合性,且两套试卷在题型内容的顺序上有着比较大的差异,在一定程度上达到了引导一线教学避免刷题和技巧性训练的目的.例如,新课标数学高考Ⅰ卷第5题将圆柱与圆锥结合,综合考查侧面积与体积的计算,第18题在函数导数试题中考查了曲线的对称性.新课标数学高考Ⅱ卷第6题综合考查幂函数和余弦函数的性质.以下以N_I,N_{II}分别表示新课标数学高考Ⅰ卷与Ⅱ卷对应的试题.

N_I5. 已知圆柱和圆锥的底面半径相等,侧面积相等,且它们的高均为$\sqrt{3}$,则圆锥的体积为(   ).

A. $2\sqrt{3}\pi$ B. $3\sqrt{3}\pi$ C. $6\sqrt{3}\pi$ D. $9\sqrt{3}\pi$

解 设圆柱的底面半径为r,则圆锥的母线长为$\sqrt{r^2+3}$,而它们的侧面积相等,所以$2\pi r\sqrt{3}=\pi r\sqrt{3+r^2}$,即$2\sqrt{3}=\sqrt{3+r^2}$,故$r=3$,故圆锥的体积为$\frac{1}{3}\pi\times 9\times\sqrt{3}=3\sqrt{3}\pi$.

N_{II}6. 设函数$f(x)=a(x+1)^2-1$,$g(x)=\cos x+2ax$,当$x\in(-1,1)$时,曲线$y-f(x)$与$y-g(x)$恰有一个交点,则$a=$(   ).

A. -1 B. $\frac{1}{2}$ C. 1   D. 2

解 曲线$y=f(x)$与$y=g(x)$恰有一个交点等价于函数
$$h(x)=f(x)-g(x)=ax^2+a-1-\cos x,x\in(-1,1)$$
有且仅有一个零点.因为
$$h(-x)=a(-x)^2+a-1-\cos(-x)=ax^2+a-1-\cos x=h(x),$$
故$h(x)$为偶函数.根据偶函数的对称性可知$h(x)$的零点只能为0,即$h(0)=a-2=0$,解得$a=2$.若$a=2$,则$h(x)=2x^2+1-\cos x,x\in(-1,1)$,因为$2x^2\geq 0$,$1-\cos x\geq 0$,当且仅当$x=0$时等号成立.由此可得$h(x)\geq 0$当且仅当$x=0$时等号成立,即$h(x)$有且仅有一个零点0,所以$a=2$符合题意.

N_I 18. 已知函数 $f(x)=\ln\dfrac{x}{2-x}+ax+b(x-1)^3$.

(1) 若 $b=0$，且 $f'(x)\geqslant 0$，求 a 的最小值；

(2) 证明：曲线 $y=f(x)$ 是中心对称图形；

(3) 若 $f(x)>-2$ 当且仅当 $1<x<2$，求 b 的取值范围.

解　(1) $b=0$ 时，$f(x)=\ln\dfrac{x}{2-x}+ax$，$x\in(0,2)$，则

$$f'(x)=\frac{2}{x(2-x)}+a,\quad x\in(0,2).$$

因为 $x(2-x)\leqslant\left(\dfrac{2-x+x}{2}\right)^2=1$，等号当且仅当 $x=1$ 时成立，故 $f'(x)_{\min}=2+a$，而 $f'(x)\geqslant 0$，故 $a+2\geqslant 0$，即 $a\geqslant-2$，所以 a 的最小值为 -2.

(2) $f(x)=\ln\dfrac{x}{2-x}+ax+b(x-1)^3$ 的定义域为 $(0,2)$，设 P 为 $y=f(x)$ 图像上的任意一点，$P(m,n)$ 关于 $(1,a)$ 的对称点为 $Q(2-m,2a-n)$，因为 $P(m,n)$ 在 $y=f(x)$ 的图像上，故 $n=\ln\dfrac{m}{2-m}+am+b(m-1)^3$，而

$$f(2-m)=\ln\frac{2-m}{m}+a(2-m)+b(2-m-1)^3$$

$$=-\left[\ln\frac{m}{2-m}+am+b(m-1)^3\right]+2a=-n+2a,$$

所以 $Q(2-m,2a-n)$ 也在 $y=f(x)$ 的图像上，由 P 的任意性可得 $y=f(x)$ 的图像为中心对称图形，且对称中心为 $(1,a)$.

(3) 因为 $f(x)>-2$ 当且仅当 $1<x<2$ 时成立，故 $x=1$ 为 $f(x)=-2$ 的一个解，所以 $f(1)=-2$，即 $a=-2$.

假设 $1<x<2$ 时，$f(x)>-2$ 恒成立. 此时 $f(x)>-2$ 即为

$$\ln\frac{x}{2-x}+2(1-x)+b(x-1)^3>0$$

在 $(1,2)$ 内恒成立.

设 $t=x-1\in(0,1)$，则 $\ln\dfrac{t+1}{1-t}-2t+bt^3>0$ 在 $(0,1)$ 内恒成立，设

$$g(t)=\ln\frac{t+1}{1-t}-2t+bt^3, t\in(0,1),则$$

$$g'(t)=\frac{2}{1-t^2}-2+3bt^2=\frac{t^2(-3bt^2+2+3b)}{1-t^2}.$$

由 $0<t<1$,可得 $t^2>0$,$1-t^2>0$,故 $g'(t)$ 的符号由因式 $-3bt^2+3b+2$ 的符号决定.

设 $m(t)=-3bt^2+3b+2$.

(1) $b\geqslant0$,$m(t)$ 开口向下,又 $m(t)>m(1)=-3b+3b+2=2>0$,所以 $g'(t)>0$,$g(x)$ 在 $(0,1)$ 内单增.

(2) $b<0$,$m(t)$ 开口向上. 又 $m(t)>m(0)=3b+2$,有两种可能的情形.

① $3b+2\geqslant0$,则 $m(t)>m(0)=3b+2\geqslant0$,从而 $g'(t)\geqslant0$,$g(t)$ 在 $(0,1)$ 内仍然为增函数,进而 $g(t)>g(0)=0$,即 $f(x)>-2$ 在 $(1,2)$ 内恒成立.

② $3b+2<0$,$3b+2=3b\left(1+\dfrac{2}{3b}\right)$,因为 $b<0$,故 $\left(1+\dfrac{2}{3b}\right)>0$,当 $0<t<\sqrt{1+\dfrac{2}{3b}}<1$ 时,$g'(t)<0$,于是 $g(t)$ 在 $\left(0,\sqrt{1+\dfrac{2}{3b}}\right)$ 内为减函数,故 $g(t)<g(0)=0$,不合题意.

综上,$f(x)>-2$ 在 $(1,2)$ 内恒成立时必有 $b\geqslant-\dfrac{2}{3}$.

新课标数学高考 Ⅰ 卷与 Ⅱ 卷的函数题分别为第 18 题与第 16 题,前者属于难题,后者属于容易题,反映了命题者有意杜绝刷题与押题.

$N_{Ⅱ}$16. 已知函数 $f(x)=e^x-ax-a^3$.

(1) 当 $a=1$ 时,求曲线 $y=f(x)$ 在点 $(1,f(1))$ 处的切线方程;

(2) 若 $f(x)$ 有极小值,且极小值小于 0,求 a 的取值范围.

解 (1) 当 $a=1$ 时,$f(x)=e^x-x-1$,求导得 $f'(x)=e^x-1$,故 $f(1)=e-2$,$f'(1)=e-1$,即切点坐标为 $(1,e-2)$,切线斜率 $k=e-1$,所以切线方程为 $y-(e-2)=(e-1)(x-1)$,即 $(e-1)x-y-1=0$.

（2）显然 $f(x)$ 的定义域为 $\mathbf{R}$，且 $f'(x)=e^x-a$，若 $a\le 0$，则对任意 $x\in\mathbf{R}$ 有 $f'(x)\ge 0$，这说明 $f(x)$ 在 $\mathbf{R}$ 上单调递增，无极值，不合题意.

若 $a>0$，令 $f'(x)>0$，解得 $x>\ln a$；令 $f'(x)<0$，解得 $x<\ln a$；可知 $f(x)$ 在 $(-\infty,\ln a)$ 内单调递减，在 $(\ln a,+\infty)$ 内单调递增，则 $f(x)$ 有极小值 $f(\ln a)=a-a\ln a-a^3$，无极大值. 由题意可得

$$f(\ln a)=a-a\ln a-a^3<0,\quad 即\ a^2+\ln a-1>0.$$

令 $g(a)=a^2+\ln a-1, a>0$，这里需要判断函数 $g(a)$ 的单调性，求导得 $g'(a)=2a+\dfrac{1}{a}>0$，可知 $g(a)$ 在 $(0,+\infty)$ 内单调递增. 由于 $g(1)=0$，这说明 $a^2+\ln a-1>0$ 等价于 $a>1$，所以 a 的取值范围为 $(1,+\infty)$.

与往年的函数压轴题相比，难度及计算量都有所降低.

这道题的巧妙之处在于一反过去将函数题作为压轴题的做法，函数不再那么复杂，也不再具有计算的高技巧性，需要的知识点都考查到了，但考查的重点是考生对函数基本概念及基础知识的掌握与灵活运用能力，而不是技巧性思维能力，这是一道难度偏低的好题.

新课标数学高考Ⅱ卷第 8 题给出的函数很简单，要求学生推断两个参数平方和的最小值. 它可以通过对函数单调性和零点的分析直接得到结论，不一定需要求导和分类讨论，这道题重点考查了学生灵活运用数学知识的能力：

$N_{Ⅱ}$8. 设函数 $f(x)=(x+a)\ln(x+b)$，若 $f(x)\ge 0$，则 a^2+b^2 的最小值为（　　）.

A. $\dfrac{1}{8}$　　　　B. $\dfrac{1}{4}$　　　　C. $\dfrac{1}{2}$　　　　D. 1

解　显然，$f(x)$ 的定义域为 $(-b,+\infty)$，首先需要找到函数的两个因子 $x+a$ 及 $\ln(x+b)$ 的零点，再根据其单调性判断其符号，进而找到两个参数之间的关系.

令 $x+a=0$ 得 $x=-a$；令 $\ln(x+b)=0$ 得 $x=1-b$. 当 $x\in(-b,1-b)$ 时，$\ln(x+b)<0$，因此要保证 $f(x)\ge 0$，必有 $x+a\le 0$，从而 $1-b+a\le 0$.

当 $x \in (1-b, +\infty)$ 时,$\ln(x+b) > 0$,因此必有 $x+a \geqslant 0$,所以 $1-b+a \geqslant 0$.

综合上述两点知 $1-b+a=0$,则

$$a^2 + b^2 = a^2 + (a+1)^2 = 2\left(a + \frac{1}{2}\right)^2 + \frac{1}{2} \geqslant \frac{1}{2},$$

当且仅当 $a = -\frac{1}{2}$,$b = \frac{1}{2}$ 时,等号成立,故 $a^2 + b^2$ 的最小值为 $\frac{1}{2}$.

这是一道设计比较巧妙的题,考生只要注意观察,便不难发现两个关键要素:①函数式中的两个因子都是单调递增的;②只需要两个因子同号,函数值便大于 0. 清楚了这两点,自然懂得需要先求出两个因子的零点,再根据单调性确定两个因子的符号,问题便迎刃而解.

试卷对往年试题的顺序也做了适当调整,以期避免猜题押题,例如,新课标数学高考 I 卷将概率题安排在第 14 题与第 19 题,新课标数学高考 II 卷中,将过去作为压轴题的函数大题安排在第 16 题;概率与统计试题加强了能力考查力度,安排在第 18 题.

N_I 14. 甲、乙两人各有四张卡片,每张卡片上标有一个数字,甲的卡片上分别标有数字 1,3,5,7,乙的卡片上分别标有数字 2,4,6,8. 两人进行四轮比赛,在每轮比赛中,两人各自从自己持有的卡片中随机选一张,并比较所选卡片上数字的大小. 数字大的人得 1 分,数字小的人得 0 分,然后各自弃置此轮所选的卡片(弃置的卡片在此后的轮次中不能使用). 则四轮比赛后,甲的总得分不小于 2 的概率为_____.

解 假设甲在四轮游戏中的得分分别为 X_1, X_2, X_3, X_4,四轮的总得分为 X. 甲乙两人在任意一轮出示每张牌的概率都均等,使得甲获胜的出牌组合有六种,从而甲在该轮获胜的概率 $P(X_k=1) = \frac{6}{4 \times 4} = \frac{3}{8}$,所以

$$E(X_k) = \frac{3}{8}(k=1,2,3,4),$$

进而 $E(X) = E(X_1 + X_2 + X_3 + X_4) = \sum_{k=1}^{4} E(X_k) = \sum_{k=1}^{4} \frac{3}{8} = \frac{3}{2}$.

记 $p_k = P(X=k)(k=0,1,2,3)$. 如果甲得 0 分,则组合方式是唯一的:必定是甲出 1,3,5,7 分别对应乙出 2,4,6,8,所以 $p_0 = \frac{1}{A_4^4} = \frac{1}{24}$;如果

甲得 3 分,则组合方式也是唯一的:必定是甲出 1,3,5,7 分别对应乙出 8,

2,4,6,所以 $p_3 = \dfrac{1}{A_4^4} = \dfrac{1}{24}$. 而 X 的所有可能取值是 0,1,2,3,故

$$p_0 + p_1 + p_2 + p_3 = 1.$$

又

$$E(X) = p_1 + 2p_2 + 3p_3 = \frac{3}{2}.$$

因此 $p_1 + p_2 + \dfrac{1}{12} = 1, p_1 + 2p_2 + \dfrac{1}{8} = \dfrac{3}{2}$. 两式相减即得 $p_2 + \dfrac{1}{24} = \dfrac{1}{2}$,故

$p_2 + p_3 = \dfrac{1}{2}$. 所以甲的总得分不小于 2 的概率为 $p_2 + p_3 = \dfrac{1}{2}$.

N$_{\text{II}}$18. 某投篮比赛分为两个阶段,每个参赛队由两名队员组成,比赛具体规则如下:第一阶段由参赛队中一名队员投篮 3 次,若 3 次都未投中,则该队被淘汰,比赛成绩为 0 分;若至少投中一次,则该队进入第二阶段.第二阶段由该队的另一名队员投篮 3 次,每次投篮投中得 5 分,未投得 0 分.该队的比赛成绩为第二阶段的得分总和.某参赛队由甲、乙两名队员组成,设甲每次投中的概率为 p,乙每次投中的概率为 q,各次投中与否相互独立.

(1) 若 $p = 0.4, q = 0.5$,甲参加第一阶段比赛,求甲、乙所在队的比赛成绩不少于 5 分的概率;

(2) 假设 $0 < p < q$,

① 为使得甲、乙所在队的比赛成绩为 15 分的概率最大,应该由谁参加第一阶段比赛?

② 为使得甲、乙所在队的比赛成绩的数学期望最大,应该由谁参加第一阶段比赛?

解　(1) 甲、乙所在队的比赛成绩不少于 5 分,则甲第一阶段至少投中 1 次,乙第二阶段也至少投中 1 次,所以比赛成绩不少于 5 分的概率为

$$P = (1 - 0.6^3)(1 - 0.5^3) = 0.686.$$

(2) ① 首先需要计算出甲、乙分别先参加第一阶段比赛时甲、乙所在

队的比赛成绩为 15 分的概率.如果甲先参加第一阶段比赛,则甲、乙所在队的比赛成绩为 15 分的概率为 $P=[1-(1-p)^3]q^3$;若乙先参加第一阶段比赛,则甲、乙所在队的比赛成绩为 15 分的概率为

$$Q=[1-(1-q)^3]p^3.$$

因为 $0<p<q$,所以

$$\begin{aligned}
P-Q &= q^3-(q-pq)^3-p^3+(p-pq)^3 \\
&= (q-p)(q^2+pq+p^2)+(p-q)[(p-pq)^2+ \\
&\quad (q-pq)^2+(p-pq)(q-pq)] \\
&= (p-q)(3p^2q^2-3p^2q-3pq^2) \\
&= 3pq(p-q)(pq-p-q) \\
&= 3pq(p-q)[(1-p)(1-q)-1]>0,
\end{aligned}$$

因此 $P>Q$,这说明应该由甲参加第一阶段比赛.

② 若甲先参加第一阶段比赛,比赛成绩 X 的所有可能取值为 $0,5,10,15$,且

$$\begin{aligned}
P(X=0) &= (1-p)^3+[1-(1-p)^3](1-q)^3, \\
P(X=5) &= [1-(1-p)^3]C_3^1 q(1-q)^2, \\
P(X=10) &= [1-(1-p)^3]C_3^2 q^2(1-q), \\
P(X=15) &= [1-(1-p)^3]q^3,
\end{aligned}$$

于是得 $E(X)=15[1-(1-p)^3]q=15(p^3-3p^2+3p)q$.

如果乙先参加第一阶段比赛,比赛成绩 Y 的所有可能取值为 $0,5,10,15$,同理 $E(Y)=15(q^3-3q^2+3q)p$.所以

$$\begin{aligned}
E(X)-E(Y) &= 15[pq(p+q)(p-q)-3pq(p-q)] \\
&= 15(p-q)pq(p+q-3).
\end{aligned}$$

因为 $0<p<q$,故 $p-q<0,p+q-3<1+1-3<0$,从而

$$(p-q)pq(p+q-3)>0,$$

可见应该由甲参加第一阶段比赛.

与过去的概率题相比,这道题中规中矩,让人读起来没有丝毫"不适"

感,是一道很正规的概率考题,解题方法不偏不怪,十分自然,只要真正掌握了二项分布、离散型随机变量分布的基本概念,便不难找到解题思路.

新课标数学高考 I 卷第 19 题将数列、集合、概率融为一体,凸显了综合运用不同知识模块解决问题的特点,对思维能力的要求大大提升.虽然出现了新的概念,但没有超出课程标准,学生不需要在考试过程中花费大量时间学习新知,可以集中精力寻找解决问题的方案.

新课标数学高考 II 卷第 19 题将圆锥曲线与数列有机结合,具有一定的综合性,但几个小问的计算过程都不太复杂,有效避免了以技巧性见长的命题思路,重点考查考生的思维能力与探究能力.

N_I 19. 设 m 为正整数,数列 $a_1,a_2,\cdots,a_{4m+2}$ 是公差不为 0 的等差数列,若从中删去两项 a_i 和 $a_j(i<j)$ 后剩余的 $4m$ 项可被平均分为 m 组,且每组的 4 个数都能构成等差数列,则称数列 $a_1,a_2,\cdots,a_{4m+2}$ 是 (i,j)-可分数列.

(1) 写出所有的 (i,j),$1\leqslant i<j\leqslant 6$,使数列 $a_1,a_2,\cdots,a_6$ 是 (i,j)-可分数列;

(2) 当 $m\geqslant 3$ 时,证明:数列 $a_1,a_2,\cdots,a_{4m+2}$ 是 $(2,13)$-可分数列;

(3) 从 $1,2,\cdots,4m+2$ 中一次任取两个数 i 和 $j(i<j)$,记数列 $a_1,a_2,\cdots,a_{4m+2}$ 是 (i,j)-可分数列的概率为 P_m,证明:$P_m>\dfrac{1}{8}$.

解 (1)假设数列 $a_1,a_2,\cdots,a_{4m+2}$ 的公差为 d,则 $d\neq 0$.这里关键的一步是将数列转换成相对简单的等差数列.由于一个数列同时加上一个数或者乘以一个非零数后是等差数列当且仅当该数列是等差数列,对该数列进行适当的变形

$$a'_k=\frac{a_k-a_1}{d}+1 \quad (k=1,2,\cdots,4m+2),$$

得到新数列 $a'_k=k(k=1,2,\cdots,4m+2)$,仅需对 $a'_1,a'_2,\cdots,a'_{4m+2}$ 进行相应的讨论即可.不妨设 $a_k=k(k=1,2,\cdots,4m+2)$,第(1)问相当于从 $1,2,3,4,5,6$ 中取出两个数 i 和 $j(i<j)$,使得剩下四个数是等差数列.那么剩下

四个数只可能是 $1,2,3,4$ 或 $2,3,4,5$ 或 $3,4,5,6$.

所以所有可能的 (i,j) 就是 $(1,2),(1,6),(5,6)$.

(2) 由于从数列 $1,2,\cdots,4m+2$ 中取出 2 和 13 后,剩余的 $4m$ 个数可以分为以下两部分,共 m 组,使得每组成等差数列:

① $\{1,4,7,10\},\{3,6,9,12\},\{5,8,11,14\}$,共 3 组;

② $\{15,16,17,18\},\{19,20,21,22\},\cdots,\{4m-1,4m,4m+1,4m+2\}$,共 $m-3$ 组 $(m\neq3)$,故数列 $1,2,\cdots,4m+2$ 是 $(2,13)$-可分数列.

(3) 从 $1,2,\cdots,4m+2$ 中一次任取两个数 i 和 $j(i<j)$ 时,总的选取方式的个数等于 $\dfrac{(4m+2)(4m+1)}{2}=(2m+1)(4m+1)$. 试图找出所有的 (i,j)-可分数列是徒劳的,否则题目不可能要求估算数列 $a_1,a_2,\cdots,a_{4m+2}$ 是 (i,j)-可分数列的概率. 关键是如何计算使得数列 $1,2,\cdots,4m+2$ 一定是 (i,j)-可分数列的数组 (i,j) 最少有多少组. 按照题意,将数组科学分类的方法是按照模 4 的余数进行划分,从而将数列 $1,2,\cdots,4m+2$ 分成四个组:

$A=\{4k\mid k=1,2,\cdots,m\},B=\{4k+1\mid k=0,1,2,\cdots,m\}$,

$C=\{4k+2\mid k=0,1,2,\cdots,m\},D=\{4k+3\mid k=0,1,2,\cdots,m-1\}$.

每组集合都是等差数列,从上述集合中任意固定两个集合,在这两个集合中分别任选一个数 $i,j(i<j)$,其差 $j-i$ 必定在这四个集合中的同一个集合内. 可以取 AB,BC 或 CD 中的任意一组讨论,不妨对集合

$$B=\{4k+1\mid k=0,1,2,\cdots,m\}=\{1,5,9,13,\cdots,4m+1\},$$

$$C=\{4k+2\mid k=0,1,2,\cdots,m\}=\{2,6,10,14,\cdots,4m+2\}$$

进行探讨,AB 或 CD 情形可以类似讨论. 如果 $1\leqslant i<j\leqslant4m+2$,且 $i\in B$,$j\in C$,不妨设

$$i=4k_1+1,\quad j=4k_2+2,\quad k_1,k_2\in\{0,1,2,\cdots,m\}.$$

则由 $i<j$ 可知 $4k_1+1<4k_2+2$,即 $k_2-k_1>-\dfrac{1}{4}$,故 $k_2\geqslant k_1$.

此时 $j-i=4k_2+2-(4k_1+1)=4(k_2-k_1)+1$,$k_2-k_1$ 可以从 0 取到 m,由 $k_2\geqslant k_1$ 知共有 $m+1+m+\cdots+1=\dfrac{(m+1)(m+2)}{2}$ 种取法.

从数列 $1,2,\cdots,4m+2$ 中取出 $i=4k_1+1$ 和 $j=4k_2+2$ 后,剩余的 $4m$ 个数可以分为以下三部分,共 m 组,使得每组成等差数列:

(1) $\{1,2,3,4\},\{5,6,7,8\},\cdots,\{4k_1-3,4k_1-2,4k_1-1,4k_1\}$,共 k_1 组;

(2) $\{4k_1+2,4k_1+3,4k_1+4,4k_1+5\}$,

$\{4k_1+6,4k_1+7,4k_1+8,4k_1+9\},\cdots$,

$\{4k_2-2,4k_2-1,4k_2,4k_2+1\}$,

共 k_2-k_1 组;

(3) $\{4k_2+3,4k_2+4,4k_2+5,4k_2+6\}$,

$\{4k_2+7,4k_2+8,4k_2+9,4k_2+10\},\cdots$,

$\{4m-1,4m,4m+1,4m+2\}$,

共 $m-k_2$ 组.

有可能出现 $k_1=0,k_2=k_1$ 或 $m=k_2$ 的情形,但这不影响计算.

显然,此时数列 $1,2,\cdots,4m+2$ 是 (i,j)-可分数列.

如果 $i\in C,j\in B$,不妨设 $i=4k_1+2,j=4k_2+1,k_1,k_2\in\{0,1,2,\cdots,m\}$.

由 $i<j$ 可知 $4k_1+2<4k_2+1$,即 $k_2-k_1>\dfrac{1}{4}$,因而有 $k_2>k_1$.由

$$j-i=4k_2+1-(4k_1+2)=4(k_2-k_1)-1$$

知 k_2-k_1 可以从 1 取到 m,共有 $m+m-1+\cdots+1=\dfrac{m(m+1)}{2}$ 种取法.

两种情形下数组 (i,j) 共有 $\dfrac{(m+1)(m+2)}{2}+\dfrac{m(m+1)}{2}=(m+1)^2$ 种取法.

从数列 $1,2,\cdots,4m+2$ 中取出 $i=4k_1+2$ 和 $j=4k_2+1$ 后,剩余的 $4m$ 个数可以分为以下三部分,共 m 组,使得每组成等差数列:

(1) $\{1,2,3,4\},\{5,6,7,8\},\cdots,\{4k_1-3,4k_1-2,4k_1-1,4k_1\}$,共 k_1 组;

(2) $\{4k_1+p,3k_1+k_2+p,2k_1+2k_2+p,k_1+3k_2+p\}$,其中 $p=1,2,3,\cdots,k_2-k_1$,共 k_2-k_1 组;

(3) $\{4k_2+3,4k_2+4,4k_2+5,4k_2+6\}$,

　　$\{4k_2+7,4k_2+8,4k_2+9,4k_2+10\}$,…,

　　$\{4m-1,4m,4m+1,4m+2\}$,

共 $m-k_2$ 组. 同理,有可能有某组为 0.

这说明此时数列 $1,2,\cdots,4m+2$ 是 (i,j)-可分数列.

由此可知,对 $1\leqslant i<j\leqslant 4m+2,i\in B,j\in C$

或 $i\in C,j\in B$ 时,数列 $1,2,\cdots,4m+2$ 一定是 (i,j)-可分数列.

所以数列 $a_1,a_2,\cdots,a_{4m+2}$ 是 (i,j)-可分数列的概率 P_m 一定满足

$$P_m \geqslant \frac{(m+1)^2}{(2m+1)(4m+1)} = \frac{1}{8}\frac{(m+1)^2}{\left(m+\frac{1}{2}\right)\left(m+\frac{1}{4}\right)} > \frac{1}{8}.$$

N_{II}19. 已知双曲线 $C:x^2-y^2=m(m>0)$,点 $P_1(5,4)$ 在 C 上,k 为常数,$0<k<1$. 按照如下方式依次构造点 $P_n(n=2,3,\cdots)$:过 P_{n-1} 作斜率为 k 的直线与 C 的左支交于点 Q_{n-1},令 P_n 为 Q_{n-1} 关于 y 轴的对称点,记 P_n 的坐标为 (x_n,y_n).

(1) 若 $k=\dfrac{1}{2}$,求 x_2,y_2;

(2) 证明:数列 $\{x_n-y_n\}$ 是公比为 $\dfrac{1+k}{1-k}$ 的等比数列;

(3) 设 S_n 为 $\triangle P_nP_{n+1}P_{n+2}$ 的面积,证明:对任意正整数 $n,S_n=S_{n+1}$.

解　(1) 如图 3.1 所示.

由已知有 $m=5^2-4^2=9$,故 C 的方程为 $x^2-y^2=9$.

当 $k=\dfrac{1}{2}$ 时,过 $P_1(5,4)$ 且斜率为 $\dfrac{1}{2}$ 的

直线为 $y=\dfrac{x+3}{2}$,与 $x^2-y^2=9$ 联立得到

$x^2-\left(\dfrac{x+3}{2}\right)^2=9$,解得 $x=-3$ 或 $x=5$,所

以该直线与 C 的不同于 P_1 的交点为

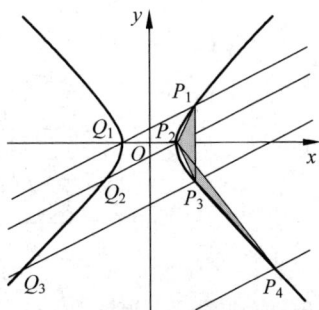

图 3.1　题解图示

$Q_1(-3,0)$,它显然在 C 的左分支上.进而 $P_2 = P_2(3,0)$,从而 $x_2 = 3$,$y_2 = 0$.

(2) 由于过 $P_n(x_n, y_n)$ 且斜率为 k 的直线为 $y = k(x - x_n) + y_n$,与 $x^2 - y^2 = 9$ 联立,得到方程 $x^2 - (k(x - x_n) + y_n)^2 = 9$,展开并整理得

$$(1 - k^2)x^2 - 2k(y_n - kx_n)x - (y_n - kx_n)^2 - 9 = 0.$$

由于 $P_n(x_n, y_n)$ 已经是直线 $y = k(x - x_n) + y_n$ 和 $x^2 - y^2 = 9$ 的公共点,故方程必有一根 $x = x_n$.

由韦达定理(两根之和等于一次想系数的相反数),另一根

$$x = \frac{2k(y_n - kx_n)}{1 - k^2} - x_n = \frac{2ky_n - x_n - k^2 x_n}{1 - k^2},$$

于是 $y = k(x - x_n) + y_n = \dfrac{y_n + k^2 y_n - 2kx_n}{1 - k^2}$. 所以该直线与 C 的不同于 P_n 的交点为 $Q_n\left(\dfrac{2ky_n - x_n - k^2 x_n}{1 - k^2}, \dfrac{y_n + k^2 y_n - 2kx_n}{1 - k^2}\right)$. 另外,$Q_n$ 的横坐标亦可通过韦达定理(两根之积等于常数项)表示为 $\dfrac{-(y_n - kx_n)^2 - 9}{(1 - k^2)x_n}$,故 Q_n 一定在 C 的左支上.所以

$$P_{n+1} = P_{n+1}\left(\frac{x_n + k^2 x_n - 2ky_n}{1 - k^2}, \frac{y_n + k^2 y_n - 2kx_n}{1 - k^2}\right).$$

这说明 $x_{n+1} = \dfrac{x_n + k^2 x_n - 2ky_n}{1 - k^2}$,$y_{n+1} = \dfrac{y_n + k^2 y_n - 2kx_n}{1 - k^2}$,故而

$$x_{n+1} - y_{n+1} = \frac{x_n + k^2 x_n - 2ky_n}{1 - k^2} - \frac{y_n + k^2 y_n - 2kx_n}{1 - k^2}$$

$$= \frac{x_n + k^2 x_n + 2kx_n}{1 - k^2} - \frac{y_n + k^2 y_n + 2ky_n}{1 - k^2}$$

$$= \frac{1 + k^2 + 2k}{1 - k^2}(x_n - y_n) = \frac{1 + k}{1 - k}(x_n - y_n).$$

再由 $x_1^2 - y_1^2 = 9$,得知 $x_1 - y_1 \neq 0$,所以数列 $\{x_n - y_n\}$ 是公比为 $\dfrac{1 + k}{1 - k}$ 的等比数列.

(3) 第(3)问的解答技巧性比较强,但与过去的压轴题不同的是,它需要考生灵活运用所学的知识点,寻找合适的方法,而不是单纯的玩技巧.关键是要清楚已知平面内三点的坐标,如何计算这三点所构成三角形的面积,公式的推导并不复杂,利用向量法很容易推出面积公式:设平面内三点 U,V,W,若 $\overrightarrow{UV}=(a,b)$,$\overrightarrow{UW}=(c,d)$,则 $S_{\triangle UVW}=\dfrac{1}{2}\mid ad-bc\mid$.事实上,

$$S_{\triangle UVW}=\frac{1}{2}\mid\overrightarrow{UV}\mid\cdot\mid\overrightarrow{UW}\mid\sin\langle\overrightarrow{UV},\overrightarrow{UW}\rangle$$

$$=\frac{1}{2}\mid\overrightarrow{UV}\mid\cdot\mid\overrightarrow{UW}\mid\sqrt{1-\cos^2\langle\overrightarrow{UV},\overrightarrow{UW}\rangle}$$

$$=\frac{1}{2}\mid\overrightarrow{UV}\mid\cdot\mid\overrightarrow{UW}\mid\sqrt{1-\left(\frac{\overrightarrow{UV}\cdot\overrightarrow{UW}}{\mid\overrightarrow{UV}\mid\cdot\mid\overrightarrow{UW}\mid}\right)^2}$$

$$=\frac{1}{2}\sqrt{\mid\overrightarrow{UV}\mid^2\cdot\mid\overrightarrow{UW}\mid^2-(\overrightarrow{UV}\cdot\overrightarrow{UW})^2}$$

$$=\frac{1}{2}\sqrt{(a^2+b^2)(c^2+d^2)-(ac+bd)^2}$$

$$=\frac{1}{2}\sqrt{a^2c^2+a^2d^2+b^2c^2+b^2d^2-a^2c^2-b^2d^2-2abcd}$$

$$=\frac{1}{2}\sqrt{a^2d^2+b^2c^2-2abcd}=\frac{1}{2}\sqrt{(ad-bc)^2}=\frac{1}{2}\mid ad-bc\mid.$$

由 $x_{n+1}=\dfrac{x_n+k^2x_n-2ky_n}{1-k^2}$,$y_{n+1}=\dfrac{y_n+k^2y_n-2kx_n}{1-k^2}$,得

$$x_{n+1}+y_{n+1}=\frac{x_n+k^2x_n-2ky_n}{1-k^2}+\frac{y_n+k^2y_n-2kx_n}{1-k^2}$$

$$=\frac{1+k^2-2k}{1-k^2}(x_n+y_n)=\frac{1-k}{1+k}(x_n+y_n).$$

再由 $x_1^2-y_1^2=9$,知 $x_1+y_1\neq0$,所以数列 $\{x_n+y_n\}$ 是公比为 $\dfrac{1-k}{1+k}$ 的等比数列.对任意的正整数 m,有

$$x_n y_{n+m} - y_n x_{n+m}$$

$$= \frac{1}{2}((x_n x_{n+m} - y_n y_{n+m}) + (x_n y_{n+m} - y_n x_{n+m})) -$$

$$\frac{1}{2}((x_n x_{n+m} - y_n y_{n+m}) - (x_n y_{n+m} - y_n x_{n+m}))$$

$$= \frac{1}{2}(x_n - y_n)(x_{n+m} + y_{n+m}) - \frac{1}{2}(x_n + y_n)(x_{n+m} - y_{n+m})$$

$$= \frac{1}{2}\left(\frac{1-k}{1+k}\right)^m (x_n - y_n)(x_n + y_n) - \frac{1}{2}\left(\frac{1+k}{1-k}\right)^m (x_n + y_n)(x_n - y_n)$$

$$= \frac{1}{2}\left(\left(\frac{1-k}{1+k}\right)^m - \left(\frac{1+k}{1-k}\right)^m\right)(x_n^2 - y_n^2)$$

$$= \frac{9}{2}\left(\left(\frac{1-k}{1+k}\right)^m - \left(\frac{1+k}{1-k}\right)^m\right).$$

进而

$$x_{n+2} y_{n+3} - y_{n+2} x_{n+3} = \frac{9}{2}\left(\frac{1-k}{1+k} - \frac{1+k}{1-k}\right) = x_n y_{n+1} - y_n x_{n+1},$$

$$x_{n+1} y_{n+3} - y_{n+1} x_{n+3} = \frac{9}{2}\left(\left(\frac{1-k}{1+k}\right)^2 - \left(\frac{1+k}{1-k}\right)^2\right) = x_n y_{n+2} - y_n x_{n+2}.$$

两式相减，得

$$(x_{n+2} y_{n+3} - y_{n+2} x_{n+3}) - (x_{n+1} y_{n+3} - y_{n+1} x_{n+3})$$

$$= (x_n y_{n+1} - y_n x_{n+1}) - (x_n y_{n+2} - y_n x_{n+2}).$$

移项得到

$$x_{n+2} y_{n+3} - y_n x_{n+2} - x_{n+1} y_{n+3} + y_n x_{n+1}$$

$$= y_{n+2} x_{n+3} - x_n y_{n+2} - y_{n+1} x_{n+3} + x_n y_{n+1}.$$

故有 $(y_{n+3} - y_n)(x_{n+2} - x_{n+1}) = (y_{n+2} - y_{n+1})(x_{n+3} - x_n)$.

而

$$\overrightarrow{P_n P_{n+3}} = (x_{n+3} - x_n, y_{n+3} - y_n),$$

$$\overrightarrow{P_{n+1} P_{n+2}} = (x_{n+2} - x_{n+1}, y_{n+2} - y_{n+1}).$$

所以 $\overrightarrow{P_n P_{n+3}}$ 和 $\overrightarrow{P_{n+1} P_{n+2}}$ 平行，这就得到 $S_{\triangle P_n P_{n+1} P_{n+2}} = S_{\triangle P_{n+1} P_{n+2} P_{n+3}}$，

即 $S_n = S_{n+1}$.

3.2 对教学的启示

整体而言,新课标数学高考试卷突破了以大题量、技巧性见长的传统命题模式,试题情境、呈现方式以及设问方式皆具新意,压轴题突出对思维能力与探究能力的考量.纵观整套试卷,并无任何超纲的内容,强调的是灵活、综合运用已有知识的能力,这是命题的正确方向,它对一线教学具有导向作用,可以引导一线教学强化基础知识与基本技能的学习与训练,确保学生能够熟练掌握并灵活运用.

适度的题型训练是必要的,19道题的题量仍然不小,没有一定的熟练度很难应付如此大的计算量.但要尽量避免刷题与单纯的技巧性训练,适度进行一些针对性训练,特别是计算能力和解题技巧的训练.应重点关注学生逻辑思维能力与解决问题能力的培养,这样才能应对高考中的难题和灵活多变的题型.

然而思维能力与解决问题能力的培养不仅对教师的能力提出了比较高的要求,同时也需要相对漫长的时间做保证,在四十分钟的课堂上既要完成思维能力与解决问题能力的培养,又要完成基础性训练,提升计算能力与解题技巧,客观上是一项很难完成的工作.幸运的是,随着人工智能的迅猛发展,很多辅助性的教学工作可以交给 AI 协助完成.例如 AI 能够根据教学内容和目标,为教师推荐优质的教学资源,如教学视频、习题库和案例等.这些丰富多样的资源可以帮助教师更便捷地获取所需的教学材料,提升教学质量.

因材施教一直是我们的教育理念之一,但面对几十人的课堂,如何做到因材施教?按照现行的学校教育体系,一对一教学是一种奢望.教师没有办法针对每一个学生提出具体的学习目标,并对成绩进行评估和反馈,毕竟学生的学习速度和掌握程度不一样.通过 AI 工具,学生不仅能得到个性化的学习支持,还能按照自己的节奏学习,甚至在没有老师的场合,可以通过 AI 获得及时的帮助. AI 的辅助让教师得以解放出来,更多关注学生思维能力与解决问题能力的提升.

　　当然,教育是一项全方位地培育人才的工作,AI 不能取代教师的所有工作,例如健康情感的塑造、正确三观的形成、思辨能力的提升、直觉思维的培养等是 AI 难以完成的. 我们应该正确认识 AI 对教育的意义,它充其量是一种辅助教育工具,无法完全取代教师角色. 众所周知,推动科学发展的源动力是问题,科学理论的形成过程是一个发现问题、分析问题、解决问题的过程. 学科教育的根本目标正是回归科学理论的发现过程,将冰冷的符号化成火热的思考,从这个意义上说,AI 则力有不逮,例如,发现问题的能力以及分析问题的思辨能力是 AI 难以企及的,AI 能做的通常是分析问题过程中的数据分析与演算以及解决问题过程中的计算及逻辑推演. 课堂教学的根本任务有两个:①传播知识,②训练思维,AI 在传播知识方面可以发挥极大的作用,但在训练思维方面则难有作为.

　　尽管如此,AI 对教育的辅助作用是不可忽视的,它可以在如下几个方面发挥重要作用:①协助教师备课,分析问题的难点,提供解题的思路,生成详细的步骤;②辅助课堂教学,回答学生疑问,提供多种类型解答,随机生成习题;③提供个性化辅导,判断错误,提供建议,推荐习题. 这些工作不能完全依赖于 AI,还需要结合教师自身的判断,因为 AI 也有可能会不准确,随着技术的发展,AI 的能力或许会越来越强,其功能越来越完善.

第 4 章 高中数学解题研究

高中数学内容早已今非昔比,除了传统的代数与几何外,概率统计及函数与导数占了相当大的比例,这对高中教师提出了新的挑战,教师们是否熟悉这些内容?能否驾驭这些内容?是否理解这些内容所深藏的思想方法?如果教师对新增的内容一知半解,不解其中滋味,将解题演变成一种杂耍式的技巧比拼也就不奇怪了,本章主要针对高考试卷中出现的典型问题分析解题策略.

4.1 高中考试内容的分布

理论上讲,教育的目的不是为了应考,考试是一种手段,其目的是检验考生掌握相关知识的程度及其运用这些知识与思想方法解决问题的能力.几十年来,考查学生学业水平的方式一直都是以考试为主,不考虑考试指挥棒的影响是不现实的.至少在目前看来,没有分数作衡量标准的教育很难让百姓接受.教材与课堂教学及考试之间存在着不相适应的矛盾,这也是各种培训机构曾经如火如荼的根本原因.学生在课堂上"吃不饱"或者课堂所学难以适应考试的要求,只好求助于培训机构.随着减负政策的落地,学科培训烟消云散,不过培训机构的消失并不意味着补习需求的减少,只要日常教学与高考的衔接性不够,课外补习就很难被杜绝.

考试确实是检验学习成效的有效手段,也是最重要的手段,无论是学业水平考试,还是选拔性高考,都是必不可少的考察形式.作为千家万户所关心的高考,分析其基本结构,研究其解题方法是一项理所应当的工作.题目是一种载体,既承载了知识,也承载了思想.与教材不同的是,题目涉及何种知识,需要解题者自己去发现,有时候一种题目可以有基于不同知识点的解决方法,也可以体现不同的思想.我们既可以用代数方法证明某个代数恒等式,也可能运用几何方法证明该恒等式,代数式 $(a+b)^2=a^2+2ab+b^2$ 便是如此,既可以将左边看成两个相同代数式 $a+b$ 相乘,运用代数运算法则将其展开;也可以将 $(a+b)^2$ 看成边长为 $a+b$ 的正方形的面积,通过分割的方法证明上述恒等式.

题目比教材体现出对解题者更高的要求,不仅仅因为解题是考察解题者对知识的运用,更因为教材中的知识是显性的,读者唾手可得,隐藏着的是思想.题目则将知识与思想都隐藏了起来,需要解题者自己去挖掘.在这个挖掘过程中,直觉与思辨显得尤为重要,它将决定解题的方向是否正确,能否成功解决目标问题.由此可见,数学解题是综合考察解题者数学知识的深度与广度、数学直觉能力、数学思辨能力、逻辑推理能力与计算能力的重要形式.

从近几年的考题内容看,概率统计及函数与导数占了高考的半壁江山,从下面这套考卷的分数分布便可以看出来(S * 表示试卷中的第 * 题):

4.1.1　概率统计共3题(22分)

S8. (5分)有 6 个相同的球,分别标有数字 $1,2,3,4,5,6$,从中有放回的随机取两次,每次取 1 个球.甲表示事件"第一次取出的球的数字是 1",乙表示事件"第二次取出的球的数字是 2",丙表示事件"两次取出的球的数字之和是 8",丁表示事件"两次取出的球的数字之和是 7",则(　　).

    A. 甲与丙相互独立　　　　　B. 甲与丁相互独立

    C. 乙与丙相互独立　　　　　D. 丙与丁相互独立

S9. (5分)有一组样本数据 $x_1,x_2,\cdots,x_n$,由这组数据得到新样本数据 $y_1,y_2,\cdots,y_n$,其中 $y_i=x_i+c(i=1,2,\cdots,n)$,$c$ 为非零常数,则(　　).

    A. 两组样本数据的样本平均数相同

    B. 两组样本数据的样本中位数相同

C. 两组样本数据的样本标准差相同

D. 两组样本数据的样本极差相同

S18.（12分）某学校组织"一带一路"知识竞赛，有 A，B 两类问题. 每位参加比赛的同学先在两类问题中选择一类并从中随机抽取一个问题回答，若回答错误则该同学比赛结束；若回答正确则从另一类问题中再随机抽取一个问题回答，无论回答正确与否，该同学比赛结束. A 类问题中的每个问题回答正确得 20 分，否则得 0 分；B 类问题中的每个问题回答正确得 80 分，否则得 0 分.

已知小明能正确回答 A 类问题的概率为 0.8，能正确回答 B 类问题的概率为 0.6，且能正确回答问题的概率与回答次序无关.

（1）若小明先回答 A 类问题，记 X 为小明的累计得分，求 X 的分布列；

（2）为使累计得分的期望最大，小明应选择先回答哪类问题？并说明理由.

4.1.2　圆锥曲线共 4 题（27 分）

S5. 已知 F_1，F_2 是椭圆 $C:\dfrac{x^2}{9}+\dfrac{y^2}{4}=1$ 的两个焦点，点 M 在 C 上，则 $|MF_1|\cdot|MF_2|$ 的最大值为（　　）.

A. 13　　　　B. 12　　　　C. 9　　　　D. 6

S11. 已知点 P 在圆 $(x-5)^2+(y-5)^2=16$ 上，点 $A(4,0),B(0,2)$，则（　　）.

A. 点 P 到直线 AB 的距离小于 10

B. 点 P 到直线 AB 的距离大于 2

C. 当 $\angle PBA$ 最小时，$|PB|=3\sqrt{2}$

D. 当 $\angle PBA$ 最大时，$|PB|=3\sqrt{2}$

S14. 已知 O 为坐标原点，抛物线 $C:y^2=2px(p>0)$ 的焦点为 F，P

为 C 上一点，PF 与 x 轴垂直，Q 为 x 轴上一点，且 $PQ \perp OP$．若 $|FQ| = 6$，则 C 的准线方程为 _____．

S21．（12 分）在平面直角坐标系 xOy 中，已知点 $F_1(-\sqrt{17}, 0)$，$F_2(\sqrt{17}, 0)$，点 M 满足 $|MF_1| - |MF_2| = 2$．记 M 的轨迹为 C．

（1）求 C 的方程；

（2）设点 T 在直线 $x = \dfrac{1}{2}$ 上，过 T 的两条直线分别交 C 于 A，B 两点和 P，Q 两点，且 $|TA| \cdot |TB| = |TP| \cdot |TQ|$，求直线 AB 的斜率与直线 PQ 的斜率之和．

4.1.3　函数与导数（含集合、数列）共 8 题（52 分）

S4．下列区间中，函数 $f(x) = 7\sin\left(x - \dfrac{\pi}{6}\right)$ 单调递增的区间是（　　）．

　　A．$\left(0, \dfrac{\pi}{2}\right)$　　　B．$\left(\dfrac{\pi}{2}, \pi\right)$　　　C．$\left(\pi, \dfrac{3\pi}{2}\right)$　　　D．$\left(\dfrac{3\pi}{2}, 2\pi\right)$

S7．若过点 (a, b) 可以作曲线 $y = e^x$ 的两条切线，则（　　）．

　　A．$e^b < a$　　　B．$e^a < b$　　　C．$0 < a < e^b$　　　D．$0 < b < e^a$

S13．已知函数 $f(x) = x^3(a 2^x - 2^{-x})$ 是偶函数，则 $a = $ _____．

S15．函数 $f(x) = |2x - 1| - 2\ln x$ 的最小值为 _____．

S16．某校学生在研究民间剪纸艺术时，发现剪纸时经常会沿纸的某条对称轴把纸对折．规格为 $20\text{dm} \times 12\text{dm}$ 的长方形纸，对折 1 次共可以得到 $10\text{dm} \times 12\text{dm}$，$20\text{dm} \times 6\text{dm}$ 两种规格的图形，它们的面积之和 $S_1 = 240\text{dm}^2$，对折 2 次共可以得到 $5\text{dm} \times 12\text{dm}$，$10\text{dm} \times 6\text{dm}$，$20\text{dm} \times 3\text{dm}$ 三种规格的图形，它们的面积之和 $S_2 = 180\text{dm}^2$，以此类推．则对折 4 次共可以得到不同规格图形的种数为 _____；如果对折 n 次，那么 $\sum\limits_{k=1}^{n} S_k = $ _____ dm^2．

S17. (10分)已知数列$\{a_n\}$满足$a_1=1$,$a_n=\begin{cases} a_n+1, & n \text{ 为奇数,} \\ a_n+2, & n \text{ 为偶数.} \end{cases}$

(1) 记$b_n=a_{2n}$,写出b_1,b_2,并求数列$\{b_n\}$的通项公式;

(2) 求$\{a_n\}$的前20项和.

S22. (12分)已知函数$f(x)=x(1-\ln x)$.

(1) 讨论$f(x)$的单调性;

(2) 设a,b为两个不相等的正数,且$b\ln a - a\ln b = a-b$,证明:

$$2 < \frac{1}{a} + \frac{1}{b} < \mathrm{e}.$$

4.1.4 代数与几何共4题(27分)

S3. 已知圆锥的底面半径为$\sqrt{2}$,其侧面展开图为一个半圆,则该圆锥的母线长为(   ).

A. 2   B. $2\sqrt{2}$ C. 4   D. $4\sqrt{2}$

S10. 已知O为坐标原点,点$P_1(\cos\alpha, \sin\alpha)$,$P_2(\cos\beta, -\sin\beta)$,$P_3(\cos(\alpha+\beta), \sin(\alpha+\beta))$,$A(1,0)$,则(   ).

A. $|\overrightarrow{OP_1}| = |\overrightarrow{OP_2}|$ B. $|\overrightarrow{AP_1}| = |\overrightarrow{AP_2}|$

C. $\overrightarrow{OA} \cdot \overrightarrow{OP_3} = \overrightarrow{OP_1} \cdot \overrightarrow{OP_2}$ D. $\overrightarrow{OA} \cdot \overrightarrow{OP_1} = \overrightarrow{OP_2} \cdot \overrightarrow{OP_3}$

S12. 在正三棱柱$ABC\text{-}A_1B_1C_1$中,$AB=AA_1=1$,点P满足$\overrightarrow{BP}=\lambda\overrightarrow{BC}+\mu\overrightarrow{BB_1}$,其中$\lambda\in[0,1]$,$\mu\in[0,1]$,则(   ).

A. 当$\lambda=1$时,$\triangle AB_1P$的周长为定值

B. 当$\mu=1$时,三棱锥$P\text{-}A_1BC$的体积为定值

C. 当$\lambda=\dfrac{1}{2}$时,有且仅有一个点P,使得$A_1P\perp BP$

D. 当$\mu=\dfrac{1}{2}$时,有且仅有一个点P,使得$A_1B\perp$平面AB_1P

S20. （12分）如图，在三棱锥 A-BCD 中，平面 $ABD \perp$ 平面 BCD，$AB = AD$，O 为 BD 的中点.

（1）证明：$OA \perp CD$；

（2）若 $\triangle OCD$ 是边长为 1 的等边三角形，点 E 在棱 AD 上，$DE = 2EA$，且二面角 E-BC-D 的大小为 45°，求三棱锥 A-BCD 的体积.

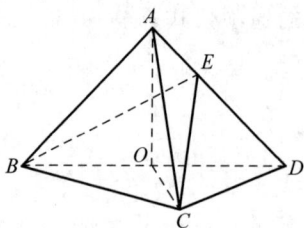

4.1.5 复数与三角共3题（22 分）

S2. 已知 $z = 2 - i$，则 $z(\bar{z} + i) = ($ $)$.

A. $6 - 2i$ B. $4 - 2i$ C. $6 + 2i$ D. $4 + 2i$

S6. 若 $\tan\theta = -2$，则 $\dfrac{\sin\theta(1 + \sin 2\theta)}{\sin\theta + \cos\theta} = ($ $)$.

A. $-\dfrac{6}{5}$ B. $-\dfrac{2}{5}$ C. $\dfrac{2}{5}$ D. $\dfrac{6}{5}$

S19. （12分）记 $\triangle ABC$ 的内角 A，B，C 的对边分别为 a，b，c. 已知 $b^2 = ac$，点 D 在边 AC 上，$BD \sin \angle ABC = a \sin C$.

（1）证明：$BD = b$；

（2）若 $AD = 2DC$，求 $\cos \angle ABC$.

此套试卷的分数分布可列成表 4.1.

表 4.1 分数分布（总分 150 分）

内容	概率统计	圆锥曲线	函数与导数	代数与几何	复数与三角
分数	22	27	52	27	22

其中，概率统计、函数与导数合计 74 分. 试题的难点主要集中在三个模块：（1）概率统计，（2）圆锥曲线，（3）函数与导数. 压轴题几乎在这三类题型中轮换，大概 36 分中等以上难度的题出现在这三个知识板块.

4.2 高中数学解题策略

高中数学考试卷通常含选择题、填空题及解答题三种题型,以高考试卷为例,试卷共含 22 道题(新课标数学高考 19 道题),如何应付如此大题量的考试? 对于大多数考生来说,刷题以提高熟练度确实不失为获得基本分的捷径,但要应付综合题得高分,除了熟练外,还需要具备相当的能力.

从考题的难度梯度看,大体可以分为三类,一类是常见知识点的直接应用,难度相对较低;另一类是需要进行适当的转换;还有一类具有较强的综合性,有较高难度,不仅需要熟练掌握相关知识点,解题思路也比较灵活,这类题多见于试卷最后的压轴题中.前两类题型侧重于考察考生对知识点掌握的程度与运用的能力,最后一类则需要考生具备一定的思维能力与创造力.作为选拔型考试,这样的试卷结构有其合理性.相当多考生比较容易应对前两类题型,最后一类题型如果设计得好,可以达到选拔的目的.

概率统计及函数与导数两个模块是教学的痛点,也是考生的痛点,需要多加注意.概率统计中应注意几个问题:

(1) 概念要清晰;

(2) 熟练掌握几种常见的概率分布;

(3) 熟悉常见的统计方法与统计推断.

通常大题可能出现两类考点:

(1) 二项分布与超几何分布;

(2) 独立性检验(χ^2 检验).

考生在一类问题上比较容易犯错:二项分布(伯努利实验)与超几何分布.考生分不清何时可以用二项分布代替超几何分布.例如,产品生产过程中通常的检测有两个环节,一是厂家自检,其目的是发现不合格品以替换成合格品,否则一旦投放市场,到了用户手中发现问题后再退回厂家则付出的代价更大.工厂的质检部门有可能抽检,也可能对每件产品都进行检验,是抽检还是全部检验取决于产量与产品的性质.产品的另一个检测环节是质检部门抽检,通常情况下,质检部门会按照产品的行业标准制定一个合格率,如果达不到这个合格率就要进一步检验或者确定为不合格产品.如果样本空间很大,抽取的样本数量相对于样本空间的容量很小,这时可以将超几何分布近似看成二项分布.问题在于样本总量何时算大? 抽取的样本量何时算小?

如果问题的表述中使用了"批量较大"或"一大批"的描述,并未指出具体的样本总量,这时可以将抽取的样本量看成小样本,并将超几何分布近似用二项分布替代.如果问题的表述中阐明了样本总量,能不能用二项分布替代超几何分布,需要视抽取的样本量占样本总量的比例,如果比例在10%以下,一般可以看成小样本事件.

圆锥曲线常出现在压轴题中,解这类题应注意两个问题:

(1) 熟练掌握圆锥曲线的性质;

(2) 熟练掌握一元二次方程的相关知识点(求根公式、韦达定理).

函数与导数常集中在以下几类基本问题:

(1) 数列的通项与求和公式;

(2) 函数的性质(单调性、最大最小值);

(3) 利用导数判断单调性、极值;

(4) 零点与极值的关系(中值定理).

在解函数与导数题的过程中,需重视导数的基本思想与解题的基本方法:

(1) 微分基本思想(局部化思想);

(2) 数形结合(几何直观,即函数结合图像).

4.3　概率与统计典型题例分析

概率与统计在考试中重点考查考生的基础知识与基本技能,其命题往往将概率与统计内容同其他知识相融合,以适应新课标和新高考的要求.

考点范围极为广泛,包括随机事件、古典概型、互斥事件、独立事件、条件概率、全概率、正态分布、抽样方法、总体分布的估计、线性回归、独立性检验等,几乎涵盖了中学阶段概率统计的所有知识点.

在教学与考试中,概率与统计一直是难点所在.其知识点繁多、试题阅读量大、题型灵活多变,仅需稍加变化便可能使考生感到陌生.然而,从本质上看,解题困难或错误往往源于对基本概念和相关知识点理解不透彻,而非题型本身的变化.如果考生对基础概念掌握牢固,并能借助一定的常识和阅读理解能力,那么应对这类题目将更加从容.以下题目可作为示例:

例题　已知有两箱书,第一箱中有 3 本故事书,2 本科技书;第二箱中有 2 本故事书,3 本科技书.随机选取一箱,再从该箱中随机取书两次,每次任取一本,做不放回抽样,则求在第一次取到科技书的条件下,第二次取到的也是科技书的概率.

分析:解答概率题的第一步是明确所研究的事件.设第一次、第二次取到科技书的事件为 C_1,C_2,选择第一箱、第二箱的事件分别为 A 和 B.本题要求的是 $P(C_2|C_1)$,由于不清楚第一次与第二次所取的科技书来自哪个箱子,所以需要借助全概率公式:

$$P(C_2 \mid C_1) = P(C_2(A+B) \mid C_1) = P(C_2A \mid C_1) + P(C_2B \mid C_1)$$

$$= \frac{P(C_1C_2A)}{P(C_1)} + \frac{P(C_1C_2B)}{P(C_1)}$$

$$= \frac{P(C_1C_2 \mid A)P(A) + P(C_1C_2 \mid B)P(B)}{P(C_1)}.$$

已知 $P(C_1|A)$ 是在第一箱中第一次取到科技书的概率,很容易得到

$$P(C_1 \mid A) = \frac{3}{5}.$$

而 $P(C_1C_2|A)$ 表示在第一箱中连续两次都取到科技书的概率.利用积事件的概率公式:

$$P(C_1C_2 \mid A) = P(C_1 \mid A)P(C_2 \mid C_1A) = \frac{3}{5} \times \frac{2}{4} = \frac{3}{10}.$$

同理可得

$$P(C_1C_2 \mid B) = P(C_1 \mid B)P(C_2 \mid C_1B) = \frac{2}{5} \times \frac{1}{4} = \frac{1}{10}.$$

第一次取得科技书的概率为

$$P(C_1) = P(C_1(A+B)) = P(C_1A + C_1B)$$

$$= P(C_1A) + P(C_1B) = P(C_1 \mid A)P(A) + P(C_1 \mid B)P(B)$$

$$= \frac{3}{5} \times \frac{1}{2} + \frac{2}{5} \times \frac{1}{2} = \frac{1}{2}.$$

由此可以计算出 $P(C_2 \mid C_1)$.

解　记事件 A＝"第一箱中取书",事件 B＝"从第二箱中取书". 事件 C_i＝"第 i 次从箱中取到的书是科技书", $i = 1, 2$.

选到每一箱的概率 $P(A) = P(B) = \frac{1}{2}$.

求在每一箱中第一次、第二次都收到科技书的概率.

(1) 在第一箱中(2 本故事书, 3 本科技书), 第一次取到科技书的概率为 $P(C_1 \mid A) = \frac{3}{5}$; 在第一次取到科技书的情况下第二次也取到科技书的概率为

$$P(C_2 \mid C_1A) = \frac{2}{4} = \frac{1}{2}.$$

所以, 在第一箱中, 第一次、第二次都取到科技书的概率为

$$P(C_1C_2 \mid A) = P(C_1 \mid A)P(C_2 \mid C_1A) = \frac{3}{5} \times \frac{1}{2} = \frac{3}{10}.$$

(2) 同理可得: 在第二箱中, 第一次、第二次都取到科技书的概率为

$$P(C_1C_2 \mid B) = P(C_1 \mid B)P(C_2 \mid C_1B) = \frac{2}{5} \times \frac{1}{4} = \frac{1}{10}.$$

于是

$$P(C_2 \mid C_1) = \frac{P(C_1C_2 \mid A)P(A) + P(C_1C_2 \mid B)P(B)}{P(C_1)}$$

$$= \frac{\frac{3}{10} \times \frac{1}{2} + \frac{1}{10} \times \frac{1}{2}}{\frac{1}{2}} = \frac{2}{5}.$$

答：在第一次取到科技书的条件下，第二次取到的也是科技书的概率为 $\frac{2}{5}$.

在解这道题时，或许会有人采用如下的计算方法：

$$\frac{2}{5} \times \frac{1}{4} + \frac{3}{5} \times \frac{2}{4} = \frac{2}{5}.$$

虽然最终结果数值正确，但这一解法的逻辑是错误的. 这里 $\frac{3}{5}$ 是在第一箱中第一次抽到科技书的概率，$\frac{2}{4}$ 则是已知第一次在第一箱抽到科技书后，第二次仍抽到科技书的条件概率 $P(C_2 | C_1 A)$. 将这两者相乘得到的是 $P(C_1 | A) P(C_2 | C_1, A) = P(C_1 C_2 | A)$——在第一箱连续两次抽到科技书的概率. 而 $\frac{2}{5} \times \frac{1}{4}$ 表示的是 $P(C_1 C_2 | B)$——在第二箱连续两次抽到科技书的概率. 一般情况下 $P(C_1 C_2 | A) + P(C_1 C_2 | B) \neq P(C_2 | C_1)$. 不妨将题目的条件做一些修改，比如让两箱书的总数不一样，这样还能算出正确答案吗？

已知有两箱书，第一箱中有 3 本故事书，2 本科技书；第二箱中有 3 本故事书，3 本科技书. 随机选取一箱，再从该箱中随机取书两次，每次任取一本，做不放回抽样，则求在第一次取到科技书的条件下，第二次取到的也是科技书的概率.

按照上述第二种计算方法将有：$\frac{3}{5} \times \frac{2}{4} + \frac{3}{6} \times \frac{2}{5} = \frac{3}{10} + \frac{2}{10} = \frac{1}{2}.$

然而由公式

$$P(C_2 | C_1) = \frac{P(C_1 C_2 | A) P(A) + P(C_1 C_2 | B) P(B)}{P(C_1)}$$

得

$$P(C_2 | C_1) = \frac{\frac{2}{5} \times \frac{1}{4} \times \frac{1}{2} + \frac{3}{6} \times \frac{2}{5} \times \frac{1}{2}}{\frac{2}{5} \times \frac{1}{2} + \frac{3}{6} \times \frac{1}{2}} = \frac{1}{3}.$$

由此可见,要将 $P(C_2 \mid C_1)$ 分解为两箱中抽取的情况分别计算,不能简单地将二者结果相加.

4.3.1　概率与统计选择题与填空题典型题例

1.(2022 年全国高考数学真题)　某社区通过公益讲座以普及社区居民的垃圾分类知识.为了解讲座效果,随机抽取 10 位社区居民,让他们在讲座前和讲座后各回答一份垃圾分类知识问卷,这 10 位社区居民在讲座前和讲座后问卷答题的正确率如下图:

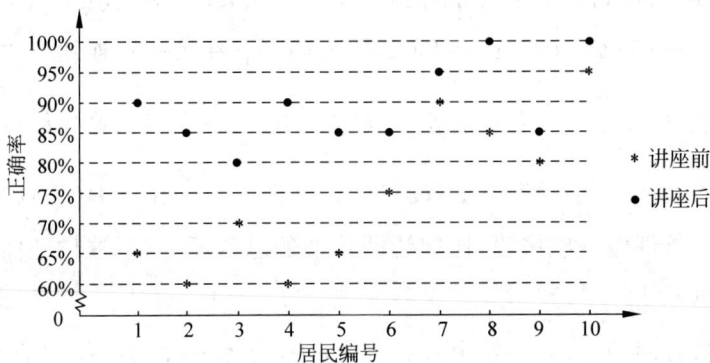

则(　　).

    A. 讲座前问卷答题的正确率的中位数小于 70%

    B. 讲座后问卷答题的正确率的平均数大于 85%

    C. 讲座前问卷答题的正确率的标准差小于讲座后正确率的标准差

    D. 讲座后问卷答题的正确率的极差大于讲座前正确率的极差

2.(2021 年全国新高考数学 I 卷)　有 6 个相同的球,分别标有数字 1,2,3,4,5,6,从中有放回的随机取两次,每次取 1 个球.甲表示事件"第一次取出的球的数字是 1",乙表示事件"第二次取出的球的数字是 2",丙表示事件"两次取出的球的数字之和是 8",丁表示事件"两次取出的球的数字之和是 7",则(　　).

    A. 甲与丙相互独立　　　　　　　　B. 甲与丁相互独立

C. 乙与丙相互独立   D. 丙与丁相互独立

3.（2019 年全国新课标数学高考Ⅰ卷（理科）） 我国古代典籍《周易》用"卦"描述万物的变化.每一"重卦"由从下到上排列的 6 个爻组成,爻分为阳爻"——"和阴爻"— —",如图就是一重卦.在所有重卦中随机取一重卦,则该重卦恰有 3 个阳爻的概率是(   ).

A. $\dfrac{5}{16}$ B. $\dfrac{11}{32}$ C. $\dfrac{21}{32}$ D. $\dfrac{11}{16}$

4. 甲、乙两队进行篮球决赛,采取七场四胜制(当一队赢得四场胜利时,该队获胜,决赛结束).根据前期比赛成绩,甲队的主客场安排依次为"主主客客主客主".设甲队主场取胜的概率为 0.6,客场取胜的概率为 0.5,且各场比赛结果相互独立,则甲队以 4∶1 获胜的概率是_____.

5.（2012 年全国新课标数学高考（理）） 某个部件由三个元件按图方式连接而成,元件 1 或元件 2 正常工作,且元件 3 正常工作,则部件正常工作,设三个电子元件的使用寿命(单位:小时)均服从正态分布 $N(1000,50^2)$,且各个元件能否正常相互独立,那么该部件的使用寿命超过 1000h 的概率为 _____.

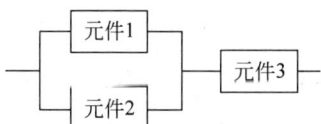

6.（2023 年全国高考数学真题） 某地的中学生中有 60％的同学爱好滑冰,50％的同学爱好滑雪,70％的同学爱好滑冰或爱好滑雪.在该地的中学生中随机调查一位同学,若该同学爱好滑雪,则该同学也爱好滑冰的概率为(   ).

A. 0.8   B. 0.6   C. 0.5   D. 0.4

7. 某考生回答一道有 4 个选项的选择题,设会答该题的概率是 $\dfrac{3}{5}$,并且回答时一定能答对,若不会答,则在 4 个答案中任选 1 个.已知该考生回答正确,则他确实会答该题的概率是_____.

4.3.2　概率统计选择题与填空题典型题例解析

1. 此题需要解题者会读图,能从图表中提取信息,结合百分位数(此处为中位数)、平均数、标准差、极差的概念,逐项判断得解.讲座前中位数为$\dfrac{70\%+75\%}{2}>70\%$,所以 A 错;讲座后问卷答题的正确率只有一个是80%,4 个 85%,剩下全部大于等于 90%,所以讲座后问卷答题的正确率的平均数大于 85%,所以 B 对;讲座前问卷答题的正确率更加分散,所以讲座前问卷答题的正确率的标准差大于讲座后正确率的标准差,所以 C 错;讲座后问卷答题的正确率的极差为 $100\%-80\%=20\%$,讲座前问卷答题的正确率的极差为 $95\%-60\%=35\%>20\%$,所以 D 错.可见正确答案是 B.

2. 此题需要严格根据独立事件的概念去判断,而不能简单地以"独立"的生活意义去判断.故需要得到事件甲、乙、丙、丁可能的情况,求出该事件发生的概率,然后根据独立事件的定义判断.由题意可知,两点数和为 8 的所有可能为:$(2,6),(3,5),(4,4),(5,3),(6,2)$ 共 5 种,两点数和为 7 的所有可能为 $(1,6),(2,5),(3,4),(4,3),(5,2),(6,1)$ 共 6 种.显然

$$P(\text{甲})=\frac{1}{6},\quad P(\text{乙})=\frac{1}{6},$$

$$P(\text{丙})=\frac{5}{6\times6}=\frac{5}{36},\quad P(\overline{\text{丙}})=\frac{6}{6\times6}=\frac{1}{6}.$$

A. $P(\text{甲丙})=0\neq P(\text{甲})P(\text{丙})$

B. $P(\text{甲丁})=\dfrac{1}{36}=P(\text{甲})P(\text{丁})$

C. $P(\text{乙丙})=\dfrac{1}{36}\neq P(\text{乙})P(\text{丙})$

D. $P(\text{丙丁})=0\neq P(\overline{\text{丙}})P(\text{丁})$

可见正确答案是 B.

3. 求某个事件发生的概率,需要弄清楚事件、样本空间、概率类型.此题是一道古典概型问题,样本空间就是"6 爻组成的一重卦".由题知,每一爻有 2 种情况,一重卦的 6 爻有 2^6 情况,其中 6 爻中恰有 3 个阳爻情况有 C_6^3,所以该重卦恰有 3 个阳爻的概率为 $\dfrac{C_6^3}{2^6}=\dfrac{5}{16}$.

可见正确答案是 A.

4. 这道题有些考验对题意的理解能力,决赛规则是七场四胜,但题目问的是甲对 4∶1 获胜的概率,所以实际仅进行了五场比赛,且前四场比赛中甲队一定输了一场,此题在以往同类试题基础上加了一个限制条件,即在主场与客场输的概率是不同的,所以需要分情形讨论.

情形 1:前四场中有一场客场输,第五场赢时,甲队以 4∶1 获胜的概率是 $0.6^3\times0.5\times0.5\times2=0.108$.情形 2:前四场中有一场主场输,第五场赢时,甲队以 4∶1 获胜的概率是 $0.4\times0.6^2\times0.5^2\times2=0.072$,综上所述,甲队以 4∶1 获胜的概率是 $q=0.108+0.072=0.18$.可见正确答案是 0.18.

5. 这道题需要学生了解串、并联电路的原理,它将物理常识与数学巧妙结合起来,创设了一个有价值的情境,是一道好题!学生只要了解串联、并联的工作原理便不难给出解答.设元件 1,2,3 的使用寿命超过 1000h 的事件分别记为 A,B,C,而 1000h 是所给正态分布的均值,故 $P(A)=P(B)=P(C)=\dfrac{1}{2}$,于是该部件的使用寿命超过 1000h 的事件为 $(A\overline{B}+\overline{A}B+AB)C$,因此,该部件的使用寿命超过 1000h 的概率为

$$P=\left(\dfrac{1}{2}\times\dfrac{1}{2}+\dfrac{1}{2}\times\dfrac{1}{2}+\dfrac{1}{2}\times\dfrac{1}{2}\right)\times\dfrac{1}{2}=\dfrac{3}{8}.$$

可见正确答案是 $\dfrac{3}{8}$.

6. 一般在题目中出现"若……(A 事件发生),则……(B 事件发生)"的

概率为"都需要计算条件概率.条件概率问题在中学是个难点,比较好的解题办法是先设事件 A,B,然后判断题目是要计算 $P(A|B)$ 还是 $P(B|A)$,再根据条件概率的公式求解.同时爱好两项的概率为,记"该同学爱好滑雪"为事件 A,记"该同学爱好滑冰"为事件 B,"同时爱好滑雪和滑冰"为事件 AB,依题意 $P(A)=0.5$,$P(AB)=0.5+0.6-0.7=0.4$,所以

$$P(B \mid A)=\frac{P(AB)}{P(A)}=\frac{0.4}{0.5}=0.8.$$

可见正确答案是 A.

7. 这道题目涉及贝叶斯公式的应用,虽然贝叶斯公式在高中数学课程中属于选学内容,但解题者完全可以根据条件概率的基本定义,通过逐步推导得出结果.因此,这类题目仍然适合出现在高中的常规学习内容中,有助于学生深入理解概率的概念和应用.设考生"会答该题"为事件 A,"不会答该题"为事件 B,该考生"回答该题正确"为事件 C.此题求的是"在已知考生回答正确(事件 C)的前提下,考生会答此题(事件 A)"的事件($A|C$)的概率,所以需要先求出 $P(AC)$ 和 $P(C)$.在此需要搞清楚积事件 AC,指的是 A,C 都发生了(可以同时发生,也可以相继发生),若不能判断 A,C 是相互独立事件,则 $P(AC)$ 需要用条件概率公式计算;其次 C 事件是个复合事件(complex event),可以表示为"会答此题(事件 A)"和"不会答此题(事件 B)但答对了(事件 C)"两个互斥事件,C 事件的概率可以通过全概率公式求解.具体计算如下:

$$P(A)=\frac{3}{5},\quad P(B)=1-P(A)=\frac{2}{5},$$

$$P(C)=P(A)+\frac{1}{4}P(B)=\frac{3}{5}+\frac{1}{4}\times\frac{2}{5}=\frac{7}{10},$$

$$P(A \mid C)=\frac{P(AC)}{P(C)}=\frac{P(A)P(C \mid A)}{P(C)}=\frac{P(A)}{P(C)}=\frac{6}{7}.$$

可见正确答案是 $\frac{6}{7}$.

4.3.3　概率统计解答题典型题例

1.（2015 年全国数学高考新课标Ⅰ卷（理科））　某公司为确定下一年度投入某种产品的宣传费，需了解年宣传费 x（单位：千元）对年销售量 y（单位：t）和年利润 z（单位：千元）的影响，对近 8 年的年宣传费 x_i 和年销售量 $y_i(i=1,2,\cdots,8)$ 数据做了初步处理，得到下面的散点图及一些统计量的值（参见下图及表）.

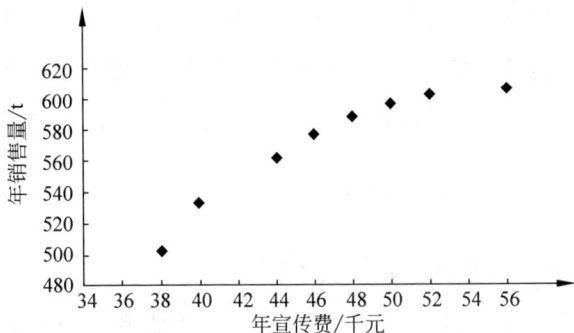

$\overline{x}$	$\overline{y}$	$\overline{w}$	$\sum\limits_{i=1}^{8}(x_i-\overline{x})^2$	$\sum\limits_{i=1}^{8}(w_i-\overline{w})^2$	$\sum\limits_{i=1}^{8}(x_i-\overline{x})(y_i-\overline{y})$	$\sum\limits_{i=1}^{8}(w_i-\overline{w})(y_i-\overline{y})$
46.6	56.3	6.8	289.8	1.6	1469	108.8

表中，$w_i=\sqrt{x_i}$，$\overline{w}=\dfrac{1}{8}\sum\limits_{i=1}^{8}w_i$.

（1）根据散点图判断，$y=a+bx$ 与 $y=c+d\sqrt{x}$ 哪一个适宜作为年销售量 y 关于年宣传费 x 的回归方程类型（给出判断即可，不必说明理由）？

（2）根据（1）的判断结果及表中数据，建立 y 关于 x 的回归方程；

（3）已知这种产品的年利率 z 与 x,y 的关系为 $z=0.2y-x$. 根据（2）的结果回答下列问题：①年宣传费 $x=49$ 时，年销售量及年利润的预报值是多少？②年宣传费 x 为何值时，年利率的预报值最大？

附：对于一组数据 $(u_1,v_1),(u_2,v_2),\cdots,(u_n,v_n)$，其回归线

$$v = \alpha + \beta u$$

的斜率和截距的最小二乘估计分别为

$$\hat{\beta} = \frac{\sum\limits_{i=1}^{n}(u_i - \overline{u})(v_i - \overline{v})}{\sum\limits_{i=1}^{n}(u_i - \overline{u})^2}, \quad \hat{\alpha} = \overline{v} - \hat{\beta}\overline{u}.$$

2. (2013 年全国新课标数学高考 Ⅰ 卷(理科))　一批产品需要进行质量检验,检验方案是:先从这批产品中任取 4 件做检验,这 4 件产品中优质品的件数记为 n. 如果 $n=3$,再从这批产品中任取 4 件做检验,若都为优质品,则这批产品通过检验;如果 $n=4$,再从这批产品中任取 1 件做检验,若为优质品,则这批产品通过检验;其他情况下,这批产品都不能通过检验.

假设这批产品的优质品率为 50%,即取出的产品是优质品的概率都为 $\dfrac{1}{2}$,且各件产品是否为优质品相互独立.

(1) 求这批产品通过检验的概率;

(2) 已知每件产品检验费用为 100 元,凡抽取的每件产品都需要检验,对这批产品做质量检验所需的费用记为 x(单位:元),求 x 的分布列及数学期望.

3. (2020 年全国高考数学 Ⅰ 卷(理科))　甲、乙、丙三位同学进行羽毛球比赛,约定赛制如下:累计负两场者被淘汰;比赛前抽签决定首先比赛的两人,另一人轮空;每场比赛的胜者与轮空者进行下一场比赛,负者下一场轮空,直至有一人被淘汰;当一人被淘汰后,剩余的两人继续比赛,直至其中一人被淘汰,另一人最终获胜,比赛结束.经抽签,甲、乙首先比赛,丙轮空.设每场比赛双方获胜的概率都为 $\dfrac{1}{2}$,

(1) 求甲连胜四场的概率;

(2) 求需要进行第五场比赛的概率;

(3) 求丙最终获胜的概率.

4. (2019 年全国高考数学 Ⅰ 卷(理科))　为了治疗某种疾病,研制了甲、乙两种新药,希望知道哪种新药更有效,为此进行动物试验.试验方案如下:每一轮选取两只白鼠对药效进行对比试验.对于两只白鼠,随机选一只施以甲药,另一只施以乙药.一轮的治疗结果得出后,再安排下一轮试验.当其中一种药治愈的白鼠比另一种药治愈的白鼠多 4 只时,就停止试验,并认为治愈只数多的药更有效.为了方便描述问题,约定:对于每轮试验,若施以甲药的白鼠治愈且施以乙药的白鼠未治愈则甲药得 1 分,乙药得 -1 分;若施以乙药的白鼠治愈且施以甲药的白鼠未治愈则乙药得 1 分,甲药得 -1 分;若都治愈或都未治愈则两种药均得 0 分.甲、乙两种药的治愈率分别记为 α 和 β,一轮试验中甲药的得分记为 X.

(1) 求 X 的分布列;

(2) 若甲药、乙药在试验开始时都赋予 4 分,$p_i(i=0,1,\cdots,8)$ 表示"甲药的累计得分为 i 时,最终认为甲药比乙药更有效"的概率,则 $p_0=0$,$p_8=1$,$p_i=ap_{i-1}+bp_i+cp_{i+1}(i=1,2,\cdots,7)$,其中 $a=P(X=-1)$,$b=P(X=0)$,$c=P(X=1)$.假设 $\alpha=0.5,\beta=0.8$.

① 证明:$\{p_{i+1}-p_i\}(i=0,1,2,\cdots,7)$ 为等比数列;

② 求 p_4,并根据 p_4 的值解释这种试验方案的合理性.

5.(2023 年全国高考数学真题)　甲、乙两人投篮,每次由其中一人投篮,规则如下:若命中则此人继续投篮,若未命中则换为对方投篮.无论之前投篮情况如何,甲每次投篮的命中率均为 0.6,乙每次投篮的命中率均为 0.8.由抽签确定第 1 次投篮的人选,第 1 次投篮的人是甲、乙的概率各为 0.5.

(1) 求第 2 次投篮的人是乙的概率;

(2) 求第 i 次投篮的人是甲的概率;

(3) 已知:若随机变量 X_i 服从两点分布,且

$$P(X_i=1)=1-P(X_i=0)=q_i,\quad i=1,2,\cdots,n,$$

则 $E\left(\sum_{i=1}^{n}X_i\right)=\sum_{i=1}^{n}q_i$.记前 n 次(即从第 1 次到第 n 次投篮)中甲投篮的次数为 Y,求 $E(Y)$.

6.(2014 年全国高考数学 I 卷(理科))　从某企业生产的某种产品中

抽取 500 件,测量这些产品的一项质量指标值,由测量结果得如下图频率分布直方图:

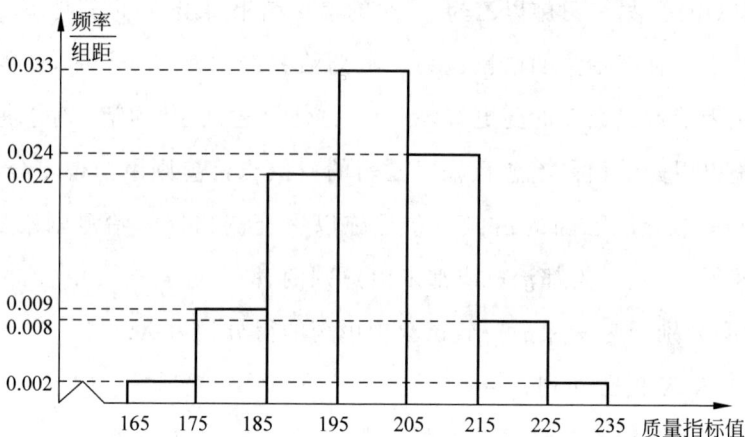

(1) 求这 500 件产品质量指标值的样本平均值 $\bar{x}$ 和样本方差 s^2(同一组的数据用该组区间的中点值作代表);

(2) 由直方图可以认为,这种产品的质量指标 Z 服从正态分布 $N(\mu,\sigma^2)$,其中 μ 近似为样本平均数 $\bar{x}$,σ^2 近似为样本方差 s^2.

① 利用该正态分布,求 $P(187.8 < Z < 212.2)$;

② 某用户从该企业购买了 100 件这种产品,记 X 表示这 100 件产品中质量指标值位于区间 $(187.8,212.2)$ 的产品件数.利用①的结果,求 $E(X)$.

附:$\sqrt{150} \approx 12.2$,若 $Z \sim N(\mu,\sigma^2)$,则 $P(\mu-\sigma < Z < \mu+\sigma) = 0.6826$,$P(\mu-2\sigma < Z \leqslant \mu+2\sigma) = 0.9544$.

7. (2017 年全国普通高等学校招生统一考试(数学))　为了监控某种零件的一条生产线的生产过程,检验员每天从该生产线上随机抽取 16 个零件,并测量其尺寸(单位:cm).根据长期生产经验,可以认为这条生产线正常状态下生产的零件的尺寸服从正态分布 $N(\mu,\sigma^2)$.

(1) 假设生产状态正常,记 X 表示一天内抽取的 16 个零件中尺寸在 $(\mu-3\sigma,\mu+3\sigma)$ 之外的零件,求 $P(X \geqslant 1)$ 及 X 的数学期望;

(2) 一天内抽检零件中,如果出现了尺寸在 $(\mu-3\sigma,\mu+3\sigma)$ 之外的零件,就认为这条生产线在这一天的生产过程可能出现了异常情况,需对当天的生产过程进行检查.

① 试说明上述监控生产过程方法的合理性;

② 下面是检验员在一天内抽取的 16 个零件的尺寸:

9.95	10.12	9.96	9.96	10.01	9.92	9.98	10.04
10.26	9.91	10.13	10.02	9.22	10.04	10.05	9.95

经计算得

$$\bar{x} = \frac{1}{16}\sum_{i=1}^{16} x_i = 9.97,$$

$$s = \sqrt{\frac{1}{16}\sum_{i=1}^{16}(x_i - \bar{x})^2} = \sqrt{\frac{1}{16}\left(\sum_{i=1}^{16} x_i^2 - 16\bar{x}^2\right)} \approx 0.212,$$

其中 x_i 为抽取的第 i 个零件的尺寸,$i=1,2,\cdots,16$.

用样本平均数 $\bar{x}$ 作为 μ 的估计值 $\hat{\mu}$,用样本标准差 s 作为 σ 的估计值 $\hat{\sigma}$,利用估计值判断是否需对当天的生产过程进行检查? 剔除

$$(\hat{\mu} - 3\hat{\sigma}, \hat{\mu} + 3\hat{\sigma})$$

之外的数据,用剩下的数据估计 μ 和 σ(精确到 0.01).

附:若随机变量 Z 服从正态分布 $N(\mu,\sigma^2)$,则

$P(\mu - 3\sigma < Z < \mu + 3\sigma) = 0.9974, 0.9974^{16} \approx 0.9592, \sqrt{0.008} \approx 0.09.$

8. (2016 年全国普通高等学校招生统一考试(数学)) 某险种的基本保费为 a(单位:元),继续购买该险种的投保人称为续保人,续保人的本年度的保费与其上年度的出险次数的关联如下:

上年度出险次数	0	1	2	3	4	≥5
保费	0.85a	a	1.25a	1.5a	1.75a	2a

设该险种一续保人一年内出险次数与相应概率如下:

一年内出险次数	0	1	2	3	4	≥5
概率	0.30	0.15	0.20	0.20	0.10	0.05

(1) 求一续保人本年度的保费高于基本保费的概率;

(2) 若一续保人本年度的保费高于基本保费,求其保费比基本保费高

出 60％的概率；

（3）求续保人本年度的平均保费与基本保费的比值.

9.（2021 年全国高考数学甲卷文）　甲、乙两台机床生产同种产品，产品按质量分为一级品和二级品，为了比较两台机床产品的质量，分别用两台机床各生产了 200 件产品，产品的质量情况统计如下表：

单位：件

	一级品	二级品	合计
甲机床	150	50	200
乙机床	120	80	200
合计	270	130	400

（1）甲机床、乙机床生产的产品中一级品的频率分别是多少？

（2）能否有 99％的把握认为甲机床的产品质量与乙机床的产品质量有差异？

附：$K^2 = \dfrac{n(ad-bc)^2}{(a+b)(c+d)(a+c)(b+d)}$,

$P(K^2 \geqslant k)$	0.050	0.010	0.001
k	3.841	6.635	10.828

10. 已知 4 台车床加工的同一种零件共计 1000 件，其中第一台加工 200 件，次品率为 5％；第二台加工 250 件，次品率为 6％；第三台加工 250 件，次品率为 8％；第四台加工 300 件，次品率为 10％.现从这 1000 件零件中任取一个零件.

（1）求取到的零件是次品的概率；

（2）若取到的零件是次品，求它是第 i（其中 $i=1,2,3,4$)台车床加工的零件的概率.

4.3.4　概率统计解答题典型题例解析

1. 这道题的目的是考查考生的观察能力与对基本概念的熟悉程度，需要考生对两类函数的图像有直观的认识，并了解如何利用回归模型作出预判,而且需要具备快速阅读与理解题意的能力.从散点图的形状可以看出(1)的答案显然是 $y=c+d\sqrt{x}$,进而可知(2)的答案为

$$y=100.6+68\sqrt{x},$$

由此再计算(3)的答案就不困难了.具体解答如下:

(1) 由散点图可以判断,$y=c+d\sqrt{x}$ 适宜作为年销售量 y 关于年宣传费 x 的回归方程类型.

(2) 令 $w=\sqrt{x}$,先建立 y 关于 w 的线性回归方程,由于 $\hat{d}=\dfrac{108.8}{1.6}=68$,$\hat{c}=\bar{y}-\hat{d}\bar{w}=563-68\times6.8=100.6$,所以 y 关于 w 的线性回归方程为 $\hat{y}=100.6+68w$,因此 y 关于 x 的回归方程为 $\hat{y}=100.6+68\sqrt{x}$.

(3) ① 由(2)的结果知,当 $x=49$ 时,年销售量 y 的预报值

$$\hat{y}=100.6+68\sqrt{49}=576.6,$$

年利润 z 的预报值 $\hat{z}=576.6\times0.2-49=66.32$.

② 根据(2)的结果可知,年利润 z 的预报值

$$\hat{z}=0.2(100.6+68\sqrt{x})-x=x+13.6\sqrt{x}+20.12.$$

当 $\sqrt{x}=\dfrac{13.6}{2}=6.8$ 时,年利润的预报值最大.

2. 本题考查解题者对互斥事件概率计算、全概率公式的运用以及离散型随机变量及其分布列、期望的计算.(1)关键是要分析出这批产品通过检验包含的两种情况,再利用所学知识进行求解.本题不能遗漏任何一种可能使得产品通过检验的情形,对解题者的逻辑思维严密性要求较高.(2)对于随机变量 x,其取值情况与产品的检验过程和结果相关,解题者需写出随机变量 x 的所有可能取值,分别求其概率,可得其分布列,进而求得数学期望.

(1) 设第一次取出的 4 件产品中恰有 3 件优质品为事件 A_1,第一次取出的 4 件产品全是优质品为事件 A_2,第二次取出的 4 件产品都是优质品为事件 B_1,第二次取出的 1 件产品是优质品为事件 B_2,这批产品通过检验为事件 A,依题意有 $A=(A_1B_1)\bigcup(A_2B_2)$,且 A_1B_1 与 A_2B_2 互斥,所以

$$P(A) = P(A_1B_1) + P(A_2B_2) = P(A_1)P(B_1 \mid A_1) + P(A_2)P(B_2 \mid A_2)$$

$$= \frac{4}{16} \times \frac{1}{16} + \frac{1}{16} \times \frac{1}{2} = \frac{3}{64}.$$

显然这是一个大样本总量情形下的抽检问题,可以用二项分布替代超几何分布.第一问貌似涉及条件概率,但由于涉及的是大样本总量,抽检过程可以看成独立随机试验,所以第一次取出的 4 件产品是否为优质品与第二次取出的 4 件产品是否为优质品是相互独立的,故有

$$P(A) = C_4^3 \left(\frac{1}{2}\right)^4 \left(\frac{1}{2}\right)^4 + \left(\frac{1}{2}\right)^4 \frac{1}{2} = \frac{3}{64}.$$

(2) x 可能的取值为 $400,500,800$,并且

$$P(X = 400) = 1 - \frac{4}{16} - \frac{1}{16} = \frac{11}{16}, \quad P(X = 500) = \frac{1}{16}, \quad P(X = 800) = \frac{1}{4}.$$

所以 X 的分布列为

X	400	500	800
P	$\frac{11}{16}$	$\frac{1}{16}$	$\frac{1}{4}$

$$E(X) = 400 \times \frac{11}{16} + 500 \times \frac{1}{16} + 800 \times \frac{1}{4} = 506.25.$$

3. 虽然每个人的球技不尽相同,各自获胜的概率通常有区别,但高手比赛,不妨认为彼此水平相当,各自获胜的概率是一样的.重要的是,这道题是比赛真实规则的反映,其情境是可信的.这道题的解答过程并不复杂,但对解题者阅读理解力的要求相对比较高,而且计算也比较烦琐.

(1) 记事件 A 为甲连胜四场,则 $P(A) = \left(\frac{1}{2}\right)^4 = \frac{1}{16}$.

(2) 记事件 B 为甲输,事件 C 为乙输,事件 D 为丙输,则四局内结束比赛的概率为

$$P(BCBC) + P(BDBD) + P(CDCD) + P(CBCB) = 4 \times \left(\frac{1}{2}\right)^4 = \frac{1}{4},$$

所以,需要进行第五场比赛的概率为 $P = 1 - \frac{1}{4} = \frac{3}{4}$.

(3) 记事件 A 为甲输,事件 B 为乙输,事件 C 为丙输,事件 D 为甲赢,事件 E 为丙赢,则甲赢的基本事件包括:

$BCBC$, $ABCBC$, $ACBCB$, $BABCC$, $BACBC$, $BCACB$, $BCABC$, $BCBAC$,

所以,甲赢的概率为

$$P(D) = \left(\frac{1}{2}\right)^4 + 7 \times \left(\frac{1}{2}\right)^5 = \frac{9}{32}.$$

同理可得,乙赢的概率和甲赢的概率相等,所以丙赢的概率为

$$P(E) = 1 - 2 \times \frac{9}{32} = \frac{7}{16}.$$

4. 这是一道典型的大阅读量的题型,如果能抓住要点,很快便可求出其分布列. X 所有可能的取值为:$-1, 0, 1$ 所以 $P(X=-1) = (1-\alpha)\beta$;
$P(X=0) = \alpha\beta + (1-\alpha)(1-\beta)$;$P(X=1) = \alpha(1-\beta)$,于是 X 的分布列如下:

X	-1	0	1
P	$(1-\alpha)\beta$	$\alpha\beta + (1-\alpha)(1-\beta)$	$\alpha(1-\beta)$

题目第二问的①虽然结合了数列,但检验是平凡的,相对困难的是第二问的②. 由 $\alpha = 0.5, \beta = 0.8$,知

$$a = 0.5 \times 0.8 = 0.4, \quad b = 0.5 \times 0.8 + 0.5 \times 0.2 = 0.5,$$
$$c = 0.5 \times 0.2 = 0.1$$

故

$$p_i = 0.4 p_{i-1} + 0.5 p_i + 0.1 p_{i+1}, \quad i = 1, 2, \cdots, 7.$$

整理可得 $5p_i = 4p_{i-1} + p_{i+1} (i = 1, 2, \cdots, 7)$,所以

$$p_{i+1} - p_i = 4(p_i - p_{i-1}), \quad i = 1, 2, \cdots, 7.$$

可见 $\{p_{i+1} - p_i\}(i = 0, 1, 2, \cdots, 7)$ 是以 $p_1 - p_0$ 为首项,4 为公比的等比数列.

为了算出 p_4 的值,需要利用条件 $p_8 = 1$.

由①知 $p_{i+1} - p_i = (p_1 - p_0)4^i = 4^i p_1$,故

$$p_8 - p_0 = 4^7 p_1, \quad p_7 - p_6 = 4^6 p_1, \quad \cdots, \quad p_1 - p_0 = 4^0 p_1,$$

故 $p_8 - p_0 = (4^0 + 4^1 + \cdots + 4^7)p_1 = \dfrac{1-4^8}{1-4}p_1 = \dfrac{4^8-1}{3}p_1 = 1$,所以 $p_1 = $

$\dfrac{3}{4^8-1}$,进而

$$p_4 = p_4 - p_0 = p_1(4^0 + 4^1 + 4^2 + 4^3)$$

$$= \dfrac{1-4^4}{1-4} p_1 = \dfrac{4^4-1}{3} \times \dfrac{3}{4^8-1} = \dfrac{1}{4^4+1} = \dfrac{1}{257}.$$

由计算结果可以看出,在甲药治愈率为 0.5,乙药治愈率为 0.8 时,认为甲药更有效的概率为 $p_4 = \dfrac{1}{257} \approx 0.0039$,此时得出错误结论的概率非常小,说明这种实验方案合理.

尽管在假设 $\alpha = 0.5, \beta = 0.8$ 条件下,凭直觉也知道乙药更有效,但既然是一种可能性,或许计算一下可靠性更让人放心,毕竟 0.0039 比 0.5 与 0.8 更有说服力.

5. 此题中第 i 次投篮的人是甲仅与第 $i-1$ 次投篮的人是谁有关,就需要对事件进行划分,用到全概率公式. 第一问是比较简单,第二问则有一定的抽象性,既然是第 i 次和第 $i-1$ 次的事情,可以联想数列求通项的方法解决;第三问理解题意后,不难发现是关于数列的求和问题. 第二、三问都是概率的基本概念结合数列的计算方法. 解答如下:

(1) 记"第 i 次投篮的人是甲"为事件 A_i,"第 i 次投篮的人是乙"为事件 B_i,所以,

$$P(B_2) = P(A_1 B_2) + P(B_1 B_2)$$

$$= P(A_1)P(B_2 \mid A_1) + P(B_1)P(B_2 \mid B_1)$$

$$= 0.5 \times (1-0.6) + 0.5 \times 0.8 = 0.6.$$

(2) 设 $P(A_i) = p_i$,依题可知,$P(B_i) = 1 - p_i$,则

$$P(A_{i+1}) = P(A_i A_{i+1}) + P(B_i A_{i+1})$$

$$= P(A_i)P(A_{i+1} \mid A_i) + P(B_i)P(A_{i+1} \mid B_i),$$

即 $p_{i+1} = 0.6 p_i + (1-0.8) \times (1-p_i) = 0.4 p_i + 0.2.$

构造等比数列 $\{p_i + \lambda\}$,设 $p_{i+1} + \lambda = \dfrac{2}{5}(p_i + \lambda)$,解得 $\lambda = -\dfrac{1}{3}$,则

$$p_{i+1} - \frac{1}{3} = \frac{2}{5}\left(p_i - \frac{1}{3}\right).$$

又 $p_1 = \frac{1}{2}$，$p_1 - \frac{1}{3} = \frac{1}{6}$，所以 $\left\{p_i - \frac{1}{3}\right\}$ 是首项为 $\frac{1}{6}$，公比为 $\frac{2}{5}$ 的等比数列，即 $p_i - \frac{1}{3} = \frac{1}{6} \times \left(\frac{2}{5}\right)^{i-1}$，$p_i = \frac{1}{6} \times \left(\frac{2}{5}\right)^{i-1} + \frac{1}{3}$.

（3）因为 $p_i = \frac{1}{6} \times \left(\frac{2}{5}\right)^{i-1} + \frac{1}{3}$，$i = 1, 2, \cdots, n$，所以当 $n \in \mathbf{N}^*$ 时，有

$$E(Y) = p_1 + p_2 + \cdots + p_n = \frac{1}{6} \times \frac{1 - \left(\frac{2}{5}\right)^n}{1 - \frac{2}{5}} + \frac{n}{3}$$

$$= \frac{5}{18}\left[1 - \left(\frac{2}{5}\right)^n\right] + \frac{n}{3},$$

故 $E(Y) = \frac{5}{18}\left[1 - \left(\frac{2}{5}\right)^n\right] + \frac{n}{3}$.

6. 这是一道综合性很强的题，通过频率直方图估算正态分布的两个重要参数——均值与标准差. 即样本平均数 $\bar{x}$ 近似等于 μ，样本方差 s^2 近似等于方差 σ^2. 解题者需要熟悉几个与频率分布直方图有关的概念：样本特征数众数——一组数据中出现次数最多的数据（它反映的是局部比较集中的数据信息）、中位数——一组按照大小顺序排列数据的中间值或中间两个数的平均（它反映的是处于中间位置的数据信息）、均值——一组数据的算术平均数（它反映的是所有数据的平均水平）、方差（标准差）——数据集中数据点的离散程度（它反映的是数据偏离平均值的程度）. 在使用频率直方图时需要注意一些问题：从直方图本身通常得不到原始的数据，因为直方图已经损失了一些样本信息. 由频率直方图得到的中位数估计值往往与样本的实际中位数不一致. 若同一组数据用该组区间的中点值作代表，则众数为最高矩形中点横坐标. 中位数为面积等分为 $\frac{1}{2}$ 的点. 均值为每个矩形中点横坐标与该矩形面积乘积的累加值. 方差是矩形中点横坐标与均值差的平方的加权平均值. 具体解答如下：

(1) 由题意知抽取产品的质量指标值的样本平均值 $\bar{x}$ 和样本方差 s^2 分别为

$$\bar{x} = 170 \times 0.02 + 180 \times 0.09 + 190 \times 0.22 + 200 \times 0.33 +$$
$$210 \times 0.24 + 220 \times 0.08 + 230 \times 0.02 = 200,$$

$$s^2 = (-30)^2 \times 0.02 + (-20)^2 \times 0.09 + (-10)^2 \times 0.22 +$$
$$0 \times 0.33 + 10^2 \times 0.24 + 20^2 \times 0.08 + 30^2 \times 0.02 = 150.$$

于是 $Z \sim N(200, 150)$.

(2) ① Z 服从正态分布 $N(200, 150)$，从而

$$P(187.8 < Z < 212.2) = P(200 - 12.2 < Z < 200 + 12.2) = 0.6826.$$

② 某用户从该企业购买了 100 件这种产品，相当于 100 次独立重复试验，则这 100 件产品中质量指标值位于区间 $(187.8, 212.2)$ 的产品件数服从二项分布，即 $X \sim B(100, 0.6828)$，故期望

$$E(X) = 100 \times 0.6828 = 68.28.$$

7. 本题考查正态分布的性质、二项分布以及用样本估计总体的思想，对考生的运算求解能力要求较高. (1)需准确计算出单个零件尺寸在 $(\mu - 3\sigma, \mu + 3\sigma)$ 之外的概率，再确定零件尺寸在该区间外的个数服从二项分布，运用二项分布知识即可求解. (2)中①需解释为什么出现尺寸在特定区间外的零件时，就可认为产生过程可能是异常，要将正态分布下小概率事件在一次试验中几乎不发生的原理与生产线正常运行的假设联系起来，说明基于概率判断生产线状态的合理即可. ②要求考生计算样本平均数 $\bar{x}$ 和样本标准差 s，作为总体平均数 μ 和标准差 σ 的估计值；在剔除某些不合理数据后，重新估计 μ 和 σ 时，需要重新计算剩下数据的平均数和标准差，这对计算的准确性和数据处理的严谨性要求更高. 如何合理地根据剩余数据来更准确地估计总体参数是一个难点，考生容易出现计算偏差. 解答如下：

(1) 抽取的一个零件的尺寸在 $(\mu - 3\sigma, \mu + 3\sigma)$ 之内的概率为 0.9974，从而零件的尺寸在 $(\mu - 3\sigma, \mu + 3\sigma)$ 之外的概率为 0.0026，故 $X \sim B(16, 0.0026)$. 因此

$$P(X \geqslant 1) = 1 - P(X = 0) = 1 - 0.9974^{16} = 0.0408.$$

X 的数学期望为 $E(X)=16\times0.0026=0.0416$.

(2) ① 如果生产状态正常,则一个零件尺寸在 $(\mu-3\sigma,\mu+3\sigma)$ 之外的概率只有 0.0026,一天内抽取的 16 个零件中,出现尺寸在 $(\mu-3\sigma,\mu+3\sigma)$ 之外的零件概率只有 0.0408,发生的概率很小.

因此一旦发生这种情况,就有理由认为这条生产线在这一天的生产过程,可能出现了异常情况,需对当天的生产过程进行检查,可见上述监控生产过程的方法是合理的.

② 由 $\bar{x}=9.97,s\approx0.212$,得 μ 的估计值为 $\hat{\mu}=9.97,\sigma$ 的估计值为 $\hat{\sigma}=0.212$.

由样本数据可以看出有一个零件的尺寸在 $(\hat{\mu}-3\hat{\sigma},\hat{\mu}+3\hat{\sigma})$ 之外,因此需对当天的生产过程进行检查.剔除 $(\hat{\mu}-3\hat{\sigma},\hat{\mu}+3\hat{\sigma})$ 之外的数据 9.22,剩下数据的平均数为 $\dfrac{1}{15}(16\times9.97-9.22)=10.02$,因此 μ 的估计值为 10.02. $\sum\limits_{16}^{i=1}x_i^2=16\times0.212^2+16\times9.97^2\approx1591.134$,剔除 $(\hat{\mu}-3\hat{\sigma},\hat{\mu}+3\hat{\sigma})$ 之外的数据 9.22,剩下数据的样本方差为

$$\frac{1}{15}(1591.134-9.22^2-15\times10.02^2)\approx0.008,$$

因此 σ 的估计值为 $\sqrt{0.008}\approx0.09$.

8. 此题需要解题者会读表格,能从表格中提取信息.(1)需要明确哪些出险次数对应的保费是高于基本保费的,准确找出满足条件的出险次数情况后,将这些出险次数对应的概率相加即可.(2)需要解题者能发现这是一个条件概率问题,通过设事件,搜集对应的概率值,借助条件概率公式即可求解.(3)解题者列出保费和相应频率对应的列表,再利用均值的计算公式,则可求得本年度的平均保费与基本保费的比值.解答如下:

(1) 设 A 表示事件:"一续保人本年度的保费高于基本保费",则事件 A 发生当且仅当一年内出险次数大于1,故

$$P(A)=0.2+0.2+0.1+0.05=0.55.$$

(2) 设 B 表示事件:"一续保人本年度的保费比基本保费高出 60%",

则事件 B 发生当且仅当一年内出险次数大于 3，故 $P(B)=0.1+0.05=$ 0.15．又 $P(AB)=P(B)$，故

$$P(B \mid A)=\frac{P(AB)}{P(A)}=\frac{P(B)}{P(A)}=\frac{0.15}{0.55}=\frac{3}{11}.$$

因此所求概率为 $\frac{3}{11}$．

（3）记续保人本年度的保费为 X，则 X 的分布列为

X	0.85a	a	1.25a	1.5a	1.75a	2a
P	0.30	0.15	0.20	0.20	0.10	0.05

$$E(X)=0.85a \times 0.30+a \times 0.15+1.25a \times 0.20+1.5a \times$$
$$0.20+1.75a \times 0.10+2a \times 0.05=1.23a.$$

因此续保人本年度的平均保费与基本保费的比值为 1.23．

9. 此题考查样本频率的计算，独立性检验，比较简单．解题者依据列联表，利用 K^2 的公式求出 K^2 值，再结合临界值表，即可得出结论．解答如下：

（1）由表格数据得：

甲机床生产的产品中一级品的频率为 $\frac{150}{200}=\frac{3}{4}$；

乙机床生产的产品中一级品的频率为 $\frac{120}{200}=\frac{3}{5}$．

（2）由题意

$$K^2=\frac{n(ad-bc)^2}{(a+b)(c+d)(a+c)(b+d)}=\frac{400 \times (150 \times 80-120 \times 50)^2}{200 \times 200 \times 270 \times 30}$$
$$\approx 10.256>6.635,$$

所以有 99% 的把握认为甲机床的产品质量与乙机床的产品质量有差异．

10. 本题考查考生对全概率公式的理解及运用，将复杂事件分解成若干个简单互斥事件，不重复不遗漏．(1)考生需分析出取到的零件来自四台车床的其中一台，所以取到零件是次品会受到四台车床的综合影响，即可将"取到一个次品"这个事件用四个简单互斥事件表示，再利用全概率公式求解．(2)"若取到的零件是次品，求它是第 i 台车床加工的零件的概率"，

就是计算在事件"取到次品"的条件下,该次品是第 i 台车床加工的概率.此题用到了贝叶斯公式,这个内容在高中属于选学内容,但解题者完全可以根据条件概率公式推导出结果.解答如下:

(1) 设事件 A_i:取到的产品是由第 i 台车床生产,A_i 之间互斥;

$$事件\ B:取到一个次品.$$

由题意所求概率为

$$P(B) = P(BA_1 + BA_2 + BA_3 + BA_4)$$
$$= P(BA_1) + P(BA_2) + P(BA_3) + P(BA_4)$$
$$= P(A_1)P(B \mid A_1) + P(A_2)P(B \mid A_2) +$$
$$P(A_3)P(B \mid A_3) + P(A_4)P(B \mid A_4),$$

其中

$$P(A_1) = \frac{200}{1000} = 0.2, \quad P(A_2) = \frac{250}{1000} = 0.25,$$

$$P(A_3) = \frac{250}{1000} = 0.25, \quad P(A_4) = \frac{300}{1000} = 0.3,$$

$$P(B) = 0.2 \times 5\% + 0.25 \times 6\% + 0.25 \times 8\% + 0.3 \times 10\% = 0.075.$$

(2) 依题意,需要分别计算 $P(A_i \mid B)(i = 1,2,3,4)$.由条件概率公式得

$$P(A_1 \mid B) = \frac{P(A_1B)}{P(B)} = \frac{P(A_1) \cdot P(B \mid A_1)}{P(B)} = \frac{0.2 \times 5\%}{0.075} = 0.133,$$

$$P(A_2 \mid B) = \frac{P(A_2B)}{P(B)} = \frac{P(A_2) \cdot P(B \mid A_2)}{P(B)} = \frac{0.25 \times 6\%}{0.075} = 0.2,$$

$$P(A_3 \mid B) = \frac{P(A_3B)}{P(B)} = \frac{P(A_3) \cdot P(B \mid A_3)}{P(B)} = \frac{0.25 \times 8\%}{0.075} = 0.267,$$

$$P(A_4 \mid B) = \frac{P(A_4B)}{P(B)} = \frac{P(A_4) \cdot P(B \mid A_4)}{P(B)} = \frac{0.3 \times 10\%}{0.075} = 0.4.$$

习题

1. 已知甲、乙两人参加某档知识竞赛节目,规则如下:甲、乙两人以抢答的方式答题,抢到并回答正确得 1 分,答错则对方得 1 分,甲、乙两人初始

分均为 0 分,答题过程中当一人比另一人的得分多 2 分时,答题结束,且分高者获胜,若甲、乙两人总共答完 5 题时仍未分出胜负,则答题直接结束,且分高者获胜.已知甲、乙两人每次抢到题的概率都为 $\frac{1}{2}$,甲、乙两人答对每道题的概率分别为 $\frac{3}{4}$,$\frac{5}{12}$,每道题两人答对与否相互独立,且每题都有人抢答.

(1) 求第一题结束时甲获得 1 分的概率;

(2) 记 X 表示知识竞赛结束时,甲、乙两人总共答题的数量,求 X 的分布列与期望.

2. 某校举办知识竞赛,已知学生甲是否做对每个题目相互独立,做对 A,B,C 三道题目的概率以及做对时获得相应的奖金如表所示.

题　　目	A	B	C
做对的概率	$\frac{4}{5}$	$\frac{1}{2}$	$\frac{1}{4}$
获得的奖金/元	20	40	80

规则如下:按照 A,B,C 的顺序做题,只有做对当前题目才有资格做下一题.

[注:甲最终获得的奖金为答对的题目相对应的奖金总和.]

(1) 求甲没有获得奖金的概率;

(2) 求甲最终获得的奖金 X 的分布列及期望;

(3) 如果改变做题的顺序,最终获得的奖金期望是否相同? 如果不同,你认为哪个顺序最终获得的奖金期望最大?(不需要具体计算过程,只需给出判断)

3. 随着我国城镇化建设的不断推进,各种智能终端的普及和互联互通,人工智能在教育、医疗、金融、出行、物流等领域发挥了巨大的作用. 为普及人工智能相关知识,培养青少年对科学技术的兴趣,某中学组织开展"科技兴国"人工智能知识竞赛. 竞赛试题有甲、乙、丙三类(每类题有若干道),各类试题的每题分值及选手小李答对概率如下表所示,各小题回答正确得到相应分值,否则得 0 分,竞赛分三轮答题依次进行,竞赛结束,各轮得分之和即为选手最终得分.

项目题型	每小题分值	每小题答对概率
甲类题	10	$\dfrac{2}{3}$
乙类题	20	$\dfrac{1}{3}$
丙类题	30	$\dfrac{1}{2}$

其竞赛规则为:

第一轮,先回答一道甲类题,若正确,进入第二轮答题;若错误,继续回答另一道甲类题,该题回答正确,同样进入第二轮答题;否则,退出比赛.

第二轮,在丙类题中选择一道作答,若正确,进入第三轮答题;否则,退出比赛.

第三轮,在乙类试题中选择一道作答.

(1)求小李答题次数恰好为2次的概率;

(2)求小李最终得分的数学期望.

4.甲、乙两人各有 n 张卡片,每张卡片上标有一个数字,甲的卡片上分别标有数字 $1,3,5,\cdots,2n-1$,乙的卡片上分别标有数字 $2,4,6,\cdots,2n$,两人进行 n 轮比赛,在每轮比赛中,甲按照固定顺序 $1,3,5,\cdots,2n-1$ 每轮出一张卡片,乙从自己持有的卡片中随机选一张,并比较所选卡片上数字的大小,数字大的人得1分,数字小的人得0分,然后各自弃置此轮所选的卡片(弃置的卡片在此后的轮次中不能使用).

(1)当 $n=4$ 时,求甲的总得分小于2的概率;

(2)分别求甲得分的最小值和最大值的概率;

(3)若随机变量 X_i 服从两点分布,且

$$P(X_i=1)=1-P(X_i=0)=q_i, \quad i=1,2,3,\cdots,n,$$

则 $E\left(\sum\limits_{i=1}^{n}X_i\right)=\sum\limits_{i=1}^{n}q_i$,记 n 轮比赛(即从第1轮到第 n 轮比赛)中甲的总得分为 Y,乙的总得分为 Z,求 $E(Y)$ 和 $E(Z)$ 的值,并由这两个值来判断随着轮数的增加,甲、乙的总得分期望之差有什么变化规律?

5. 按照国际乒联的规定,标准的乒乓球在直径符合的条件下,重量为 2.7g,其重量的误差在区间 $[-0.081,0.081]$ 内就认为是合格产品,在正常情况下样本的重量误差 x 服从正态分布. 现从某厂生产的一批产品中随机抽取 10 件样本,其重量如下:

2.72　2.68　2.7　2.75　2.66　2.7　2.6　2.69　2.7　2.8

(1) 计算上述 10 件产品的误差的平均数及标准差 s;

(2) ① 利用(1)中求的平均数,标准差 s,估计这批产品的合格率能否达到 96%;

② 如果产品的误差服从正态分布 $N(0,0.0405^2)$,那么从这批产品中随机抽取 10 件产品,则有不合格产品的概率为多少?

(附:若随机变量 x 服从正态分布 $N(\mu,\sigma^2)$,则

$$P(\mu-\sigma<x<\mu+\sigma)\approx 0.683,$$

$P(\mu-2\sigma<x<\mu+2\sigma)\approx 0.954, P(\mu-3\sigma<x<\mu+3\sigma)\approx 0.997, 0.954^{10}$ 用 $0.624,0.997^{10}$ 用 0.9704 分别代替计算)

6. 夏日天气炎热,学校为高三备考的同学准备了绿豆汤和银耳羹两种凉饮,某同学每天都会在两种凉饮中选择一种,已知该同学第 1 天选择绿豆汤的概率是 $\dfrac{2}{3}$,若在前一天选择绿豆汤的条件下,后一天继续选择绿豆汤的概率为 $\dfrac{1}{3}$,而在前一天选择银耳羹的条件下,后一天继续选择银耳羹的概率为 $\dfrac{1}{2}$,如此往复.(提示:设 A_n 表示第 n 天选择绿豆汤)

(1) 求该同学第一天和第二天都选择绿豆汤的概率;

(2) 求该同学第 2 天选择绿豆汤的概率;

(3) 记该同学第 n 天选择绿豆汤的概率为 P_n,求出 P_n 的通项公式.

7. 某地生产队在面积相等的 50000 块稻田上种植一种新型水稻,从中抽取 100 块得到各块稻田的亩产量(单位:kg)与优质频数并部分整理成下表(最终亩产量均在 900kg 到 1200kg 之间).

亩产量	[900,950)	[950,1000)	[1000,1050)	[1100,1150)	[1150,1200)
优质频数	5	10	14	18	6
普通频数	1	2	4	6	4

(1) 这 50000 块稻田中,亩产量在[1050,1100)的频数约为多少?

(2) 估计这片稻田的平均亩产量(单位 kg);

(3) 已知在 100 块抽取稻田中亩产量在[1050,1100)的优质稻田有 25 块,是否有 0.95 的把握认为产品是否优质与亩产量不少于 1050kg 且少于 1200kg 有关?

$$\left(参考公式:\chi^2 = \frac{(a+b+c+d)(ad-bc)^2}{(a+b)(c+d)(a+c)(b+d)},\right.$$

$$\left.参考数据:P(\chi^2 \geqslant 3.841) \approx 0.05\right)$$

8. 一只药用昆虫的产卵数 y 与一定范围内的温度 x 有关,现收集了该种药用昆虫的 6 组观测数据如下表:

温度 x/℃	21	23	24	27	29	32
产卵数 y/个	6	11	20	27	57	77

经计算得

$$\bar{x} = \frac{1}{6}\sum_{i=1}^{6}x_i = 26, \bar{y} = \frac{1}{6}\sum_{i=1}^{6}y_i = 33, \sum_{i=1}^{6}(x_i-\bar{x})(y_i-\bar{y}) = 557,$$

$$\sum_{i=1}^{6}(x_i-\bar{x})^2 = 84, \sum_{i=1}^{6}(y_i-\bar{y})^2 = 3930,$$

线性回归模型的残差平方和 $\sum_{i=1}^{6}(y_i-\hat{y}_i)^2 = 236.64, e^{8.0605} \approx 3167$,其中 x_i, y_i 分别为观测数据中的温差和产卵数,$i = 1,2,\cdots,6$.

(1) 若用线性回归方程,求 y 关于 x 的回归方程 $\hat{y} = \hat{b}x + \hat{a}$(精确到 0.1);

(2) 若用非线性回归模型求得 y 关于 x 回归方程为 $\hat{y} = 0.06e^{0.2303x}$,且相关指数 $R^2 = 0.9522$.

① 试与(1)中的回归模型相比,用 R^2 说明哪种模型的拟合效果更好.

② 用拟合效果好的模型预测温度为 35℃时该种药用昆虫的产卵数.

（结果取整数）

附：一组数据 $(x_1, y_1), (x_2, y_2), \cdots, (x_n, y_n)$，其回归直线 $\hat{y} = \hat{b}x + \hat{a}$

的斜率和截距的最小二乘估计为 $\hat{b} = \dfrac{\sum\limits_{i=1}^{n}(x_i - \bar{x})(y_i - \bar{y})}{\sum\limits_{i=1}^{n}(x_i - \bar{x})^2}$，$\hat{a} = \bar{y} - \hat{b}\bar{x}$；相

关指数 $R^2 = 1 - \dfrac{\sum\limits_{i=1}^{n}(y_i - \hat{y}_i)^2}{\sum\limits_{i=1}^{n}(y_i - \bar{y})^2}$.

习题答案

1. 本题考查考生对概率的计算、离散型随机变量分布列和期望值的计算. 考生在计算第一问时需要考虑两种不同的情况（甲抢到题且答对、乙抢到题但答错）；对于求随机变量的分布列，不难发现甲、乙两人总共答题数量为 $2, 4, 5$. 进而可求出对应的概率，写出分布列并计算均值.

（1）设每道题的抢答中，记甲得 1 分为事件 M. M 发生有两种可能：抢到题且答对，乙抢到题且答错. 所以 $P(M) = \dfrac{1}{2} \times \dfrac{3}{4} + \dfrac{1}{2} \times \dfrac{7}{12} = \dfrac{2}{3}$，故甲率先得 1 分的概率为 $\dfrac{2}{3}$.

（2）由（1）知，在每道题的抢答中甲、乙得 1 分的概率分别为 $\dfrac{2}{3}, \dfrac{1}{3}$，设两人共抢答了 X 道题比赛结束，根据比赛规则，X 的可能取值为 $2, 4, 5$，且

$$P(X = 2) = \dfrac{2}{3} \times \dfrac{2}{3} + \dfrac{1}{3} \times \dfrac{1}{3} = \dfrac{5}{9},$$

$$P(X = 4) = C_2^1 \times \dfrac{2}{3} \times \dfrac{1}{3} \times \left(\dfrac{2}{3} \times \dfrac{2}{3} + \dfrac{1}{3} \times \dfrac{1}{3} \right) = \dfrac{20}{81},$$

$$P(X = 5) = 1 - P(X = 2) - P(X = 4) = \dfrac{16}{81},$$

X	2	4	5
P	$\dfrac{5}{9}$	$\dfrac{20}{81}$	$\dfrac{16}{81}$

$$E(X)=2\times\frac{5}{9}+4\times\frac{20}{81}+5\times\frac{16}{81}=\frac{250}{81}.$$

2. 本题考查独立事件同时发生的概率计算及离散型随机变量的分布列与数学期望.(2)问需要考生准确无误地找出随机变量的所有可能值,计算出相应的概率.有了(2)问的基础,(3)问只需在(2)问的基础上分类讨论,分别求出每种顺序的期望,进行比较即可.

(1) 甲没有获得奖金,则题目 A 没有做对,设甲没有获得奖金为事件 M,则 $P(M)=1-\dfrac{4}{5}=\dfrac{1}{5}$.

(2) 分别用 A,B,C 表示做对题目 A,B,C 的事件,则 A,B,C 相互独立.

由题意,X 的可能取值为 $0,20,60,140$.

$$P(X=0)=P(\overline{A})=1-\frac{4}{5}=\frac{1}{5};$$

$$P(X=20)=P(A\overline{B})=\frac{4}{5}\times\left(1-\frac{1}{2}\right)=\frac{2}{5};$$

$$P(X=60)=P(AB\overline{C})=\frac{4}{5}\times\frac{1}{2}\times\left(1-\frac{1}{4}\right)=\frac{3}{10};$$

$$P(X=140)=P(ABC)=\frac{4}{5}\times\frac{1}{2}\times\frac{1}{4}=\frac{1}{10}.$$

所以甲最终获得的奖金 X 的分布列为

X	0	20	60	140
P	$\dfrac{1}{5}$	$\dfrac{2}{5}$	$\dfrac{3}{10}$	$\dfrac{1}{10}$

$$E(X)=0\times\frac{1}{5}+20\times\frac{2}{5}+60\times\frac{3}{10}+140\times\frac{1}{10}=40(\text{元}).$$

(3) 不同,按照 A,B,C 的顺序获得奖金的期望最大,理由如下:

由(2)问知,按照 A,B,C 的顺序获得奖金的期望为 40 元.

若按照 A,C,B 的顺序做题,则奖金 X 的可能取值为 $0,20,100,140$,且

$$P(X=0)=1-\frac{4}{5}=\frac{1}{5};\ P(X=20)=\frac{4}{5}\times\left(1-\frac{1}{4}\right)=\frac{3}{5};$$

$$P(X=100)=\frac{4}{5}\times\frac{1}{4}\times\left(1-\frac{1}{2}\right)=\frac{1}{10};$$

$$P(X=140)=\frac{4}{5}\times\frac{1}{4}\times\frac{1}{2}=\frac{1}{10}.$$

故期望值为 $0\times\frac{1}{5}+20\times\frac{3}{5}+100\times\frac{1}{10}+140\times\frac{1}{10}=36$(元).

若按照 B,A,C 的顺序做题,则奖金 X 的可能取值为 $0,40,60,140$,且

$$P(X=0)=1-\frac{1}{2}=\frac{1}{2};\ P(X=40)=\frac{1}{2}\times\left(1-\frac{4}{5}\right)=\frac{1}{10};$$

$$P(X=60)=\frac{1}{2}\times\frac{4}{5}\times\left(1-\frac{1}{4}\right)=\frac{3}{10};$$

$$P(X=140)=\frac{1}{2}\times\frac{4}{5}\times\frac{1}{4}=\frac{1}{10}.$$

故期望值为 $0\times\frac{1}{2}+40\times\frac{1}{10}+60\times\frac{3}{10}+140\times\frac{1}{10}=36$(元).

若按照 B,C,A 的顺序做题,则奖金 X 的可能取值为 $0,40,120,140$,且

$$P(X=0)=1-\frac{1}{2}=\frac{1}{2};\ P(X=40)=\frac{1}{2}\times\left(1-\frac{1}{4}\right)=\frac{3}{8};$$

$$P(X=120)=\frac{1}{2}\times\frac{1}{4}\times\left(1-\frac{4}{5}\right)=\frac{1}{40};$$

$$P(X=140)=\frac{1}{2}\times\frac{1}{4}\times\frac{4}{5}=\frac{1}{10}.$$

故期望值为 $0\times\frac{1}{2}+40\times\frac{1}{10}+60\times\frac{3}{10}+140\times\frac{1}{10}=36$(元).

若按照 C,A,B 的顺序做题,则奖金 X 的可能取值为 $0,80,100,140$,且

$$P(X=0)=1-\frac{1}{4}=\frac{3}{4};\ P(X=80)=\frac{1}{4}\times\left(1-\frac{4}{5}\right)=\frac{1}{20};$$

$$P(X=100)=\frac{1}{4}\times\frac{4}{5}\times\left(1-\frac{1}{2}\right)=\frac{1}{10};$$

$$P(X=140)=\frac{1}{4}\times\frac{4}{5}\times\frac{1}{2}=\frac{1}{10}.$$

故期望值为 $0\times\frac{3}{4}+80\times\frac{1}{20}+100\times\frac{1}{10}+140\times\frac{1}{10}=28(元).$

若按照 C,B,A 的顺序做题,则奖金 X 的可能取值为 $0,80,120,140,$且

$$P(X=0)=1-\frac{1}{4}=\frac{3}{4};\ P(X=80)=\frac{1}{4}\times\left(1-\frac{1}{2}\right)=\frac{1}{8};$$

$$P(X=100)=\frac{1}{4}\times\frac{1}{2}\times\left(1-\frac{4}{5}\right)=\frac{1}{40};$$

$$P(X=140)=\frac{1}{4}\times\frac{1}{2}\times\frac{4}{5}=\frac{1}{10}.$$

故期望值为 $0\times\frac{3}{4}+80\times\frac{1}{8}+100\times\frac{1}{40}+140\times\frac{1}{10}=26.5(元).$

显然按照 A,B,C 的顺序获得奖金的期望最大.

3. 此题中的竞赛规则涉及多轮答题,要求解题者在理解题意的基础上,准确梳理清楚这样复杂规则下所有可能出现的答题次数及得分情况,找出答题次数恰好为 2 次的所有情况,再利用概率求解.此外解题者应对小李所有可能的得分情况考虑周全,得分情况不仅与每类题的分值有关,还和每轮答题的正确与否紧密相连;在准确列举出所有得分情况后,还需要计算其对应概率,最后利用期望公式求解.

(1)记事件 $A=$"小李先答对甲类一道试题",$B=$"小李继续答对另一道甲类试题",$C=$"小李答对乙类试题",$D=$"小李答对丙类试题",则

$$P(A)=P(B)=\frac{2}{3},\quad P(C)=\frac{1}{3},\quad P(D)=\frac{1}{2}.$$

记事件 $E=$"小李答题次数恰好为 2 次",则 $E=(A\overline{D})\bigcup(\overline{A}B).$

$$P(E)=P(A\overline{D})+P(\overline{A}B)=P(A)P(\overline{D})+P(\overline{A})P(\overline{B})$$

$$=\frac{2}{3}\times\frac{1}{2}+\frac{1}{3}\times\frac{1}{3}=\frac{4}{9},$$

即小李答题次数恰好为 2 次的概率为 $\frac{4}{9}$.

(2) 设小李最终得分为 X,由题知 X 的可能值为 $0,10,40,60$.

$$P(X=0)=P(\bar{A}\bar{B})=\frac{1}{3}\times\frac{1}{3}=\frac{1}{9},$$

$$P(X=10)=P(A\bar{D})+P(\bar{A}B\bar{D})=\frac{2}{3}\times\frac{1}{2}+\frac{1}{3}\times\frac{2}{3}\times\frac{1}{2}=\frac{4}{9},$$

$$P(X=40)=P(AD\bar{C})+P(\bar{A}BD\bar{C})$$

$$=\frac{2}{3}\times\frac{1}{2}\times\frac{2}{3}+\frac{1}{3}\times\frac{2}{3}\times\frac{1}{2}\times\frac{2}{3}=\frac{8}{27},$$

$$P(X=60)=P(ADC)+P(\bar{A}BDC)$$

$$=\frac{2}{3}\times\frac{1}{2}\times\frac{1}{3}+\frac{1}{3}\times\frac{2}{3}\times\frac{1}{2}\times\frac{1}{3}=\frac{4}{27}.$$

所以 $E(X)=0\times\frac{1}{9}+10\times\frac{4}{9}+40\times\frac{8}{27}+60\times\frac{4}{27}=\frac{680}{27}.$

4. 此题考查古典概型、组合数及期望.(1)中需找出甲总得分小于 2 的所有情况,再利用古典概型求解.(2)甲得分最小值为 0,最大值为 $n-1$,分别求出对应的概率即可.(3)引入了随机变量 X_i 服从两点分布这一条件,需要深刻理解两点分布的特点,并将其应用到本题 n 轮比赛的情境中.甲、乙两人总得分为 n,因此只需计算出其中一人的得分即可.根据题意不难得出甲每轮得分的概率,结合期望公式即求解,最后分析甲、乙得分期望之差的变化规律.

(1) 甲顺序为 $1,3,5,7$,乙选卡片的不同顺序共有 $4!=24$ 种,而使得甲得分小于 2 的所有顺序共有 12 种:

$$2,4,6,8;\ 2,4,8,6;\ 2,6,4,8;\ 2,6,8,4;$$
$$2,8,6,4;\ 4,2,6,8;\ 4,6,2,8;\ 4,6,8,2;$$
$$4,8,6,2;\ 6,4,8,2;\ 6,4,2,8;\ 8,4,6,2.$$

由古典概型得甲的总得分小于 2 的概率为 $\frac{12}{24}=\frac{1}{2}$.

(2) 甲按照固定顺序 $1,3,5,\cdots,2n-1$,乙按照 $2,4,6,\cdots,2n$ 顺序时,甲得分最小值为 0,乙的选法有 $n!$ 种,则概率为 $\frac{1}{n!}$.

甲按照固定顺序 $1,3,5,\cdots,2n-1$,乙按照 $2n,2,4,6,\cdots,2n-2$ 顺序

时,只有 $2n>1$,其余均为乙<甲.甲得分最大值为 $n-1$,则概率为 $\dfrac{1}{n!}$.

（3）设随机变量 $X_i = \begin{cases} 1, & \text{第 } i \text{ 轮比赛甲的数字大,} \\ 0, & \text{第 } i \text{ 轮比赛甲的数字小,} \end{cases}$ $i=1,2,\cdots,n,$

则 X_i 服从两点分布；记 $P(X_i=1)=q_i$,其中

$$q_1=0, \quad q_2=\frac{1}{n}, \quad q_3=\frac{2}{n}, \quad \cdots, \quad q_i=\frac{i-1}{n}, \quad \cdots, \quad q_n=\frac{n-1}{n},$$

且 $Y=\sum_{i=1}^{n}X_i, Z=n-Y.$

由题意可得,

$$E(Y)=E\left(\sum_{i=1}^{n}X_i\right)=E\left(\sum_{i=1}^{n}\frac{i-1}{n}\right)=\frac{1-1}{n}+\frac{2-1}{n}+\cdots+\frac{n-1}{n}=\frac{n-1}{2},$$

$$E(Z)=n-\frac{n-1}{2}=\frac{n+1}{2},$$

因为 $E(Y)-E(Z)=-1$,所以随着轮数的增加,甲、乙总得分期望之差不变,始终相差 1 分.

5. 本题考查平均数、方差的计算以及对正态分布的相关性质和概率计算.（1）涉及多个数据的求和、平方等运算,对解题者的计算能力要求较高.（2）需要根据计算出的平均数和标准差确定对应的正态分布参数,再对照相应的概率区间来判断合格率是否达到 96%,要求考生准确理解各参数与实际问题的联系.（3）需要利用合格产品概率与不合格产品概率的对立关系进行求解.合格产品的概率又依赖与对正态分布下产品合格区间对应的概率计算.

（1）由题意 10 件产品的误差分别为

$$0.02, -0.02, 0, 0.05, -0.04, 0, -0.1, -0.01, 0, 0.1,$$

误差的平均数为

$$\bar{x}=\frac{0.02-0.02+0+0.05-0.04+0-0.1-0.01+0+0.1}{10}=0;$$

方差为

$$s^2 = \frac{0.02^2 + (-0.02)^2 + 0^2 + 0.05^2 + (-0.04)^2 + 0^2 + (-0.1)^2 + (-0.01)^2 + 0^2 + 0.1^2}{10}$$

$$= 0.0025,$$

所以标准差为 $s = 0.05$.

(2) ① 由(1)问中计算得 $\mu = 0, \sigma = 0.05$,所以

$$P(\mu - 2\sigma \leqslant x \leqslant \mu + 2\sigma) = P(0 - 2 \times 0.05 \leqslant x \leqslant 0 + 2 \times 0.05)$$
$$= P(-0.1 \leqslant x \leqslant 0.1).$$

因为在 $-0.1 \leqslant x \leqslant 0.1$ 内包括了所有的合格产品,也包括了不合格的产品,而 $P(-0.1 \leqslant x \leqslant 0.1) \approx 0.954 < 0.96$. 故这批抽查的产品的合格率不能达到 96%.

② 因为产品重量的误差服从正态分布 $N(0, 0.0405^2)$,所以 $\mu = 0$, $\sigma = 0.0405, \mu - 2\sigma < x < \mu + 2\sigma$ 即为 $-0.081 < x < 0.081$,所以每件产品合格的概率 $P(\mu - 2\sigma < x < \mu + 2\sigma) \approx 0.954$,故随机抽取 10 件产品中有不合格产品的概率为 $1 - 0.954^{10} \approx 1 - 0.6244 = 0.3756$.

6. 此题主要考查考生对全概率公式的掌握以及求数列通项公式的推导. 第 n 天选择绿豆汤与第 $n-1$ 天的选择有关,这就需要对事件进行划分,找出影响选择绿豆汤的所有因素,利用全概率公式求解即可.(1)(2)问都比较简单,(3)问建立在(2)问的基础上,第 n 天的选择会受到前一天的影响,由此可联想数列求通项的方法进行求解.

(1) 该同学第一天和第二天都选择绿豆汤的概率为 $\frac{2}{3} \times \frac{1}{3} = \frac{2}{9}$;

(2) 设 A_1 表示第 1 天选择绿豆汤,A_2 表示第 2 天选择绿豆汤,则 $\overline{A_1}$ 表示第 1 天选择银耳羹,根据题意得

$$P(A_1) = \frac{2}{3}, \quad P(\overline{A_1}) = \frac{1}{3},$$

$$P(A_2 \mid A_1) = \frac{1}{3}, \quad P(A_2 \mid \overline{A_1}) = 1 - \frac{1}{2} = \frac{1}{2},$$

所以 $P(A_2) = P(A_1)P(A_2 \mid A_1) + P(\overline{A_1})P(A_2 \mid \overline{A_1}) = \frac{2}{3} \times \frac{1}{3} + \frac{1}{3} \times \frac{1}{2} = \frac{7}{18}$.

（3）设 A_n 表示第 n 天选择绿豆汤，则 $P_n = P(A_n)$，$P(\overline{A_n}) = 1 - P_n$，根据题意得

$$P(A_{n+1} \mid A_n) = \frac{1}{3}, \quad P(A_{n+1} \mid \overline{A_n}) = 1 - \frac{1}{2} = \frac{1}{2},$$

由全概率公式得

$$P(A_{n+1}) = P(A_n)P(A_{n+1} \mid A_n) + P(\overline{A_n})P(A_{n+1} \mid \overline{A_n})$$

$$= \frac{1}{3}P_n + \frac{1}{2}(1 - P_n) = -\frac{1}{6}P_n + \frac{1}{2},$$

即 $P_{n+1} = -\frac{1}{6}P_n + \frac{1}{2}$，整理得，$P_{n+1} - \frac{3}{7} = -\frac{1}{6}\left(P_n - \frac{3}{7}\right)$.

又 $P_1 - \frac{3}{7} = \frac{5}{21} \neq 0$，所以 $\left\{P_n - \frac{3}{7}\right\}$ 是以 $\frac{5}{21}$ 为首项，$-\frac{1}{6}$ 为公比的等比数列. 所以 $P_n - \frac{3}{7} = \frac{5}{21} \times \left(-\frac{1}{6}\right)^{n-1}$，所以 $P_n = \frac{5}{21} \times \left(-\frac{1}{6}\right)^{n-1} + \frac{3}{7}$.

7. 此题考查频数、平均数的计算以及独立性检验.（1）根据表格各区间的频数，结合样本容量即可求解.（2）利用平均数求法即可.（3）依据题目所给数据写出正确的列联表，再根据公式求解，与参考数据进行比较即可. 在此过程中，容易出现列联表数据填写错误或代入公式计算时出现运算失误、不理解参考数据所代表的含义等，这些都可能导致无法正确判断是否有相应把握认为两者有关.

（1）由表格

$$[900,950),[950,1000),[1000,1050),[1100,1150),[1150,1200)$$

的亩产区间，对应频数分别为 $6,12,18,24,10$，频数共为 70，故样本中亩产量在 $[1050,1100)$ 的频数约为 $100 - 70 = 30$. 所以，50000 块稻田中亩产量在 $[1050,1100)$ 的频数约为 $\frac{50000}{100} \times 30 = 15000$ 块.

（2）由（1）问，抽取 100 块稻田的平均亩产量为

$$0.06 \times 925 + 0.12 \times 975 + 0.18 \times 1025 + 0.3 \times 1075 +$$

$$0.24 \times 1125 + 0.1 \times 1175 = 1067(\text{kg}).$$

所以，这片稻田的平均亩产量约为 1067kg.

（3）由题意，可得如下列联表，

	亩产 $900 \leqslant x < 1050$	亩产 $1050 \leqslant x < 1200$	合　计
优质	29	49	78
普通	7	15	22
合计	36	64	100

故 $\chi^2 = \dfrac{100 \times (29 \times 15 - 49 \times 7)^2}{36 \times 64 \times 22 \times 78} \approx 0.214 < 3.841$，所以，没有 0.95 的把握认为产品是否优质与亩产量不少于 1050kg 且少于 1200kg 有关.

8. 本题考查线性回归方程，回归分析和相关指数. 考生需依据所给数据及相应计算公式，通过计算 $\bar{x}$，$\bar{y}$ 等来确定线性回归方程中的参数，这是线性回归分析的基础内容. 此外考生需掌握相关指数 R^2 与拟合效果的关系. 相关指数 R^2 是用来判断回归方程拟合程度的量，其取值范围在 0 到 1 之间，当 R^2 越大，说明方程拟合程度越好.

（1）由题意 $n = 6$，则 $\bar{x} = \dfrac{1}{6}\sum_{i=1}^{6} x_i = 26$，$\bar{y} = \dfrac{1}{6}\sum_{i=1}^{6} y_i = 33$，

$$\hat{b} = \dfrac{\sum_{i=1}^{6}(x_i - \bar{x})(y_i - \bar{y})}{\sum_{i=1}^{6}(x_i - \bar{x})^2} = \dfrac{557}{84} \approx 6.6, \hat{a} = 33 - 6.6 \times 26 = -138.6,$$

y 关于 x 的线性回归方程为 $\hat{y} = 6.6x - 138.6$.

（2）① 对于线性回归模型，有

$$\sum_{i=1}^{6}(y_i - \bar{y})^2 = 3930, \quad \sum_{i=1}^{6}(y_i - \hat{y}_i)^2 = 236.64,$$

相关指数为 $1 - \dfrac{\sum_{i=1}^{6}(y_i - \hat{y}_i)^2}{\sum_{i=1}^{6}(y_i - \bar{y})^2} = 1 - \dfrac{236.64}{3930} \approx 1 - 0.0602 = 0.9398$. 因为 $0.9398 < 0.9522$，所以用非线性回归模型拟合效果更好.

② 当 $x = 35$ 时

$$\hat{y} = 0.06e^{0.2303 \times 35} = 0.06 \times e^{8.0605} = 0.06 \times 3167 = 190.02 \approx 190,$$

所以温度为 35℃时，该种药用昆虫的产卵数估计为 190 个.

4.4 函数与导数典型题例解析

如果说概率统计问题的难点在概念的理解与情境的复杂多变,那么函数与导数的难点则在对思想方法的领悟与技巧的灵活运用. 从题型分布看,主要有三类问题:

1. 利用导数研究函数的性质;

2. 利用导数研究方程的根(或函数的零点);

3. 利用导数研究不等式的有关问题.

在上述问题中常常被忽略但却是十分重要的方法是几何直观与导数思想的运用,解题者将充满思想性的导数当成一种机械化工具,缺少对问题的直观剖析,解题时技巧性有余,思辨性不足.

函数已经成为中学数学中占比最重的内容,也是高考占比最重的内容. 导数自然是研究函数的性质时不可或缺的工具,在历年高考中必是考察的重点. 问题的灵活性比较强,题目的难易差别比较大,从基本题到压轴题皆有所涉及. 函数与导数内容差不多占整个考试内容的三分之一,可见这部分内容之重要. 需要注意的是,一道题的解答方法通常不是唯一的,限于篇幅,本书只能提供一种解法,读者不妨尝试给出其他解法并进行比较,或许收效更大.

4.4.1 数列问题

1. 记 S_n 为数列 $\{a_n\}$ 的前 n 项和,设甲: $\{a_n\}$ 为等差数列;乙: $\left\{\dfrac{S_n}{n}\right\}$ 为等差数列,则(   ).

A. 甲是乙的充分条件但不是必要条件

B. 甲是乙的必要条件但不是充分条件

C. 甲是乙的充要条件

D. 甲既不是乙的充分条件也不是乙的必要条件

2. 记 S_n 为等比数列 $\{a_n\}$ 的前 n 项和,若 $S_4=-5,S_6=21S_2$,则 $S_8=$ ( ).

    A. 120   B. 85   C. -85 D. -120

3. 设正整数 $n=a_0\cdot 2^0+a_1\cdot 2+\cdots+a_{k-1}\cdot 2^{k-1}+a_k\cdot 2^k$,其中 $a_i\in\{0,1\}$,记 $\omega(n)=a_0+a_1+\cdots+a_k$,则( ).

    A. $\omega(2n)=\omega(n)$ B. $\omega(2n+3)=\omega(n)+1$

    C. $\omega(8n+5)=\omega(4n+3)$ D. $\omega(2^n-1)=n$

4. 某校学生在研究民间剪纸艺术时,发现剪纸时经常会沿纸的某条对称轴把纸对折.规格为 $20\text{dm}\times12\text{dm}$ 的长方形纸,对折 1 次共可以得到 $10\text{dm}\times12\text{dm}$,$20\text{dm}\times6\text{dm}$ 两种规格的图形,它们的面积之和 $S_1=240\text{dm}^2$,对折 2 次共可以得到 $5\text{dm}\times12\text{dm}$,$10\text{dm}\times6\text{dm}$,$20\text{dm}\times3\text{dm}$ 三种规格的图形,它们的面积之和 $S_2=180\text{dm}^2$,以此类推.则对折 4 次共可以得到不同规格图形的种数为_____;如果对折 $n(n\in\mathbf{N}^*)$ 次,那么 $S_1+S_2+\cdots+S_n=$_____ dm^2.

5. 将数列 $\{2n-1\}$ 与 $\{3n-2\}$ 的公共项从小到大排列得到数列 $\{a_n\}$,则 $\{a_n\}$ 的前 n 项和为_____.

6. 已知公比大于 1 的等比数列 $\{a_n\}$ 满足 $a_2+a_4=20,a_3=8$.

(1) 求 $\{a_n\}$ 的通项公式;

(2) 记 b_m 为 $\{a_n\}$ 在区间 $(0,m]$ $(m\in\mathbf{N}^*)$ 中的项的个数,求数列 $\{b_m\}$ 的前 100 项和 S_{100}.

7. 已知 $\{a_n\}$ 为等差数列,$\{b_n\}$ 为公比为 2 的等比数列,且 $a_2-b_2=a_3-b_3=b_4-a_4$.

(1) 证明:$a_1=b_1$;

(2) 求集合 $\{k|b_k=a_m+a_1,1\leqslant m\leqslant500\}$ 中元素个数.

8. 记 S_n 为数列 $\{a_n\}$ 的前 n 项和,已知 $a_1=1$,$\left\{\dfrac{S_n}{a_n}\right\}$ 是公差为 $\dfrac{1}{3}$ 的等差数列.

(1) 求 $\{a_n\}$ 的通项公式;

（2）证明：$\dfrac{1}{a_1}+\dfrac{1}{a_2}+\cdots+\dfrac{1}{a_n}<2$.

9. 已知 $\{a_n\}$ 为等差数列，

$$b_n=\begin{cases}a_n-6, & n\text{ 为奇数},\\ 2a_n, & n\text{ 为偶数},\end{cases}$$

记 S_n，T_n 分别为数列 $\{a_n\}$，$\{b_n\}$ 的前 n 项和，$S_4=32$，$T_3=16$.

（1）求 $\{a_n\}$ 的通项公式；

（2）证明：当 $n>5$ 时，$T_n>S_n$.

10. 设等差数列 $\{a_n\}$ 的公差为 d，且 $d>1$. 令 $b_n=\dfrac{n^2+n}{a_n}$，记 S_n，T_n 分别为数列 $\{a_n\}$，$\{b_n\}$ 的前 n 项和.

（1）若 $3a_2=3a_1+a_3$，$S_3+T_3=21$，求 $\{a_n\}$ 的通项公式；

（2）若 $\{b_n\}$ 为等差数列，且 $S_{99}-T_{99}=99$，求 d.

4.4.2 数列问题解析

1. 这道题需要解题者在熟悉命题的充分条件与必要条件及等差数列的通项与求和公式的基础上进行简单的演算. 因为甲：$\{a_n\}$ 为等差数列，数列 $\{a_n\}$ 的首项为 a_1，设公差为 d，则 $S_n=na_1+\dfrac{n(n-1)}{2}d$，于是

$$\frac{S_n}{n}=a_1+\frac{(n-1)}{2}d=\frac{d}{2}n+a_1-\frac{d}{2},$$

故 $\left\{\dfrac{S_n}{n}\right\}$ 为等差数列，即甲是乙的充分条件. 反之，乙：$\left\{\dfrac{S_n}{n}\right\}$ 为等差数列，即

$$\frac{S_{n+1}}{n+1}-\frac{S_n}{n}=D,\frac{S_n}{n}=S_1+(n-1)D.$$

于是 $S_n=nS_1+n(n-1)D$. 当 $n>2$ 时，$S_{n-1}=(n-1)S_1+(n-1)(n-2)D$. 两式相减得 $a_n=S_n-S_{n-1}=S_1+2(n-1)D$，所以 $a_n=a_1+2(n-1)D$. 当 $n=1$ 时，上式成立. 又 $a_{n+1}-a_n=a_1+2nD-(a_1+2(n-1)D)=2D$ 为常数，所以 $\{a_n\}$ 为等差数列. 可见甲是乙的必要条件，故甲是乙的充要条件，

答案为 C.

2. 这道题不仅需要考生熟悉等比数列及其求和公式,还需要通过观察寻找合适的计算角度.题目的条件中给出了部分偶数项的值与关系,最佳策略显然不是求通项,而是将问题进行合适的转换,利用偶数项的差构造一个新的数列便于几项部分和的传递:

$$S_2, S_4 - S_2, S_6 - S_4, S_8 - S_6.$$

由于 $S_2 = a_1 + a_1 q$(其中 q 是公比),

$$S_4 - S_2 = a_1 q^2 + a_1 q^3, S_6 - S_4 = a_1 q^4 + a_1 q^5, S_8 - S_6 = a_1 q^6 + a_1 q^7,$$

显然这也是个等比数列.可见

$$S_4 - S_2 = q^2 S_2, \quad S_6 - S_4 = q^4 S_2, \quad S_8 - S_6 = q^6 S_2.$$

由 $S_4 - S_2 = q^2 S_2$ 可得

$$(1 + q^2) S_2 = -5. \qquad (*)$$

由 $S_6 - S_4 = q^4 S_2$ 及 $S_6 = 21 S_2$ 可得

$$(q^4 - 21) S_2 = 5. \qquad (**)$$

$(**)$ 式与 $(*)$ 式相除得

$$q^4 - 21 = -(q^2 + 1),$$

故 $q^4 + q^2 - 20 = 0$,即 $q^2 = 4$.进而 $S_2 = -1, S_6 = -21, S_8 = -85$,答案为 C.

从上述解答过程可以看出,即使是选择题,也并非凭借对知识点的熟悉便能立刻知道答案,没有一定的观察能力很难应对.

3. 解答这道题时容易犯错,因为正确的选项不止一个,需要依次对每个选项做检验,但如果善于观察,也可以很快得出判断.$\omega(n)$ 指的是 n 按照"基底" $\{2^i\}_{i=0}^{\infty}$ 展开(正整数的二进制表示)后的系数之和.清楚了这个关系就不难寻找不同 n 对应的 $\omega(n)$ 之间的关系.如果解题者具有一定的洞察力,会发现 $2n$ 的展开式与 n 的展开式具有完全相同的结构,只不过是把"基底"后移了,它们的系数之和是一样的.事实上,只要 $k_1 n + r_1$ 与 $k_2 n + r_2$ 中的 k_i 都具有形式 2^l,$r_i < k_i$,且 r_i 按"基底" $\{2^i\}_{i=0}^{\infty}$ 分解后项数相同,则必有 $\omega(k_1 n + r_1) = \omega(k_2 n + r_2)$.要求 $r_i < k_i$ 是保证 $k_i n$ 展开式的最低次项比 r_i 展开式的最高次项更高,否则两者可能不相等.据此立刻可以判断出 A,C 应该是正确的.D 虽然没有上述结构,但由

$$2^n - 1 = 2^0 + 2^1 + \cdots + 2^{n-1}$$

立知 D 也是正确的.凭直觉,B 应该不正确,因为如果 $2n$ 的分解式首项为 2,与 3 相加后整个分解式的结构将发生变化.找 B 的反例很容易,取 $n = 2$ 便知等式不成立.所以该题的答案为 ACD.

4. 如果细心观察便可以发现,每对折一次,不同规格的图形数便增加 1,所以对折 4 次时可以得到 5 种规格的图形.为了得到第二问的答案,需要把每一次的面积之和算出来,对折之前的长方形面积为 $240\mathrm{dm}^2$,每对折一次,长方形增加一个,但长方形一边的边长减少一半,因此很容易得到第 n 次对折后图形的面积之和为

$$S_n = 240(n+1)\left(\frac{1}{2}\right)^n, \quad n = 0, 1, 2, \cdots,$$

其中 $S_0 = 240$.于是得到和式

$$S_1 + S_2 + \cdots + S_n = 240\left[2 \times \frac{1}{2} + 3 \times \left(\frac{1}{2}\right)^2 + \cdots + (n+1)\left(\frac{1}{2}\right)^n\right]$$

$$= 240\left(\frac{2}{2} + \frac{3}{2^2} + \cdots + \frac{n+1}{2^n}\right).$$

上述右端的和是常见的,通行的做法是错位相减:记

$$T_n = \frac{2}{2} + \frac{3}{2^2} + \cdots + \frac{n+1}{2^n},$$

则

$$\frac{1}{2}T_n = \frac{2}{2^2} + \frac{3}{2^3} + \cdots + \frac{n+1}{2^{n+1}},$$

两式相减得

$$\frac{1}{2}T_n = 1 + \frac{1}{2^2} + \frac{1}{2^3} + \cdots + \frac{1}{2^n} - \frac{n+1}{2^{n+1}} = \frac{3}{2} - \frac{n+1}{2^{n+1}},$$

进而

$$T_n = 3 - \frac{n+1}{2^n}.$$

故第二问的答案为 $240 \times \left(3 - \dfrac{n+3}{2^n}\right)$.

5. 虽然这是一道基本题,但解题者需要清楚一个事实:两个首项相同

的等差数列的公共项必是有相同公差的项,所以其公差必为两个数列公差的最小公倍数.两个数列的首项均为 1,故 $a_n=1+6(n-1)$.从而

$$S_n=3n^2-2n.$$

6. 第一问是常规的,简单计算便可以求出公比与首项均为 2.第二问具有一定的挑战性,需要根据通项 a_n 寻找不超过 m 的项数的规律.由于 $a_n=a_1q^{n-1}=2^n$,可以看出当 $2^{n-1}\leqslant m<2^n$ 时,a_n 位于 $(0,m]$ 中的项数都是一样的,由此可得

$$b_1=0,\quad b_2=b_3=1,\quad b_4=b_5=b_6=b_7=2,$$
$$b_8=b_9=\cdots=b_{15}=3,\quad b_{16}=\cdots=b_{31}=4,$$
$$b_{32}=b_{33}=\cdots=b_{63}=5,\quad b_{64}=b_{65}=\cdots=b_{100}=6.$$

故

$$b_1+b_2+b_3+\cdots+b_{100}$$
$$=0+1\times2+2\times4+3\times8+4\times16+5\times32+6\times37$$
$$=480.$$

7. 第一问的思路非常清楚,利用条件中的三个等式寻找两个数列首项之间的关系.设等差数列 $\{a_n\}$ 公差为 d,由 $a_2-b_2=a_3-b_3$ 可知

$$a_1+d-2b_1=a_1+2d-4b_1,$$

于是得到公差与 b_1 的关系:$d=2b_1$.由 $a_2-b_2=b_4-a_4$ 可得 $a_1+d-2b_1=8b_1-(a_1+3d)$.这里需要一点小技巧,将等式右边的 $8b_1$ 换成 $4d$,整理后可得 $a_1=b_1$.由第一问可知 $d=2b_1=2a_1$,代入 $b_k=a_m+a_1$ 得:$b_1\cdot2^{k-1}=a_1+(m-1)d+a_1$,即 $2^{k-1}=2m$,因为 $1\leqslant m\leqslant500$,所以 $2\leqslant2^{k-1}\leqslant1000$,可见 $2\leqslant k\leqslant10$,所以集合

$$\{k\mid b_k=a_m+a_1,1\leqslant m\leqslant500\}$$

含 9 个元素.

8. 由条件可知数列 $\{a_n\}$ 的前 n 项和 S_n 与通项 a_n 的关系:$S_n=\dfrac{n+2}{3}a_n$.

由 $a_n=S_n-S_{n-1}=\dfrac{n+2}{3}a_n-\dfrac{n+1}{3}a_{n-1}(n\geqslant2)$ 可得递推公式

$a_n=\dfrac{n+1}{n-1}a_{n-1}(n\geqslant2)$,将该式逐步迭代可得

$$a_n = \frac{n+1}{n-1} \cdot \frac{n}{n-2} \cdot \cdots \cdot \frac{5}{3} \cdot \frac{4}{2} \cdot \frac{3}{1} a_1 = \frac{(n+1)n}{2} a_1.$$

由 $a_1 = 1$ 得

$$a_n = \frac{(n+1)n}{2}, \quad n \geqslant 2.$$

当 $n = 1$ 时上式显然成立,故数列 $\{a_n\}$ 的通项公式为

$$a_n = \frac{(n+1)n}{2}, \quad n = 1, 2, \cdots.$$

为证明第二问中的不等式,将 a_n 的倒数 $\frac{1}{a_n} = \frac{2}{(n+1)n}$ 裂项可得

$$\frac{1}{a_1} + \frac{1}{a_2} + \cdots + \frac{1}{a_n} = 2\left[\left(1 - \frac{1}{2}\right) + \left(\frac{1}{2} - \frac{1}{3}\right) + \cdots + \left(\frac{1}{n} - \frac{1}{n+1}\right)\right]$$

$$= \frac{2n}{n+1},$$

可见 $\frac{1}{a_1} + \frac{1}{a_2} + \cdots + \frac{1}{a_n} < 2$.

9. 为求通项,需要计算数列的首项与公差. 设数列 $\{a_n\}$ 的公差为 d,由条件可得

$$\begin{cases} a_1 + a_2 + a_3 + a_4 = 32, \\ a_1 - 6 + 2a_2 + a_3 - 6 = 16, \end{cases}$$

即

$$\begin{cases} 4a_1 + 6d = 32, \\ a_1 + d = 7, \end{cases}$$

于是 $\begin{cases} a_1 = 5, \\ d = 2, \end{cases}$ 故得第一问的解答:通项公式为 $a_n = 2n + 3$.

知道了通项 $a_n = 2n + 3$,便不难计算 $\{a_n\}$ 前 n 项的和

$$S_n = \frac{n(a_1 + a_n)}{2} = \frac{n(5 + 2n + 3)}{2} = n(n+4)$$

及 b_n 的通项

$$b_n = \begin{cases} 2n - 3, & n \text{ 为奇数}, \\ 4n + 6, & n \text{ 为偶数}. \end{cases}$$

比较自然的思路是将 b_n 的奇数项与偶数项分别相加：

$$b_1 + b_3 + \cdots + b_{2n-1}$$

$$= (2 \times 1 - 3) + (2 \times 3 - 3) + \cdots + (2 \times (2n-1) - 3)$$

$$= 2[1 + 3 + \cdots + (2n-1)] - 3 \times n$$

$$= 2\left[n + \frac{n(n-1)}{2} \times 2\right] - 3 \times n$$

$$= n(2n - 3)$$

$$= 2n^2 - 3n,$$

$$b_2 + b_4 + \cdots + b_{2n}$$

$$= (4 \times 2 + 6) + (4 \times 4 + 6) + \cdots + (4 \times 2n + 6)$$

$$= 4\left[2n + \frac{n(n-1)}{2} \times 2\right] + 6 \times n$$

$$= 4n(n-1) + 14n$$

$$= 4n^2 + 10n,$$

由此可得

$$T_{2n} = (b_1 + b_3 + \cdots + b_{2n-1}) + (b_2 + b_4 + \cdots + b_{2n}) = 6n^2 + 7n,$$

$$T_{2n-1} = T_{2n} - b_{2n} = 6n^2 + 7n - [4 \times (2n) + 6] = 6n^2 - n - 6.$$

更简洁的方法是将相邻的奇数项与偶数项相加可得

$$b_{2n-1} + b_{2n} = 12n + 1,$$

于是

$$T_{2n} = (b_1 + b_2) + \cdots + (b_{2n-1} + b_{2n})$$

$$= (12 + 1) + (12 \times 2 + 1) + \cdots + (12 \times n + 1)$$

$$= 12(1 + 2 + \cdots + n) + n$$

$$= 12\left[n + \frac{n(n-1)}{2}\right] + n$$

$$= 6n^2 + 7n,$$

进而

$$T_{2n-1} = 6n^2 - n - 6.$$

$$T_{2n} - S_{2n} = 6n^2 + 7n - 2n(2n+4) = 2n^2 - n = n(2n-1),$$

$$T_{2n-1} - S_{2n-1} = 6n^2 - n - 6 - (2n-1)(2n-1+4) = (2n+1)(n-3).$$

由此不难完成第二问中不等式的证明.

10. 由等式 $3a_2 = 3a_1 + a_3$,不难发现首项与通项的关系:

$$3d = a_3 = a_1 + 2d,$$

于是 $a_1 = d$,故 $a_n = nd$,将它代入 b_n,S_n,T_n 可得

$$b_n = \frac{n^2+n}{nd} = \frac{n+1}{d}, \quad S_n = \frac{n(n+1)d}{2}, \quad T_n = \frac{n(n+3)}{2d},$$

由 $S_3 + T_3 = 21$ 便可得到关于公差 d 的等式

$$\frac{3 \times 4d}{2} + \frac{3 \times 6}{2d} = 21,$$

即 $2d^2 - 7d + 3 = 0$,故 $d = 3$ 或 $d = \frac{1}{2}$. $d = \frac{1}{2}$ 不合题意,故 $d = 3$,从而得第

一问的解答:$\{a_n\}$ 的通项公式为 $a_n = 3n$.

如果 $\{b_n\}$ 也为等差数列,则 b_2 为 b_1 与 b_3 的等差中项,即 $2b_2 = b_1 + b_3$,

将通项公式代入得

$$2\frac{2 \times 3}{a_1 + d} = \frac{1 \times 2}{a_1} + \frac{3 \times 4}{a_1 + 2d},$$

即

$$a_1^2 - 3a_1 d + 2d^2 = 0,$$

于是 $a_1 = d$ 或 $a_1 = 2d$. 若 $a_1 = d$,则 $a_n = nd$,$b_n = \frac{n+1}{d}$,进而可得

$$S_n = \frac{n(n+1)d}{2}, \quad T_n = \frac{n(n+3)}{2d},$$

由 $S_{99} - T_{99} = 99$ 知

$$\frac{99 \times 100d}{2} - \frac{99 \times 102}{2d} = 99,$$

解得 $d = \dfrac{51}{50}$ 或 $d = -1$，$d = -1$ 显然不合题意，故得第二问的解答为

$d = \dfrac{51}{50}$.

4.4.3　函数选择题

1. 设函数 $f(x) = 2^{x(x-a)}$ 在区间 $(0,1)$ 内单调递减，则 a 的取值范围是（　　）.

    A. $(-\infty, -2]$ B. $[-2, 0)$

    C. $(0, 2]$ D. $[2, +\infty)$

2. 若 $f(x) = (x+a)\ln\dfrac{2x-1}{2x+1}$ 为偶函数，则 $a = （　　）$.

    A. -1 B. 0 C. $\dfrac{1}{2}$ D. 1

3. 已知函数 $f(x)$ 的定义域为 $\mathbf{R}$，$f(xy) = y^2 f(x) + x^2 f(y)$，则（　　）.

    A. $f(0) = 0$ B. $f(1) = 0$

    C. $f(x)$ 是偶函数   D. $x = 0$ 为 $f(x)$ 的极小值点

4. 若函数 $f(x)$ 的定义域为 $\mathbf{R}$，且 $f(x+y) + f(x-y) = f(x)f(y)$，$f(1) = 1$，则 $\displaystyle\sum_{k=1}^{22} f(k) = （　　）$.

    A. -3 B. -2 C. 0 D. 1

5. 已知 $a = \log_5 2$，$b = \log_8 3$，$c = \dfrac{1}{2}$，则下列判断正确的是（　　）.

    A. $c < b < a$ B. $b < a < c$

    C. $a < c < b$ D. $a < b < c$

6. 设函数 $f(x)$ 的定义域为 $\mathbf{R}$，且 $f(x+2)$ 为偶函数，$f(2x+1)$ 为奇函数，则（　　）.

    A. $f\left(-\dfrac{1}{2}\right) = 0$ B. $f(-1) = 0$

C. $f(2)=0$ D. $f(4)=0$

7. 已知函数 $f(x)$ 及其导函数 $f'(x)$ 的定义域为 **R**，记 $g(x)=f'(x)$．若 $f\left(\dfrac{3}{2}-2x\right),g(2+x)$ 均为偶函数，则（   ）．

   A. $f(0)=0$ B. $g\left(-\dfrac{1}{2}\right)=0$

   C. $f(-1)=f(4)$ D. $g(-1)=g(2)$

8. 噪声污染问题越来越受到重视，用声压级来度量声音的强弱，定义声压级 $L_p=20\times\lg\dfrac{p}{p_0}$，其中常数 $p_0(p_0>0)$ 是听觉下限阈值，p 是实际声压．下表为不同声源的声压级：

声　　源	与声源的距离/m	声压级/dB
燃油汽车	10	60～90
混合动力汽车	10	50～60
电动汽车	10	40

   已知在距离燃油汽车、混合动力汽车、电动汽车 10m 处测得实际声压分别为 p_1,p_2,p_3，则（   ）．

   A. $p_1>p_2$ B. $p_2>10p_3$

   C. $p_3=100p_0$ D. $p_1<100p_2$

9. 信息熵是信息论中的一个重要概念．设随机变量 X 所有可能的取值为 $1,2,\cdots,n$，且 $P(X=i)=p_i>0(i=1,2,\cdots,n)$，$\displaystyle\sum_{i=1}^{n}p_i=1$，定义 X 的信息熵 $H(X)=-\displaystyle\sum_{i=1}^{n}p_i\log_2 p_i$（   ）．

   A. 若 $n=1$，则 $H(x)=0$

   B. 若 $n=2$，则 $H(x)$ 随着 p_1 的增大而增大

   C. 若 $p_i=\dfrac{1}{n}(i=1,2,\cdots,n)$，则 $H(x)$ 随着 n 的增大而增大

   D. 若 $n=2m$，随机变量 Y 的所有可能取值为 $1,2,\cdots,m$，且
     $P(Y=j)=p_j+p_{2m+1-j}(j=1,2,\cdots,m)$，则 $H(X)\leqslant H(Y)$

10. 若函数 $f(x)=a\ln x+\dfrac{b}{x}+\dfrac{c}{x^2}(a\neq 0)$ 既有极大值也有极小值,则( ).

    A. $bc>0$ B. $ab>0$ C. $b^2+8ac>0$ D. $ac<0$

4.4.4 函数选择题解析

1. 这是关于复合函数性质的基本题,由于指数函数 $y=2^x$ 在 **R** 上单调递增,所以如果 $f(x)=2^{x(x-a)}$ 单调递减,则 $y=x(x-a)$ 必定是单调递减的.换言之,$\dfrac{a}{2}\geqslant 1$,即 $a\geqslant 2$.答案为 D.

2. 该题的关键是寻找合适的 x,利用 $f(x)=f(-x)$ 计算出 a 的值.通常 x 的取值越简单越好,易知 $x=1$ 在其定义域中,由 $f(1)=f(-1)$ 可推知 $a=0$,故答案为 B.

3. A,B,C 的检验是基本的,按题意,自然需要计算函数在 0,1 两点处的函数值.取 $x=y=0$ 立得 $f(0)=0$.取 $x=y=1$ 得 $f(1)=2f(1)$,故有 $f(1)=0$.取 $y=-1$ 代入得

$$f(-x)=f(x)+x^2f(-1),$$

可见,如果 $f(x)$ 为偶函数,则 $f(-1)=0$,取 $x=y=-1$ 代入可得

$$2f(-1)=f(1)=0,$$

故 $f(x)$ 确为偶函数.考验解题者的问题是答案 D 的真伪性,解题者多半会在这一问上花些时间,当试图正面验证徒劳无功时,不妨通过特例来寻找感觉.从函数的结构可以看出,该函数应该含因子 x^2,它又把乘积项变成了两项相加,所以一个合适的例子似乎应该是

$$f(x)=x^2\ln x^2,$$

它确实满足等式:$f(xy)=x^2f(y)+y^2f(x)$,并且 $f(1)=f(-1)=0$,这还是个偶函数,唯一美中不足的是在 0 点没有定义,弥补这个不足并不难,可以令

$$f(x) = \begin{cases} x^2 \ln x^2, & x \neq 0, \\ 0, & x = 0, \end{cases}$$

则 $f(x)$ 不仅满足 $f(xy) = x^2 f(y) + y^2 f(x)$，也使得 A,B,C 成立，然而，当 x 充分接近 0 的时候，$f(x)$ 显然小于 0，故 $x = 0$ 不可能是极小值点.

当然，如果你足够敏锐，一下子想到了零函数 $f(x) = 0$，恭喜你，迅速找到了答案 A,B,C.

4. 按照题意，需要计算函数在 $x = k$，$k = 1, 2, \cdots, 22$ 处的值，比较显而易见的思路是首先计算 0,1,2 等处的函数值，再利用递推公式计算其他点处的值. 令 $x = y = 0$ 代入等式

$$f(x+y) + f(x-y) = f(x) f(y)$$

得 $2f(0) = f(0)^2$，故 $f(0) = 2$. 将 $y = 1$ 代入上式可知

$$f(x+1) + f(x-1) = f(x) f(1) = f(x),$$

于是得递推公式

$$f(x+1) = f(x) - f(x-1),$$

$$f(x+2) = f(x+1) - f(x),$$

$$f(x+3) = f(r+2) - f(x+1),$$

将 $f(x+2) = f(x+1) - f(x)$ 代入 $f(x+3) = f(x+2) - f(x+1)$ 得

$$f(x+3) = -f(x),$$

由此可见，$y = f(x)$ 是周期为 6 的函数. 接下去的事情就简单了，利用递推公式直接计算可得

$$f(2) = f(1) - f(0) = -1,$$

$$f(3) = f(2) - f(1) = -2,$$

$$f(4) = f(3) - f(2) = -1,$$

$$f(5) = f(4) - f(3) = 1,$$

$$f(6) = f(5) - f(4) = 2,$$

$$\vdots$$

故

$$\sum_{k=1}^{22} f(k) = 3[f(1) + f(2) + \cdots + f(6)] + f(19) + f(20) + f(21) + f(22)$$

$$= f(1) + f(2) + f(3) + f(4)$$

$$= -3.$$

5. 自然的思路是采用放缩的方法进行比较. 只需要将 3 写成 $\sqrt{9}$, 立刻得到 $b > c$. A,C 都满足这个条件,所以还需要继续进行 a 与 c 的比较,由 $2 < \sqrt{5}$ 立知 $a < c$,故答案为 C.

6. 由函数 $f(x+2)$ 是偶函数,知 $f(2+x) = f(2-x)$,以 $x+1$ 替代 x 得 $f(3+x) = f(1-x)$. 由 $f(2x+1)$ 是奇函数可得

$$f(2x + 1) = -f(1 - 2x).$$

令 $x = 0$,得 $f(1) = -f(1)$,故 $f(1) = 0$. 在等式 $f(2x+1) = -f(1-2x)$ 中以 x 替代 $2x$ 得 $f(x+1) = -f(1-x)$. 于是 $f(3+x) = -f(x+1)$,将 $x = -2$ 代入该式得 $f(1) = -f(-1)$. 可见 $f(-1) = -f(1) = 0$,即 B 是正确的.

如果问题明确是单选,找到一个正确答案就大功告成了,但如果是多选,则还需要进一步检验. 将 $x = -1, 1$ 分别代入 $f(3+x) = -f(x+1)$ 得 $f(2) = -f(0)$,$f(4) = -f(2) = f(0)$,可见 C,D 是否正确取决于 $f(0)$ 是否等于 0. 明智的做法是找一个满足题意的特殊函数,一个合适的函数为 $f(x) = \cos \dfrac{\pi}{2} x$,不难验证

$$f(x + 2) = \cos \frac{\pi}{2}(x + 2) = -\cos \frac{\pi}{2} x,$$

$$f(2 - x) = \cos \frac{\pi}{2}(2 - x) = -\cos \frac{\pi}{2} x,$$

$$f(2x + 1) = \cos \frac{\pi}{2}(2x + 1) = -\sin \pi x,$$

$$f(1 - 2x) = \cos \frac{\pi}{2}(1 - 2x) = \sin \pi x.$$

可见 $f(x) = \cos \dfrac{\pi}{2} x$ 符合问题所有的条件,此时显然有 $f\left(-\dfrac{1}{2}\right) \neq 0$,$f(0) \neq$

0,故 A,C,D 均不正确.想到函数 $f(x)=\cos\dfrac{\pi}{2}x$ 需要一点感觉,其思维的基本逻辑是:这个函数可以将复合函数 $f(x+2)$ 中的 2 及 $f(2x+1)$ 中的 1 消掉,自然会想到周期函数.

7. 通过特殊的例子或许可以快速找到答案.其解题思路类似问题 6. 一个函数经过平移后是一个偶函数,其导函数经过平移后仍然为偶函数,很容易让人想起三角函数.令

$$f(x)=\cos\pi\left(x-\frac{3}{2}\right),$$

这样便将余弦函数的对称轴移到了 $x=\dfrac{3}{2}$.不难验证

$$f\left(\frac{3}{2}+2x\right)=f\left(\frac{3}{2}-2x\right).$$

$$g(x)=-\pi\sin\pi\left(x-\frac{3}{2}\right),$$

显然 $g(2+x)=g(2-x)$.$g(-1)=0,g(2)=-\pi$,故 D 不正确.

$f(-1)=0,f(4)=0$,因此 C 应该正确.$g\left(-\dfrac{1}{2}\right)=0$,因此 B 也是正确的.就剩对 A 的判断了,函数 $f(x)$ 的图像上下平移后不改变函数为偶函数的性质(但会改变奇函数性质),所以 $f(x)+C$ 也使得 B,C 成立,但此时 $f(0)+C=C$,由 C 的任意性知 A 未必正确.

严格说来,上述讨论并不严格,特例不能证真.但在应试时如果根据函数与其导数的性质作一般性讨论,需要对函数的图像特征进行细致的分析,可能会比较耽误时间,只要通过特例检验了 A 与 D 都不正确,结合特例提供的关于 B,C 的信息,至少从逻辑上看,B,C 正确是一件顺理成章的事情.

下面将针对满足题意的一般函数进行讨论.将 $x=\dfrac{5}{4}$ 代入等式 $f\left(\dfrac{3}{2}-2x\right)=f\left(\dfrac{3}{2}+2x\right)$ 立得 $f(-1)=f(4)$,故 C 正确.注意 $x=\dfrac{3}{2}$ 是

$f(x)$ 的对称轴, 故 $x = \dfrac{3}{2}$ 必为 $y = f(x)$ 的极值点, 从而 $g\left(\dfrac{3}{2}\right) = 0$. 而且 $\left(\dfrac{3}{2}, 0\right)$ 为 $y = g(x)$ 图像的对称中心, 这说明 $y = g(x)$ 在区间 $\left[\dfrac{3}{2}, \dfrac{5}{2}\right]$ 上的图像与在区间 $\left[-\dfrac{1}{2}, \dfrac{3}{2}\right]$ 上的图像关于点 $\left(\dfrac{3}{2}, 0\right)$ 对称, 由此可知 $g\left(-\dfrac{1}{2}\right) = g\left(\dfrac{3}{2}\right) = 0$, 即 B 正确.

8. 将声压值代入声压级公式不难检验 A, C, D 都是正确的, B 错误, 以 B 的检验为例, $L_2 - L_3 = 20\lg\dfrac{p_2}{p_3} \leqslant 60 - 40 = 20$, 故 $\dfrac{p_2}{p_3} \leqslant 10$, 与 B 结论相反.

9. 本题套了个信息熵与随机变量的概念, 但本质上是对函数性质的讨论. A 的检验是平凡的, 当 $n = 1$ 时, $p_1 = 1$, 此时
$$H(X) = -1 \times \log_2 1 = 0,$$
故 A 是正确的.

如果 $n = 2$, 由 $p_1 + p_2 = 1$ 及 $p_1 \in (0, 1)$ 知
$$H(X) = -p_1 \log_2 p_1 - p_2 \log_2 p_2 = -p_1 \log_2 p_1 - (1 - p_1) \log_2 (1 - p_1).$$
只要对函数 $f(x) = -x \log_2 x - (1 - x) \log_2 (1 - x)$ 求导便知导数的符号在 $(0, 1)$ 上会发生变化, 从而函数的单调性会发生变化, 所以 B 是错误的.

如果 $p_i = \dfrac{1}{n}, i = 1, 2, \cdots, n$, 则 $H(X) = n \cdot \left(-\dfrac{1}{n}\right) \log_2 \dfrac{1}{n} = \log_2 n$, 可见 C 是正确的.

计算 $H(X) - H(Y)$ 的难点在于将 $H(X)$ 变换成与 $H(Y)$ 类似的形式:
$$H(X) = -\sum_{j=1}^{2m} p_j \log_2 p_j = -\sum_{j=1}^{m} (p_j \log_2 p_j + p_{2m+1-j} \log_2 p_{2m+1-j}),$$
于是
$$H(X) - H(Y) = \sum_{j=1}^{m} \log_2 (p_j + p_{2m+1-j})^{p_j + p_{2m+1-j}} -$$

$$\sum_{j=1}^{m} \log_2 p_j^{p_j} + \sum_{j=1}^{m} \log_2 p_{2m+1-j}^{p_{2m+1-j}}$$

$$= \sum_{j=1}^{m} \log_2 \frac{(p_j + p_{2m+1-j})^{p_j + p_{2m+1-j}}}{p_j^{p_j} p_{2m+1-j}^{p_{2m+1-j}}}$$

$$= \sum_{j=1}^{m} \log_2 \left(1 + \frac{p_{2m+1-j}}{p_j}\right)^{p_j} \left(1 + \frac{p_j}{p_{2m+1-j}}\right)^{p_{2m+1-j}}$$

$$> 0,$$

因此 D 是错误的,正确答案为 A,C.

10. 易知函数的定义域为 $(0, +\infty)$,因涉及函数的极值问题,显然需要对函数求导

$$f'(x) = \frac{ax^2 - bx - 2c}{x^3},$$

按题意,函数既有极大值又有极小值,说明二次方程

$$ax^2 - bx - 2c = 0$$

有两个不相等的正解 x_1, x_2 于是有

$$\Delta = b^2 + 8ac > 0, \text{且 } x_1 + x_2 > 0, x_1 x_2 > 0,$$

由此得 $b^2 + 8ac > 0, \dfrac{b}{a} > 0, -\dfrac{2c}{a} > 0$,可见 b 与 c 异号,即 $bc < 0$. 正确答案为 B,C,D.

4.4.5　函数填空题

1. 已知函数 $f(x) = x^3(a 2^x - 2^{-x})$ 是偶函数,则 $a = $ _____.

2. 写出一个同时具有下列性质①②③的函数 $f(x)$: _____.

① $f(x_1 x_2) = f(x_1) f(x_2)$; ② 当 $x \in (0, +\infty)$ 时,$f'(x) > 0$; ③ $f'(x)$ 是奇函数.

3. 已知定义在 $\mathbf{R}$ 上的偶函数 $f(x)$ 在 $[0, +\infty)$ 上递减,若不等式

$$f(-ax + \ln x + 1) + f(ax - \ln x - 1) \geqslant 2f(1)$$

对 $x \in [1, e^2]$ 恒成立,则实数 a 的取值范围为 _____.

4. 已知函数 $f(x)=3\cos\left(2x+\dfrac{\pi}{3}\right)$，当 $x\in[0,9\pi]$ 时，把函数 $F(x)=f(x)-1$ 的所有零点依次记为 $x_1,x_2,x_3,\cdots,x_n$，且 $x_1<x_2<x_3<\cdots<x_n$，记数列 $\{x_n\}$ 的前 n 项和为 S_n，则 $2S_n-(x_1+x_n)=$ _____.

5. 已知函数 $f(x)=\sin x+a\cos x$ 的图像关于直线 $x=\dfrac{\pi}{6}$ 对称，x_1 是 $f(x)$ 的一个极大值点，x_2 是 $f(x)$ 的一个极小值点，则 $|x_1+x_2|$ 的最小值为 _____.

6. 已知函数 $f(x)=\begin{cases}\dfrac{2}{x+2}, & x\leqslant 0,\text{且 }x\neq -2, \\ f(x-1)+1, & x>0,\end{cases}$ 若关于 x 的方程 $f(x)=kx$ 有 6 个不同的根，则实数 k 的取值范围是 _____ .（用集合或区间表示）

7. 若 $x\in\left(0,\dfrac{1}{e}\right)$ 时，关于 x 不等式 $ax^3e^{ax}+2\ln x\leqslant 0$ 恒成立，则实数 a 的最大值是 _____.

8. 在平面直角坐标系 xOy 中，点 A 在曲线 $y=\ln x$ 上，且该曲线在点 A 处的切线经过点 $(-e,-1)$（e 为自然对数的底数），则点 A 的坐标是 _____.

9. 已知函数 $f(x)=x^3-2x+e^x-\dfrac{1}{e^x}$，其中 e 是自然对数的底数. 若 $f(a-1)+f(2a^2)\leqslant 0$，则实数 a 的取值范围是 _____.

10. 若函数 $f(x)=2x^3-ax^2+1(a\in\mathbf{R})$ 在 $(0,+\infty)$ 内有且只有一个零点，则 $f(x)$ 在 $[-1,1]$ 上的最大值与最小值的和为 _____.

4.4.6 函数填空题解析

1. 因为 $y=f(x)$ 是偶函数，故 $f(-x)=f(x)$，由此得
$$(-x)^3(a\cdot 2^{-x}-2^x)=x^3(a\cdot 2^x-2^{-x}),$$

合并相同指数项可知

$$x^3(a \cdot 2^x - 2^x + a \cdot 2^{-x} - 2^{-x}) = 0,$$

容易解得 $a = 1$.

2. 正如看到函数满足 $f(x_1 + x_2) = f(x_1) + f(x_2)$ 时,脑海里立刻浮现出直线一样,函数满足 $f(x_1 \cdot x_2) = f(x_1) \cdot f(x_2)$ 的典型例子自然是幂函数 $f(x) = x^n$,满足 $f(x_1 + x_2) = f(x_1) \cdot f(x_2)$ 的典型例子是指数函数 $f(x) = e^x$. 如果还要满足 $x \in (0, \infty)$ 时,$f'(x) > 0$,指数幂 n 自然需要是正的. 又要求导函数是奇函数,n 当然需要是偶数. 因此所有形如 $f(x) = x^{2n}, n \in \mathbf{N}^*$ 的函数都满足题意. 特别地,$f(x) = x^2$ 满足要求的所有条件.

3. 这道题颇不平凡,作为一道填空题,难度稍大了一点. 依题意,$f(x)$ 是偶函数,故

$$f(-ax + \ln x + 1) = f(ax - \ln x - 1).$$

因此不等式

$$f(-ax + \ln x + 1) + f(ax - \ln x - 1) \geqslant 2f(1)$$

等价于不等式

$$f(ax - \ln x - 1) \geqslant f(1).$$

由于 $f(x)$ 在 $[0, +\infty)$ 上递减,故当 $x \in [1, e^2]$ 时,恒有

$$|ax - \ln x - 1| \leqslant 1,$$

从而

$$\frac{\ln x}{x} \leqslant a \leqslant \frac{\ln x + 2}{x}$$

在 $[1, e^2]$ 上恒成立. 为了求出 a 的取值范围,需要求出 $\dfrac{\ln x}{x}$ 的最大值与 $\dfrac{\ln x + 2}{x}$ 的最小值. 接下来的方法是常规性的,即分别对两个函数求导,通过导数的符号判断其单调性. 令 $\left(\dfrac{\ln x}{x}\right)' = \dfrac{1 - \ln x}{x^2} = 0$,解得 $x = e$,显然 $\dfrac{\ln x}{x}$

在 $[1,e]$ 上单调递增, 在 (e,e^2) 上单调递增, $\dfrac{\ln x}{x}$ 的最大值为 $\dfrac{1}{e}$. 对 $\dfrac{\ln x+2}{x}$ 求

导得 $\left(\dfrac{\ln x+2}{x}\right)'=\dfrac{-1-\ln x}{x^2}$, 它在 $[1,e^2]$ 恒为负, 因此 $\dfrac{\ln x+2}{x}$ 在 $[1,e^2]$ 上单

调递减, 从而其最小值为 $\dfrac{4}{e^2}$. 故答案为 $\dfrac{1}{e}\leqslant a\leqslant\dfrac{4}{e^2}$.

4. $F(x)$ 的所有零点即 $[0,9\pi]$ 中满足方程 $\cos\left(2x+\dfrac{\pi}{3}\right)=\dfrac{1}{3}$ 的所有

点. $\cos\left(2x+\dfrac{\pi}{3}\right)$ 的周期为 π, 在每个周期内, 方程 $\cos\left(2x+\dfrac{\pi}{3}\right)=\dfrac{1}{3}$ 有两个

解, 所以该方程在 $[0,9\pi]$ 中有 18 个根. 如果试图将所有根计算出来再回答

问题中所要的答案将是一件费力不讨好的事情, 此时几何直观很重要, 通

过几何直观可以寻找方程在每个周期内两个解的规律. 由于 $y=\cos(2x)$

关于 $x=0$ 对称, 故 $y=\cos\left(2x+\dfrac{\pi}{3}\right)$ 关于 $x=\dfrac{\pi}{3}$ 对称. 因此 x_1,x_2 关于

$x=\dfrac{\pi}{3}$ 对称, x_2,x_3 关于 $x=\dfrac{5\pi}{6}$ 对称, x_k,x_{k+1} 关于 $x=-\dfrac{\pi}{6}+\dfrac{k\pi}{2}$ 对称……

x_{17},x_{18} 关于 $x=\dfrac{25\pi}{3}$ 对称. 进而

$$2S_n-(x_1+x_n)=2S_{18}-(x_1+x_{18})$$
$$=(x_1+x_2)+(x_2+x_3)+\cdots+(x_{17}+x_{18}),$$

如果注意到 x_k,x_{k+1} 的均值恰好是其对称轴的横坐标, 马上便可以得到上

述等式的和, 它是具有 17 项的等差数列的和

$$(x_1+x_2)+(x_2+x_3)+\cdots+(x_{17}+x_{18})=\dfrac{17\left(\dfrac{\pi}{3}+\dfrac{25\pi}{3}\right)}{2}=\dfrac{221\pi}{3}.$$

故答案为 $\dfrac{221\pi}{3}$.

5. 条件中涉及对称轴, 比较自然的思路是将 $f(x)$ 变形以获得一个单

一的三角函数:

$$f(x) = \sqrt{1+a^2}\left(\frac{1}{\sqrt{1+a^2}}\sin x + \frac{a}{\sqrt{1+a^2}}\cos x\right)$$

$$= \sqrt{1+a^2}\sin(x+\alpha),$$

其中 $\cos\alpha = \dfrac{1}{\sqrt{1+a^2}}$. 由于 $x = \dfrac{\pi}{6}$ 是对称轴, $\sin x$ 的对称轴为 $x = \dfrac{\pi}{2}$, 故

$\alpha = \dfrac{\pi}{2} - \dfrac{\pi}{6} = \dfrac{\pi}{3}$. 由 $\cos\alpha = \dfrac{1}{\sqrt{1+a^2}}$ 得 $\dfrac{1}{\sqrt{1+a^2}} = \dfrac{1}{2}$, 解得 $a = \sqrt{3}$, 所以

$$f(x) = \sin x + \sqrt{3}\cos x = 2\sin\left(x + \frac{\pi}{3}\right).$$

由条件知 $f(x_1) = 2\sin\left(x_1 + \dfrac{\pi}{3}\right) = 2$, 故 $x_1 + \dfrac{\pi}{3} = \dfrac{\pi}{2} + 2k\pi, k \in \mathbf{Z}$, 即

$$x_1 = \frac{\pi}{6} + 2k\pi, \quad k \in \mathbf{Z}.$$

由 $f(x_2) = 2\sin\left(x_2 + \dfrac{\pi}{3}\right) = -2$, 得

$$x_2 + \frac{\pi}{3} = -\frac{\pi}{2} + 2m\pi, \quad m \in \mathbf{Z}, 即$$

$$x_2 = -\frac{5\pi}{6} + 2m\pi, \quad m \in \mathbf{Z}.$$

所以

$$|x_1 + x_2| = \left|\frac{\pi}{6} + 2k\pi - \frac{5\pi}{6} + 2m\pi\right|$$

$$= \left|-\frac{2\pi}{3} + 2(k+m)\pi\right|, \quad k, m \in \mathbf{Z}.$$

易知当 $k+m=0$ 时 $|x_1+x_2|$ 有最小值, 且最小值为 $\left|-\dfrac{2\pi}{3}\right| = \dfrac{2\pi}{3}$.

6. 从几何上看, 方程 $f(x) = kx$ 有 6 个不同的根意味着函数 $y = f(x)$ 的图像与直线 $y = kx$ 有 6 个交点, 所以函数 $y = f(x)$ 图像成了关键. 这里的难点在于函数是分段式的, 如果能想到利用递推关系求出各分段的表示式, 问题就不难解决. 当 $x \in (0,1]$ 时, $x-1 \in (-1,0]$ 故

$$f(x) = f(x-1) + 1 = \frac{2}{x+1} + 1,$$

当 $x \in (1,2]$ 时，$x - 1 \in (0,1]$，故

$$f(x) = f(x-1) + 1 = f[(x-1)-1] + 2 = \frac{2}{x} + 2.$$

归纳可知，当 $x \in (m, m+1]$ 时，$x - (m+1) \in [-1, 0]$，故有

$$f(x) = f(x-1) + 1 = \cdots$$

$$= f[x - (m+1)] = \frac{2}{x - (m-1)} + (m+1).$$

不难画出函数图像的草图如图 4.1 所示.

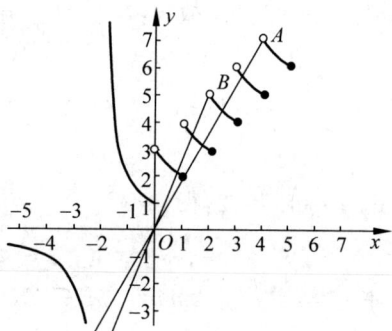

图 4.1　函数图像草图

　　显然，如果 $k \leqslant 0$，直线 $y = kx$ 位于第 2、第 4 象限，与函数 $y = f(x)$ 的图像不可能相交于 6 个点，因此必有 $k > 0$. 当 $k > 0$ 时，直线与双曲线位于 $(-\infty, -2)$ 内的一支交于一点，与双曲线位于 $(-1, 0]$ 内的一支不相交，所以在 $(0, +\infty)$ 内必与函数图像交于 5 个点. 不难看到 $f(m) = m+1$，$f(m^+) = m+3$，其中 $f(m^+)$ 表示位于 $(m, m+1]$ 上函数图像左端点的纵坐标. 显然 $\{(m, f(m))\}$ 与 $\{(m, f(m^+))\}$ 分别位于两条相互平行的直线上. 如果通过立等式解方程的方法求出 k 的范围将是一件比较复杂的事情，这里不妨细心观察图像的规律，注意过原点与 $(m, f(m))$ 的直线斜率为

$$k_m = \frac{m+1}{m},$$

过原点与 $(m,f(m^+))$ 的直线斜率为 $k_m'=\dfrac{m+3}{m}$，由于过原点与点 $(1,f(1))$ 的直线斜率为 $\dfrac{f(1)}{1}=2$，过原点与点 $(2,f(2))$ 的直线斜率为 $\dfrac{3}{2}$，可见，如果直线与函数位于 $(0,+\infty)$ 内的图像交于 5 点，其斜率必然不大于 $\dfrac{f(5^+)}{5}=\dfrac{8}{5}\left(>\dfrac{3}{2}\right)$. 又过原点与点 $(7,f(7^+))$ 的直线斜率为 $\dfrac{10}{7}\left(>\dfrac{f(3)}{3}=\dfrac{4}{3}\right)$，故斜率必定不小于 $\dfrac{10}{7}$. 所以 k 的取值范围为 $\left[\dfrac{10}{7},\dfrac{8}{5}\right)$.

也可以采用纯代数方法求 k 的范围，由于直线在 $[0,+\infty)$ 上与直线相交于 5 个点，故 $m\geqslant 5$，即至少对 $m=5,6,\cdots$ 中的 5 个值，不等式

$$m+1\leqslant kx<m+3,\quad x\in(m,m+1]$$

成立. 于是

$$1\leqslant k<\frac{m+3}{m}=1+\frac{3}{m}\leqslant\frac{8}{5},\quad m\geqslant 5.$$

由于过原点与点 $(6,f(6^+))$ 的直线斜率为 $\dfrac{9}{6}=\dfrac{3}{2}$，故当 $k<\dfrac{8}{5}$ 时，直线有可能在 $[0,+\infty)$ 上与函数图像交于 5 点，但如果 k 比较小，例如小于 1，则它们不可能相交，所以 k 必定有一个下界. 我们需要考察过原点与 $(m,f(m^+))$ 的直线斜率 $k_m'=\dfrac{f(m^|)}{m}$ 会发生什么变化. 注意到 $\dfrac{f(m^+)}{m}=1+\dfrac{3}{m}$ 随着 m 增加而减小，显然不需要考察太大的 m. $\dfrac{f(6^+)}{6}=\dfrac{3}{2}$，$\dfrac{f(7^+)}{7}=\dfrac{10}{7}$. 由于 $\dfrac{f(7^+)}{7}=\dfrac{10}{7}<\dfrac{3}{2}$，可见，如果 $k\geqslant\dfrac{10}{7}$，则直线 $y=kx$ 可能与 $f(x)=\dfrac{2}{x}+2$ 不相交. 由

$$\frac{f(7^+)}{7}=\frac{10}{7}>\frac{f(3)}{3}=\frac{4}{3}$$

可知，如果 $k\geqslant\dfrac{10}{7}$，则直线与位于 $(2,3),(3,4),(4,5),(5,6),(6,7)$ 上的函

数图像相交,因此 $\dfrac{10}{7} \leqslant k < \dfrac{8}{5}$.

从上述解答可以看出,纯代数方法也不能完全离开几何直观.

7. 由于 $x \in \left(0, \dfrac{1}{e}\right)$,当 $a \leqslant 0$ 时,不等式 $ax^3 e^{ax} + 2\ln x \leqslant 0$ 显然成立. 故仅需限制在 $a > 0$ 的情形讨论. 处理含参数的不等式最常见的方法是分离参数,首先想到的显然是将含有参数的项与其他项分离到不等式的两边,得

$$ax e^{ax} \leqslant x^{-2} \ln x^{-2}.$$

不等式两边的结构差别比较大,但如果将 ax 写成 $\ln e^{ax}$,便很容易看到不等式两边在结构上的相似性,即

$$e^{ax} \ln e^{ax} \leqslant x^{-2} \ln x^{-2}.$$

于是不等式 $ax e^{ax} \leqslant x^{-2} \ln x^{-2}$ 等价于不等式 $e^{ax} \ln e^{ax} \leqslant x^{-2} \ln x^{-2}$. 从这个不等式可以发现函数模型 $f(x) = x\ln x$,通过这个函数的单调性比较 ax 与 x^{-2} 的大小. 求导得 $f'(x) = 1 + \ln x$,由此可知 $f(x)$ 在 $\left(0, \dfrac{1}{e}\right)$ 内单调递减,在 $\left(\dfrac{1}{e}, +\infty\right)$ 内单调递增. 原不等式等价于 $f(e^{ax}) \leqslant f(x^{-2})$. 因为 $x^{-2} \in (e^2, +\infty)$,实数 a 应满足 $e^{ax} \leqslant x^{-2}$,即 $a \leqslant \dfrac{-2\ln x}{x}$. 因为需要求满足上式的实数 a 的最大值,自然需要求函数 $\dfrac{-2\ln x}{x}$ 在 $\left(0, \dfrac{1}{e}\right)$ 内的最大值. 对 $\dfrac{-2\ln x}{x}$ 求导得

$$\left(\dfrac{-2\ln x}{x}\right)' = \dfrac{-2(1 - \ln x)}{x^2},$$

显然当 $x \in \left(0, \dfrac{1}{e}\right)$ 时,$\left(\dfrac{-2\ln x}{x}\right)' < 0$,因此 $\dfrac{-2\ln x}{x}$ 在 $\left(0, \dfrac{1}{e}\right)$ 内单调递减,故

$$\dfrac{-2\ln x}{x} < \dfrac{-2\ln \dfrac{1}{e}}{\dfrac{1}{e}} = 2e. \text{ 即实数 } a \text{ 的最大值是 } 2e.$$

8. 不妨设 A 点的坐标为 $A(x_0,y_0)$，则 $y_0=\ln x_0$. 为了求切线方程，自然需要对函数求导，函数在 x_0 点的导数为 $y'=\dfrac{1}{x_0}$，故 $y=\ln x$ 的图像在点 A 处的切线方程为 $y-y_0=\dfrac{1}{x_0}(x-x_0)$，点 $(-e,-1)$ 在切线上，故有 $-1-\ln x_0=\dfrac{-e}{x_0}-1$，即 $x_0\ln x_0=e$，$x_0=e$ 显然满足该等式，此时 $y_0=1$. 换言之，$(e,1)$ 处的切线的确过点 $(-e,-1)$. 作为填空题，得到这个答案后就可以了，但作为对一道题的完整分析，不应仅止于此，我们还需要分析有没有其他的点也满足题意. 这就需要考查函数 $g(x)=x\ln x$ 是否还存在其他的点 x_1 满足 $x_1\ln x_1=e$. 如果 $x_1<1$，则有 $\ln x_1<0$，显然 $g(x_1)$ 不可能等于 e，所以只需要讨论 $x>1$ 的情形. 或许我们首先想到的是再次求导以判断函数 $g(x)$ 的单调性，求导固然可行，却不一定是最简洁的做法. 事实上，由于 $y=x$，$y=\ln x$ 在 $(1,+\infty)$ 内都是单调递增的，它们的乘积当然也是单调递增的，所以满足 $g(x)=e$ 的点是唯一的. 即答案为 $(e,1)$.

9. 从不等式 $f(a-1)+f(2a^2)\leqslant 0$ 可以看出，该题应涉及两点处函数值的比较，将上述不等式变形得 $f(a-1)\leqslant -f(2a^2)$，从这个不等式我们大概猜测到需要检验两件事，一是对函数奇偶性的讨论，考察不等式右端的负号能否放到函数内部以便于比较，二是函数单调性的讨论，通过单调性确定 $a-1$ 与 $-2a^2$ 的大小关系. 思路一旦清楚，具体的操作就简单了. 不难验证，$f(-x)=-x^3+2x+\dfrac{1}{e^x}-e^x=-f(x)$，故 $y=f(x)$ 是奇函数. 为检验单调性，需要对函数求导.

$$f'(x)=3x^2-2+e^x+e^{-x}\geqslant 3x^2-2+2\sqrt{e^x\cdot e^{-x}}=3x^2\geqslant 0,$$

这说明 $y=f(x)$ 是单调递增函数，由 $f(a-1)\leqslant -f(2a^2)=f(-2a^2)$ 知 $a-1\leqslant -2a^2$，即 $2a^2+a-1\leqslant 0$，解之可得 $-1\leqslant a\leqslant\dfrac{1}{2}$. 答案为 $\left[-1,\dfrac{1}{2}\right]$.

10. 既然是求函数的最大值与最小值，少不了求导函数的零点，求导

得 $f'(x)=6x^2-2ax$. 令 $f'(x)=0$, 解得 $x_1=0$, $x_2=\dfrac{a}{3}$. 注意到 $f(0)=1$, 当 x 充分大时, $f(x)>0$, 即 $\lim\limits_{x\to+\infty}f(x)=+\infty$, 由函数在 $(0,+\infty)$ 内有唯一零点, 且 x_2 是导函数的零点知必有

$$f(x_2)=f\left(\frac{a}{3}\right)=0,$$

即 $2\left(\dfrac{a}{3}\right)^3-a\left(\dfrac{a}{3}\right)^2+1=0$, 故 $a=3$. 于是 $f(x)=2x^3-3x^2+1$, $f'(x)=6x^2-6x=6x(x-1)$, 可见 $y=f(x)$ 在 $[-1,0]$ 上单调递增, 在 $[0,1]$ 上单调递减, 因此

$$f(x)_{\max}=f(0),$$

$$f(x)_{\min}=\min\{f(-1),f(1)\}=f(-1),$$

从而 $f(x)_{\max}+f(x)_{\min}=f(0)+f(-1)=-3$. 即答案为 -3.

4.4.7　函数解答题

　　函数解答题是高考的重点也是难点, 压轴题中通常都会出现一道函数题, 这类题的综合性、灵活性都比较强, 需要解题者具备一定的思辨能力. 如前所述, 解决这类问题切忌将导数作为机械化的操作工具, 需要结合几何直观. 虽然很多函数的图像很难实现, 但要有一定的想象力, 根据函数的零点、极值点、单调性等信息想象出函数的大概图形, 做到笔下无图胸中有图, 一旦几何直观清楚了, 解题的思路也就水到渠成.

　　1. 已知函数 $f(x)=\mathrm{e}^x-ax$ 和 $g(x)=ax-\ln x$ 有相同的最小值.

　　(1) 求 a;

　　(2) 证明: 存在 $y=b$ 直线, 其与两条曲线 $y=f(x)$ 和 $y=g(x)$ 共有三个不同的交点, 并且从左到右的三个交点的横坐标成等差数列.

　　2. 已知函数 $f(x)=x\mathrm{e}^{ax}-\mathrm{e}^x$.

　　(1) 当 $a=1$ 时, 讨论 $f(x)$ 的单调性;

(2) 当 $x>0$ 时,$f(x)<-1$,求实数 a 的取值范围;

(3) 设 $n\in\mathbf{N}^*$,证明:$\dfrac{1}{\sqrt{1^2+1}}+\dfrac{1}{\sqrt{2^2+2}}+\cdots+\dfrac{1}{\sqrt{n^2+n}}>\ln(n+1)$.

3. 已知函数 $f(x)=x(1-\ln x)$.

(1) 讨论 $f(x)$ 的单调性.

(2) 设 a,b 为两个不相等的正数,且 $b\ln a-a\ln b=a-b$,证明:

$$2<\dfrac{1}{a}+\dfrac{1}{b}<\mathrm{e}.$$

4. 设函数 $f(x)=[ax^2-(4a+1)x+4a+3]\mathrm{e}^x$.

(1) 若曲线 $y=f(x)$ 在点 $(1,f(1))$ 处的切线与 x 轴平行,求 a;

(2) 若 $y=f(x)$ 在 $x=2$ 处取得极小值,求 a 的取值范围.

5. 已知函数 $f(x)=a^x$,$g(x)=\log_a x$,其中 $a>1$.

(1) 求函数 $h(x)=f(x)-x\ln a$ 的单调区间;

(2) 若曲线 $y=f(x)$ 在点 $(x_1,f(x_1))$ 处的切线与曲线 $y=g(x)$ 在点 $(x_2,g(x_2))$ 处的切线平行,证明 $x_1+g(x_2)=-\dfrac{2\ln\ln a}{\ln a}$;

(3) 证明当 $a\geqslant\mathrm{e}^{\frac{1}{\mathrm{e}}}$ 时,存在直线 l,使 l 是曲线 $y=f(x)$ 的切线,也是曲线 $y=g(x)$ 的切线.

6. 已知函数 $f(x)=\sqrt{x-\ln x}$.

(1) 若 $y=f(x)$ 在 $x=x_1,x_2(x_1\neq x_2)$ 处的导数相等,证明:

$$f(x_1)+f(x_2)>8-8\ln 2;$$

(2) 若 $a\leqslant 3-4\ln 2$,证明:对于任意 $k>0$,直线 $y=kx+a$ 与曲线 $y=f(x)$ 有唯一公共点.

7. 已知函数 $f(x)=x^2+2\cos x$,$g(x)=\mathrm{e}^x(\cos x-\sin x+2x-2)$,其中 $\mathrm{e}=2.71828\cdots$ 是自然对数的底数.

(1) 求曲线 $y=f(x)$ 在点 $(\pi,f(\pi))$ 处的切线方程;

(2) 令 $h(x)=g(x)-af(x)(a\in\mathbf{R})$,讨论 $h(x)$ 的单调性并判断有无极值,有极值时求出极值.

8. 已知函数 $f(x) = x - 1 - a \ln x$.

(1) 若 $f(x) \geqslant 0$, 求 a 的值;

(2) 设 m 为整数, 且对于任意正整数 n,

$$\left(1 + \frac{1}{2}\right)\left(1 + \frac{1}{2^2}\right) \cdots \left(1 + \frac{1}{2^n}\right) < m,$$

求 m 的最小值.

9. 已知函数 $f(x) = \dfrac{a(e^x - x - 1)}{x^2}$, 且曲线 $y = f(x)$ 在 $(2, f(2))$ 处的

切线斜率为 1.

(1) 求实数 a 的值;

(2) 证明: 当 $x > 0$ 时, $f(x) > 1$;

(3) 若数列 $\{x_n\}$ 满足 $e^{x_{n+1}} = f(x_n)$, 且 $x_1 = \dfrac{1}{3}$, 证明:

$$2^n \mid e^{x_n} - 1 \mid < 1.$$

10. 已知

$$f(x) = \ln(x + 1) + 2\cos x - (1 + x)^{-\frac{1}{2}}, \quad g(x) = \cos x - 1 + ax^2.$$

(1) 若 $g(x) \geqslant 0$ 恒成立, 求 a 的取值范围;

(2) 确定 $f(x)$ 在区间 $(-1, \pi)$ 内的零点个数.

4.4.8　函数解答题解析

1. (1) 参数的计算是常见的问题, 为了求两个函数的最小值, 需要对两个函数求导数

$$f'(x) = e^x - a, \quad g'(x) = a - \frac{1}{x}.$$

令 $f'(x) = g'(x) = 0$, 得 $a = e^x$, $a = \dfrac{1}{x}$, 可见必有 $a > 0$. 不难看到当 $x \in (-\infty, \ln a)$ 时, $f'(x) < 0$, 当 $x \in (\ln a, +\infty,)$ 时, $f'(x) > 0$, 可见 $\ln a$ 是 $y = f(x)$ 的最小值. 当 $x \in \left(0, \dfrac{1}{a}\right)$ 时, $g'(x) < 0$, 当 $x \in \left(\dfrac{1}{a}, +\infty\right)$ 时,

$g'(x)>0$,故 $\dfrac{1}{a}$ 是 $y=g(x)$ 的最小值点.依题意,两个函数有相同的最小

值,所以有 $f(\ln a)=g\left(\dfrac{1}{a}\right)$,由此得 $a-a\ln a=1-\ln\dfrac{1}{a}=1+\ln a$,于是

$$\ln a-\frac{a-1}{a+1}=0.$$

如果善于观察,很容易看到 $a=1$ 刚好满足上述等式,但方程是不是有唯一

解却很难一眼看出,所以还需要考察一番当 a 发生变化时,$h(a)=\ln a-$

$\dfrac{a-1}{a+1}$ 会如何变化.对其求导可得

$$h'(a)=\frac{1}{a}-\frac{2}{(a+1)^2}=\frac{a^2+1}{(a+1)^2}>0,$$

因此 $h(a)$ 在 $(0,+\infty)$ 内单调递增,这说明 $h(a)=0$ 有唯一解 $a=1$,两个

函数的最小值为 $f(x)_{\min}=f(0)=1$,$g(x)_{\min}=g(1)=1$.

(2) 通过(1)的解答可以看到函数 $y=f(x)$ 在 $x=0$ 点取得最小值 1,

$y=g(x)$ 在 $x=1$ 处取得最小值 1.$y=f(x)$ 在 $(-\infty,0)$ 内单调递减,在

$(0,+\infty)$ 内单调递增,且 $f(1)=e-1>g(1)$.$y=g(x)$ 在 $(0,1)$ 内单调递

减,在 $(1,+\infty)$ 内单调递增,且当 $x\to+\infty$ 时,$f(x)\to+\infty$,且当 $x\to-\infty$

时,$f(x)\to+\infty$.当 $x\to0$ 时,$g(x)\to+\infty$,当 $x\to+\infty$ 时,$g(x)\to+\infty$.可

见两个函数的图像必定在 $(0,1)$ 中的某个点 x_0 处相交,由函数的单调性知

必有 $f(x_0)=g(x_0)>1$.据此可以画出两个函数图像的草图(如图 4.2

所示).

从图 4.2 可以看出,如果从两个函数图像

的交点处作 x 轴的平行线,则该平行线必与

两条曲线分别交于另一点 x_1 与 x_2,且 $x_1<$

$0<1<x_2$.不妨设该直线为 $y=c$,显然 c 必定

大于函数的最小值,即 $c>1$,这是因为,如果

$c<1$,则 $y=c$ 与两个函数的图像不可能有交

点.如果 $c=1$,则 $y=c$ 与两个函数的图像交

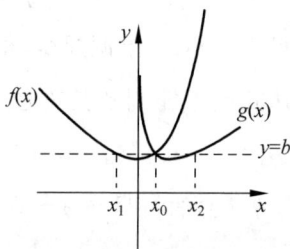

图 4.2 函数图像

于两点,不合题意.如果 $1<c<f(x_0)$ 或 $c>f(x_0)$,则 $y=c$ 与两个函数的图像交于四点.由此可见必定有

$$f(x_1)=f(x_0)=g(x_0)=g(x_2)=c,$$

即

$$e^{x_1}-x_1=e^{x_0}-x_0=x_0-\ln x_0=x_2-\ln x_2.$$

这里需要一点观察力,观察 $f(x)$ 与 $g(x)$ 的结构可以看到

$$f(\ln x)=g(x),\quad g(e^x)=f(x),$$

于是由 $f(x_1)=f(x_0)=g(x_0)$ 得

$$f(x_1)=f(x_0)=g(x_0)=f(\ln x_0)$$

注意 $x_0<1$,故 $\ln x_0<0$,因 $f(x)$ 在 $(-\infty,0)$ 内单调递减,所以 $x_1=\ln x_0$.

又由 $g(e^{x_0})=f(x_0)=g(x_2)$ 及 $g(x)$ 在 $(1,+\infty)$ 内单调递增知 $x_2=e^{x_0}$.

综上可知

$$x_1+x_2=\ln x_0+e^{x_0}=2x_0,$$

即 x_1,x_0,x_2 构成等差数列.

2. (1) $a=1$ 时讨论函数单调性的思路是很清晰的,那就是利用导数的符号判断其单调性,对 $f(x)$ 求导得 $f'(x)=xe^x$,可见当 $x\in(-\infty,0)$ 时,$f'(x)<0$,故 $y=f(x)$ 在 $(-\infty,0)$ 内单调递减,当 $x\in(0,+\infty)$ 时,$f'(x)>0$,故 $y=f(x)$ 在 $(0,+\infty)$ 内单调递增.

(2) 注意到 $f(0)=-1$,所以要证明 $f(x)<-1$ 对任意 $x>0$ 恒成立,最自然的思路是判断函数 $y=f(x)$ 是否单调.因此,依然需要求导,

$$f'(x)=e^{ax}+axe^{ax}-e^x.$$

如果 $y=f(x)$ 单调递减,即 $f'(x)<0$,则必有 $f(x)<-1$.但从 $f'(x)$ 的表达式尚不能判断其符号,再次求导或许使得其结构更方便判断.

$$f''(x)=a(2+ax)e^{ax}-e^x,\quad f''(0)=2a-1.$$

$f''(0)$ 的符号与 $x=0$ 附近的符号是一致的,所以如果 $f''(0)=2a-1>0$,即 $a>\dfrac{1}{2}$,则在 $x=0$ 附近必有 $f''(x)>0$,由 $f'(0)=0$ 知在 $x=0$ 附近 $f'(x)>0$,这说明 $y=f(x)$ 在 $x=0$ 附近是单调递增的,不等式 $f(x)<$

-1 不可能成立，所以必有 $a>\dfrac{1}{2}$. 还需要判断 $a\leqslant\dfrac{1}{2}$ 是函数的单调性，此时

$$f'(x)=\mathrm{e}^{ax}+ax\mathrm{e}^{ax}-\mathrm{e}^{x}$$

$$\leqslant \mathrm{e}^{\frac{1}{2}x}+\frac{1}{2}x\mathrm{e}^{\frac{1}{2}x}-\mathrm{e}^{x}$$

$$=\mathrm{e}^{\frac{1}{2}x}\left(1+\frac{1}{2}x\right)-\mathrm{e}^{x}$$

$$=\mathrm{e}^{x}\left[\mathrm{e}^{-\frac{1}{2}x}\left(1+\frac{1}{2}x\right)-1\right]$$

$$<\mathrm{e}^{x}(\mathrm{e}^{-\frac{1}{2}x}\mathrm{e}^{\frac{1}{2}x}-1)=0,$$

于是 $y=f(x)$ 在 $[0,+\infty)$ 上单调递减，从而当 $x>0$ 时，有

$$f(x)<f(0)=-1,$$

即 $a\leqslant\dfrac{1}{2}$ 时，$f(x)<f(0)=-1$ 对任意 $x>0$ 成立.

（3）这一问需要比较细致的观察，如果注意到恒等式 $\mathrm{e}^{\ln x}=x$，（2）问将给证明带来帮助. 由于 $a\leqslant\dfrac{1}{2}$ 时，$f(x)<f(0)=-1$ 对任意 $x>0$ 成立，特别地，对 $a=\dfrac{1}{2}$，有

$$x\mathrm{e}^{\frac{1}{2}x}-\mathrm{e}^{x}<-1,\quad 即 \mathrm{e}^{x}>x\mathrm{e}^{\frac{1}{2}x}+1,$$

变形得

$$\mathrm{e}^{\frac{1}{2}x}>x+\mathrm{e}^{-\frac{1}{2}x},$$

从而 $\mathrm{e}^{\frac{1}{2}x}-\mathrm{e}^{-\frac{1}{2}x}>x$. 为了得到形如（3）问中的不等式，显然需要取合适的 x_n，注意到

$$\frac{1}{\sqrt{n^{2}+n}}=\frac{1}{n\sqrt{1+\dfrac{1}{n}}}=\frac{\sqrt{1+\dfrac{1}{n}}^{2}-1}{\sqrt{1+\dfrac{1}{n}}}$$

$$= \sqrt{1 + \frac{1}{n}} - \frac{1}{\sqrt{1 + \frac{1}{n}}},$$

可见,如果取 $x_n = \ln\left(1 + \frac{1}{n}\right)$ 并代入不等式 $e^{\frac{1}{2}x} - e^{-\frac{1}{2}x} > x$,则有

$$e^{\frac{1}{2}x_n} - e^{-\frac{1}{2}x_n} > x_n,$$

即

$$e^{\frac{1}{2}\ln\left(1+\frac{1}{n}\right)} - e^{-\frac{1}{2}\ln\left(1+\frac{1}{n}\right)} > \ln\left(1 + \frac{1}{n}\right),$$

从而

$$\sqrt{1 + \frac{1}{n}} - \frac{1}{\sqrt{1 + \frac{1}{n}}} > \ln\left(1 + \frac{1}{n}\right),$$

于是得

$$\sum_{i=1}^{n} \frac{1}{\sqrt{i^2 + i}} = \sum_{i=1}^{n} \left[\sqrt{1 + \frac{1}{i}} - \frac{1}{\sqrt{1 + \frac{1}{i}}} \right]$$

$$> \sum_{i=1}^{n} \ln\left(1 + \frac{1}{i}\right)$$

$$= \sum_{i=1}^{n} \ln\left(\frac{i+1}{i}\right)$$

$$= \sum_{i=1}^{n} \left[\ln(i+1) - \ln i \right]$$

$$= \ln(n+1).$$

3. (1) $y = f(x)$ 的定义域为 $(0, +\infty)$,要判断其单调性,自然需要求导 $f'(x) = -\ln x$,显然,当 $0 < x < 1$ 时,$f'(x) > 0$,当 $x > 1$ 时,$f'(x) < 0$,故函数 $y = f(x)$ 在 $(0,1)$ 内单调递增,在 $(1, +\infty)$ 内单调递减.

(2) 为了得到(2)问中的不等式,需要寻找条件 $b\ln a - a\ln b = a - b$ 与函数的关系,对等式变形是必要的. 由 $b\ln a - a\ln b = a - b$ 得

$$\frac{\ln a}{a} - \frac{\ln b}{b} = \frac{1}{b} - \frac{1}{a},$$

移项可得

$$\frac{1}{a} - \frac{\ln\frac{1}{a}}{a} = \frac{1}{b} - \frac{\ln\frac{1}{b}}{b} = \frac{1}{b}\left(1 - \ln\frac{1}{b}\right).$$

上述等式意味着 $f\left(\dfrac{1}{a}\right) = f\left(\dfrac{1}{b}\right)$，由于 $y = f(x)$ 在 $(0,1)$ 内单调递增，在

$(1,+\infty)$ 内单调递减，所以 $\dfrac{1}{a}$ 与 $\dfrac{1}{b}$ 中必有一个小于 1 一个大于 1，不妨设

$0 < \dfrac{1}{a} < 1 < \dfrac{1}{b}$，证明 $\dfrac{1}{a} + \dfrac{1}{b} > 2$ 等价于证明 $\dfrac{1}{b} > 2 - \dfrac{1}{a}$．由于 $\dfrac{1}{a} < 1$，故 $2 -$

$\dfrac{1}{a} > 1$，由 $y = f(x)$ 在 $(1,+\infty)$ 内单调递减可知，需要比较函数值 $f\left(\dfrac{1}{a}\right)$ 与

$f\left(2 - \dfrac{1}{a}\right)$ 的大小，再根据 $f\left(\dfrac{1}{a}\right) = f\left(\dfrac{1}{b}\right)$ 便可判定了．

目标是很明确的，需要证明 $f\left(\dfrac{1}{a}\right) < f\left(2 - \dfrac{1}{a}\right)$，从而 $f\left(\dfrac{1}{b}\right) <$

$f\left(2 - \dfrac{1}{a}\right)$，由单调性便知 $\dfrac{1}{b} > 2 - \dfrac{1}{a}$．接下来要做的事就简单了，不妨作一

个辅助函数

$$g(x) = f(x) - f(2 - x), \quad x \in (0,2),$$

则

$$g'(x) = -\ln x - \ln(2 - x) = -\ln\left[1 - (1 + x)^2\right] > 0,$$

这说明 $y = g(x)$ 在 $(0,2)$ 内单调递增．由于 $0 < \dfrac{1}{a} < 1 < 2 - \dfrac{1}{a}$，所以

$$g\left(\frac{1}{a}\right) < g(1) = 0,$$

从而 $f\left(\dfrac{1}{a}\right) - f\left(2 - \dfrac{1}{a}\right) < 0$，这就得到了不等式 $\dfrac{1}{a} + \dfrac{1}{b} > 2$．

不等式 $\dfrac{1}{a} + \dfrac{1}{b} < e$ 的证明与上述思路类似，等式 $f\left(\dfrac{1}{a}\right) = f\left(\dfrac{1}{b}\right)$ 仍能

提供帮助. 根据上述分析,可以作出函数 $y=f(x)$ 的草图(如图 4.3 所示).

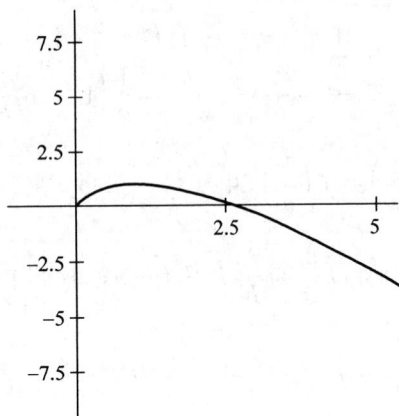

图 4.3　函数草图

显然,对任意 $x_1 \in (0,1)$,必存在唯一的 $x_2 \in (1,e)$,使得 $f(x_1)=f(x_2)$,为了证明 $x_1+x_2<e$,需要比较函数值 $f(x_2)$ 与 $f(e-x_1)$ 的大小. 作辅助函数

$$g(x)=f(e-x)-f(x), \quad x \in (0,1),$$

并求导得

$$g'(x)=\ln(e-x)-\ln x,$$

$g'(x)$ 的符号不是显而易见的,不妨再次求导

$$g''(x)=-\frac{1}{e-x}-\frac{1}{x}<0,$$

故 $g'(x)$ 在 $(0,1)$ 内单调递减,又 $g'(1)=\ln(e-1)>0$,可见对任意 $x \in (0,1)$,$g'(x)>0$,即 $y=g(x)$ 在 $(0,1)$ 内单调递增,而

$$g(1)=f(e-1)-f(1)$$
$$=(e-1)[1-\ln(e-1)]-1$$
$$=(e-1)\ln\frac{e}{e-1}-1$$
$$=(e-1)\ln\left(1+\frac{1}{e-1}\right)-1<0,$$

故对任意 $x \in (0,1)$，有 $g(x) = f(e-x) - f(x) < 0$，特别地

$$f\left(e - \frac{1}{a}\right) < f\left(\frac{1}{a}\right) = f\left(\frac{1}{b}\right).$$

由于 $y = f(x)$ 在 $(1, +\infty)$ 内单调递减，这说明 $e - \dfrac{1}{a} > \dfrac{1}{b}$，即

$$\frac{1}{a} + \frac{1}{b} < e.$$

尽管极值点偏移问题是司空见惯的一类题型，解答也形成了套路. 但从上述分析过程可以看出，如果注重几何直观，则不需要套路，很容易找到正确的解答或证明方向.

4. （1）讨论函数的单调性离不开对函数求导

$$f'(x) = [ax^2 - (2a+1)x + 2]e^x.$$

由 $f'(1) = (1-a)e = 0$ 得 $a = 1$. 进而 $f(1) = 3e \neq 0$，即过 $(1, f(1))$ 的切线为 $y = 3e$.

（2）由前面的计算知

$$f'(x) = [ax^2 - (2a+1)x + 2]e^x = (ax-1)(x-2)e^x.$$

显然 $f'(2) = 0$. 如果 $x = 2$ 是极小值点，则当 $x < 2$ 时，应有 $f'(x) < 0$，不妨设 $0 < x < 2$，因此有 $ax - 1 > 0$，即 $a > \dfrac{1}{x} > \dfrac{1}{2}$；当 $x > 2$ 时，应有 $f'(x) > 0$，而当 $a > \dfrac{1}{2}$，确有 $ax - 1 > 0$，此时 $x = 2$ 是极小值点. 如果 $a \leqslant \dfrac{1}{2}$，当 $x < 2$ 时，显然有 $ax - 1 < 0$，进而 $f'(x) > 0$，可见 $x = 2$ 不可能是极小值点. 故 a 的取值范围为 $\left(\dfrac{1}{2}, +\infty\right)$.

5. （1）由题意，对函数求导得 $h'(x) = \ln a(a^x - 1)$，注意 $a > 1$，令 $h'(x) = 0$ 得 $x = 0$. 不难看出，当 $x \in (-\infty, 0)$ 时，$h'(x) < 0$，从而 $y = h(x)$ 在 $(-\infty, 0)$ 内单调递减；当 $x \in (0, +\infty)$ 时，$h'(x) > 0$，从而 $y = h(x)$ 在 $(0, +\infty)$ 内单调递增. 故函数 $y = h(x)$ 的单调递减区间为 $(-\infty, 0)$，单调递增区间为 $(0, +\infty)$.

（2）$y = f(x)$ 在点 $(x_1, f(x_1))$ 处的切线斜率为 $f'(x_1) = a^{x_1}\ln a$.

$y = g(x)$ 在点 $(x_2, g(x_2))$ 处的切线斜率为 $g'(x_2) = \dfrac{1}{x_2\ln a}$. 由两条切线

平行知 $a^{x_1}\ln a = \dfrac{1}{x_2\ln a}$，即 $x_2 a^{x_1}(\ln a)^2 = 1$. 两边取以 a 为底的对数得

$$\log_a x_2 + x_1 + 2\log_a\ln a = 0,$$

用一下对数换底公式便得

$$x_1 + g(x_2) = -\frac{2\ln\ln a}{\ln a}.$$

（3）要证明两个函数有相同的切线，首先需要证明其导函数在某两个点处有相同的值，根据（2）问可知 $y = f(x)$ 在点 $(x_1, f(x_1))$ 处的切线方程为

$$y - a^{x_1} = a^{x_1}\ln a (x - x_1),$$

$y = g(x)$ 在点 $(x_2, g(x_2))$ 处的切线方程为

$$y - \log_a x_2 = \frac{1}{x_2\ln a}(x - x_2).$$

既然当 $a \geqslant e^{\frac{1}{e}}$ 时，两个函数的图像有相同的切线，应该存在 $x_1 \in (-\infty, +\infty)$，$x_2 \in (0, +\infty)$，使得两条切线重叠. 也即要证明方程组

$$\begin{cases} a^{x_1}\ln a = \dfrac{1}{x_2\ln a}, & (*) \\[3mm] a^{x_1} - x_1 a^{x_1}\ln a = \log_a x_2 - \dfrac{1}{\ln a} & (**) \end{cases}$$

有解. 由（*）式得 $x_2 = \dfrac{1}{a^{x_1}(\ln a)^2}$，代入（**）式得

$$a^{x_1} - x_1 a^{x_1}\ln a + x_1 + \frac{1}{\ln a} + \frac{2\ln\ln a}{\ln a} = 0.$$

问题变成了讨论函数

$$h(x) = a^x - xa^x\ln a + x + \frac{1}{\ln a} + \frac{2\ln\ln a}{\ln a}$$

当 $a \geqslant e^{\frac{1}{e}}$ 时是否有零点. 由零点定理，需要寻找两个点，使得 $y = h(x)$ 在这

两点的函数值异号. 由于 $a \geqslant \mathrm{e}^{\frac{1}{\mathrm{e}}} > 1$, 故当 $x \to -\infty$ 时, $xa^x \to 0$, $a^x \to 0$（如果

读者不明白为什么 $x \to -\infty$ 时, $xa^x \to 0$, 不妨将 xa^x 变形为 $\dfrac{x}{a^{-x}} <$

$\dfrac{x}{1+(-x)\ln a+(-x)^2 \dfrac{(\ln a)^2}{2}}$, 由此便不难看出 $xa^x \to 0$）. 因此

$$\lim_{x \to -\infty} h(x) = \lim_{x \to -\infty} \left[a^x - xa^x \ln a + x + \frac{1}{\ln a} + \frac{2\ln\ln a}{\ln a} \right]$$

$$= \lim_{x \to -\infty} \left(a^x - xa^x \ln a + \frac{1}{\ln a} + \frac{2\ln\ln a}{\ln a} \right) + \lim_{x \to -\infty} x = -\infty,$$

换言之, 存在 $x_1 < 0$, 使得 $h(x_1) < 0$. 如果能找到 x_2 使得 $h(x_2) > 0$, 则证明大功告成. 如果试图采用类似于寻找点 x_1 的方法去寻找 x_2 使得 $h(x_2) > 0$ 可能是不明智的, 但如果注意到当 $x \to +\infty$ 时也有 $h(x) \to -\infty$ 便不难判断函数在 $(-\infty, +\infty)$ 上必有最大值点, 显然导函数在该点的值为零, 求导得 $h'(x) = 1 - (\ln a)^2 xa^x$, 则存在点 x_2 使得

$$h'(x_2) = 1 - (\ln a)^2 x_2 a^{x_2} = 0,$$

由于 $(\ln a)^2 x_2 a^{x_2} = 1$, 显然 $x_2 > 0$. 我们不必急于检验点 x_2 是否为函数的最大值点, 且将满足上式的 x_2 代入函数, 算一算其值是否非负便可.

$$h(x_2) = a^{x_2} - x_2 a^{x_2} \ln a + x + \frac{1}{\ln a} + \frac{2\ln\ln a}{\ln a}$$

$$= \frac{1}{(\ln a)^2 x_2} - \frac{1}{\ln a} + x_2 + \frac{1}{\ln a} + \frac{2\ln\ln a}{\ln a}$$

$$= \frac{1}{(\ln a)^2 x_2} + x_2 + \frac{2\ln\ln a}{\ln a}$$

$$\geqslant 2\sqrt{\frac{1}{(\ln a)^2 x_2} \cdot x_2} + \frac{2\ln\ln a}{\ln a}$$

$$= 2\frac{1}{\ln a} + \frac{2\ln\ln a}{\ln a} = \frac{2 + 2\ln\ln a}{\ln a}.$$

由于 $a \geqslant \mathrm{e}^{\frac{1}{\mathrm{e}}}$, 故 $\ln\ln a > -1$, 可见 $h(x_2) \geqslant 0$. 不管 $h(x_2)$ 是否等于零, 都说

明了 $y=h(x)$ 必有零点. 因此, $y=f(x)$ 与 $y=g(x)$ 有公切线.

6. (1) 对 $y=f(x)$ 求导得 $f'(x)=\dfrac{1}{2\sqrt{x}}-\dfrac{1}{x}$, 依题意有 $f'(x_1)=f'(x_2)$, 即

$$\frac{1}{2\sqrt{x_1}}-\frac{1}{x_1}=\frac{1}{2\sqrt{x_2}}-\frac{1}{x_2}.$$

要证明不等式 $f(x_1)+f(x_2)>8-8\ln2$, 即证明

$$\sqrt{x_1}-\ln x_1+\sqrt{x_2}-\ln x_2=\sqrt{x_1}+\sqrt{x_2}-\ln(x_1 x_2)>8-8\ln2,$$

比较自然的思路是利用 $\sqrt{x_1}+\sqrt{x_2}\geq 2\sqrt[4]{x_1 x_2}$ 将 $\sqrt{x_1}+\sqrt{x_2}-\ln(x_1 x_2)$ 简化得 $\sqrt{x_1}+\sqrt{x_2}-\ln(x_1 x_2)\geq 2\sqrt[4]{x_1 x_2}-\ln(x_1 x_2)$, 只要证明

$$2\sqrt[4]{x_1 x_2}-\ln(x_1 x_2)>8-8\ln2,$$

目标不等式也就得到证明了. 显然, 我们需要估算 $x_1 x_2$ 的值. 将等式 $\dfrac{1}{2\sqrt{x_1}}-\dfrac{1}{x_1}=\dfrac{1}{2\sqrt{x_2}}-\dfrac{1}{x_2}$ 变形可得

$$\frac{1}{2}\sqrt{x_1 x_2}(\sqrt{x_1}-\sqrt{x_2})=x_2-x_1=(\sqrt{x_1}+\sqrt{x_2})(\sqrt{x_1}-\sqrt{x_2}).$$

因 $x_1\neq x_2$, 故

$$\frac{\sqrt{x_1}+\sqrt{x_2}}{\sqrt{x_1 x_2}}=\frac{1}{2},$$

且 $\sqrt{x_1}+\sqrt{x_2}>2\sqrt[4]{x_1 x_2}$, 从而 $x_1 x_2>256$. 又

$$2\sqrt[4]{256}=8,\ \ln256=8\ln2.$$

这些信息告诉我们需要讨论函数 $h(x)=2\sqrt[4]{x}-\ln x$ 的单调性. 求导得

$$h'(x)=\frac{1}{2\sqrt[4]{x^3}}-\frac{1}{x}=\frac{\sqrt[4]{x}-2}{2x}.$$

显然, 当 $x\geq 256$ 时, $h'(x)>0$, 因此 $h(x)$ 在 $[256,+\infty)$ 上单调递增, 从而 $h(x_1 x_2)>h(256)$, 即

$$2\sqrt[4]{x_1 x_2}-\ln(x_1 x_2)>8-8\ln2,$$

进而

$$f(x_1) + f(x_2) > 8 - 8\ln 2.$$

（2）所谓直线 $y = kx + a$ 与函数 $y = f(x)$ 的图像有公共点是指存在 x_0，使得函数

$$h(x) = f(x) - (kx + a) = \sqrt{x} - \ln x - (kx + a)$$

有零点，当 $x \to 0^+$ 时，显然有 $h(x) \to +\infty$，只要能找到点 x_1，使得 $h(x_1) < 0$，由零点定理便知 $y = h(x)$ 有零点，即直线 $y = kx + a$ 与函数 $y = f(x)$ 图像有公共点。由于 $k > 0$，可见当 $x \to +\infty$ 时，必有 $h(x) \to -\infty$。因此 $y = h(x)$ 在 $(0, +\infty)$ 内必有零点。问题还没有终结，需要考查当 $a \leqslant 3 - 4\ln 2$ 时，$y = h(x)$ 的零点是否唯一。显然离不开讨论函数的单调性，但如果直接对 $y = h(x)$ 求导，导函数中的参数 a 消失了，无法寻找参数 a 与函数单调性的关系，所以，需要换一种方案。既然 $y = h(x)$ 有零点，不妨设 $h(x) = 0$，将参数 k 分离出来得

$$k = \frac{\sqrt{x} - \ln x - a}{x}.$$

如果右边的函数具有单调性，那么对任意 $k > 0$，上述方程有唯一解，进而 $h(x) = 0$ 有唯一解。记 $g(x) = \dfrac{\sqrt{x} - \ln x - a}{x}$，其导函数为

$$g'(x) = \frac{\ln x - \dfrac{\sqrt{x}}{2} - 1 + a}{x^2},$$

$g'(x)$ 的符号取决于等式右端分子的符号。从分子的结构可以看出，当 $x \to 0^+$ 时，$g'(x) \to -\infty$，当 $x \to +\infty$ 时，亦有 $g'(x) \to -\infty$，可见，$y = g(x)$ 在 $(0, +\infty)$ 内必有最大值。对分子求导得

$$\left(\ln x - \frac{\sqrt{x}}{2} - 1 + a \right)' = \frac{1}{x} - \frac{1}{4\sqrt{x}}.$$

令其等于 0，解得 $x_0 = 16$。这说明 $\ln x - \dfrac{\sqrt{x}}{2} - 1 + a$ 的最大值为

$$\ln 16 - 2 - 1 + a = 4\ln 2 - 3 + a,$$

由条件 $a \leqslant 3 - 4\ln 2$,故 $4\ln 2 - 3 + a \leqslant 0$,由此可见

$$\ln x - \frac{\sqrt{x}}{2} - 1 + a \leqslant 0,$$

因此 $g'(x) \leqslant 0$, $y = g(x)$ 果然是单调的.进而,当 $a \leqslant 3 - 4\ln 2$ 时,直线 $y = kx + a$ 与函数 $y = f(x)$ 的图像有唯一公共点.

7. (1) 第一问是平凡的,易知 $f(\pi) = \pi^2 - 2$, $f'(\pi) = 2\pi$,故点 $(\pi, f(\pi))$ 处的切线方程为

$$y - (\pi^2 - 2) = 2\pi(x - \pi), \quad 即\ y = 2\pi x - \pi^2 - 2.$$

(2) 判断 $y = h(x)$ 的单调性自然离不开对该函数求导

$$h'(x) = e^x(\cos x - \sin x + 2x - 2) +$$
$$e^x(-\sin x - \cos x + 2) - a(2x - \sin x)$$
$$= 2(e^x - a)(x - \sin x).$$

不难判断 $x - \sin x$ 在 **R** 上单调递增,且当 $x > 0$ 时, $x - \sin x > 0$,当 $x < 0$ 时, $x - \sin x < 0$.因此判断 $h'(x)$ 的符号取决于判断 $e^x - a$ 的符号.有一种情形是显而易见的,即当 $a \leqslant 0$ 时, $e^x - a$ 在 **R** 上恒正,故当 $x > 0$ 时, $h'(x) > 0$, $y = h(x)$ 在 $(0, +\infty)$ 内单调递增,当 $x < 0$ 时, $h'(x) < 0$, $y = h(x)$ 在 $(-\infty, 0)$ 内单调递减.因此当 $a \leqslant 0$ 时, $y = h(x)$ 在 **R** 上有极小值为

$$h(0) = -2a - 1.$$

当 $a > 0$ 时的情形稍微复杂一些,此时可以将 $h'(x)$ 改写成

$$h'(x) = 2(e^x - e^{\ln a})(x - \sin x).$$

由于 $\ln a$ 在 $0 < a < 1$ 及 $a > 1$ 时的符号将会发生变化,所以需要分情形讨论.

当 $0 < a < 1$ 时, $\ln a < 0$,当 $x \in (-\infty, \ln a)$ 时 $e^x - e^{\ln a}$ 与 $x - \sin x$ 均小于 0,故 $h'(x) > 0$,从而 $y = h(x)$ 在 $(-\infty, \ln a)$ 内单调递增;当 $x \in (\ln a, 0)$ 时, $e^x - e^{\ln a} > 0$, $x - \sin x < 0$,所以 $h'(x) < 0$, $y = h(x)$ 在 $(\ln a, 0)$ 内单调递

减；当 $x\in(0,+\infty)$ 时，$e^x-e^{\ln a}>0$，且 $x-\sin x>0$，$h'(x)>0$，$y=h(x)$ 在 $(0,+\infty)$ 内单调递增. 这说明 $x=\ln a$ 是 $y=h(x)$ 的极大值点，其极大值为

$$h(\ln a)=-a[\ln^2 a-2\ln a+\sin(\ln a)+\cos(\ln a)+2].$$

$x=0$ 是 $y=h(x)$ 的极小值点，极小值为 $h(0)=-2a-1$.

如果 $a=1$，此时 $\ln a=0$，$e^x-e^{\ln a}$ 与 $x-\sin x$ 同号，从而对任意 $x\in\mathbf{R}$，$h'(x)\geqslant 0$，即 $y=h(x)$ 在 $\mathbf{R}$ 上单调递增，没有极值.

如果 $a>1$，则 $\ln a>0$，当 $x\in(-\infty,0)$ 时，$h'(x)>0$，$y=h(x)$ 在 $(-\infty,0)$ 内单调递增，当 $x\in(0,\ln a)$ 时，$h'(x)<0$，$y=h(x)$ 在 $(0,\ln a)$ 内单调递减，当 $x\in(\ln a,+\infty)$ 时，$h'(x)>0$，$y=h(x)$ 在 $(\ln a,+\infty)$ 内单调递增. 可见 $x=0$ 是函数的极大值点，极大值为 $h(0)=-2a-1$，$x=\ln a$ 为函数的极小值点，极小值为

$$h(\ln a)=-a[\ln^2 a-2\ln a+\sin(\ln a)+\cos(\ln a)+2].$$

上述讨论通过表 4.2 一目了然.

表 4.2　分类列表

	$x\in(-\infty,\ln a)$	$x=\ln a$	$x\in(\ln a,0)$	$x=0$	$x\in(0,+\infty)$
$0<a<1$	$h'(x)>0$	极大值点	$h'(x)<0$	极小值点	$h'(x)>0$
	$h(x)$ 单调递增	$h(\ln a)$	$h(x)$ 单调递减	$h(0)$	$h(x)$ 单调递增
$a=1$	$x\in(-\infty,+\infty)$				
	$h'(x)\geqslant 0$				
	$y=h(x)$ 无极值				
$a>1$	$x\in(-\infty,0)$	$x=0$	$x\in(0,\ln a)$	$x=\ln a$	$x\in(\ln a,+\infty)$
	$h'(x)>0$	极大值点	$h'(x)<0$	极小值点	$h'(x)>0$
	$h(x)$ 单调递增	$h(0)$	$h(x)$ 单调递减	$h(\ln a)$	$h(x)$ 单调递增

其中 $h(0)=-2a-1$，

$$h(\ln a)=-a[\ln^2 a-2\ln a+\sin(\ln a)+\cos(\ln a)+2].$$

8. (1) $f(x)$ 在 $(0,+\infty)$ 内有定义，如果 $0<x<1$，则 $x-1<0$，$\ln x<0$，显然，对于 $a\leqslant 0$，$f(x)=x-1-a\ln x<0$，$x\in(0,1)$，这说明若 $f(x)\geqslant$

0,则必有 $a>0$.但还需要检验是否所有的 $a>0$ 都使得函数值非负.不难看到,当 $x\to 0^{+}$ 时,$f(x)\to +\infty$;当 $x\to +\infty$ 时,也有 $f(x)\to +\infty$.可见 $y=f(x)$ 在 $(0,+\infty)$ 内有最小值,求导得

$$f'(x)=\frac{x-a}{x},$$

显然 $x=a$ 是 $f'(x)$ 唯一的零点,这说明 $f(a)$ 即为 $y=f(x)$ 的最小值(考察导函数在 $x=a$ 左右两边的符号便知),由 $f(x)\geqslant 0$ 知 $f(a)\geqslant 0$.但 $f(1)=0$,这说明只能有 $a=1$.

(2) 当 $a=1$ 时,由(1)问知对任意 $x\in(1,+\infty)$,有
$$f(x)=x-1-\ln x>0,$$
于是 $\ln(1+x)<x$,$x\in(0,+\infty)$.为了估计 $\left(1+\frac{1}{2}\right)\left(1+\frac{1}{2^{2}}\right)\cdots\left(1+\frac{1}{2^{n}}\right)$,对其取对数得

$$\ln\left[\left(1+\frac{1}{2}\right)\left(1+\frac{1}{2^{2}}\right)\cdots\left(1+\frac{1}{2^{n}}\right)\right]$$

$$=\ln\left(1+\frac{1}{2}\right)+\ln\left(1+\frac{1}{2^{2}}\right)+\cdots+\ln\left(1+\frac{1}{2^{n}}\right)$$

$$<\frac{1}{2}+\frac{1}{2^{2}}+\cdots+\frac{1}{2^{n}}=1-\frac{1}{2^{n}}<1,$$

因此

$$\left(1+\frac{1}{2}\right)\left(1+\frac{1}{2^{2}}\right)\cdots\left(1+\frac{1}{2^{n}}\right)<\mathrm{e}.$$

不难检验当 $n\geqslant 3$ 时,$\left(1+\frac{1}{2}\right)\left(1+\frac{1}{2^{2}}\right)\cdots\left(1+\frac{1}{2^{n}}\right)>2$,故 m 的最小值为 3.

9. (1) 求实数 a 的值是平凡的.事实上,对函数求导得

$$f'(x)=-\frac{2a}{x^{3}}(\mathrm{e}^{x}-x-x)+\frac{a}{x^{2}}(\mathrm{e}^{x}-1)$$

$$=\frac{a}{x^{3}}((x-2)\mathrm{e}^{x}+x+2),$$

由 $f'(2)=\frac{a}{2}=1$ 得 $a=2$.

（2）$f(x) > 1$ 等价于

$$h(x) = 2(e^x - x - 1) - x^2 > 0.$$

显然 $h(0) = 0$. 对 $h(x)$ 求导得

$$h'(x) = 2(e^x - x) - 2,$$

由于 $e^x \geqslant 1 + x$，可见

$$h'(x) \geqslant 0.$$

这说明 $h(x)$ 在 $(0, +\infty)$ 内单调递增. 因此对任意 $x \in (0, +\infty)$，有 $h(x) > 0$，即 $f(x) > 1$.

（3）首先检验一下初始值是否满足所要证的不等式，

$$2 \mid e^{x_1} - 1 \mid = 2 \mid e^{\frac{1}{3}} - 1 \mid = 2(e^{\frac{1}{3}} - 1).$$

由于 $\left(\dfrac{3}{2}\right)^3 = \dfrac{27}{8} > e$，故的确有 $2 \mid e^{x_1} - 1 \mid < 1$. 对于一般的项 x_n，如果能找到 $\mid e^{x_{n+1}} - 1 \mid$ 与 $\mid e^{x_n} - 1 \mid$ 之间的关系，或许可以利用初始条件得到证明. 因为 $f(x) > 1$，由 $e^{x_{n+1}} = f(x_n) > 1$，知必有 $x_n > 0$，由此可知对任意 n，有 $\mid e^{x_n} - 1 \mid = e^{x_n} - 1$. 为得到所要的不等式，如果递推公式

$$e^{x_{n+1}} - 1 < \frac{1}{2}(e^{x_n} - 1)$$

成立，由初始条件便可以得到所要的不等式. 由迭代关系知

$$e^{x_{n+1}} - 1 = f(x_n) - 1,$$

故需要证明

$$f(x_n) - 1 < \frac{1}{2}(e^{x_n} - 1),$$

移项整理得

$$\frac{1}{2}e^{x_n} - f(x_n) + \frac{1}{2} > 0.$$

于是，我们得到一个函数模型

$$h(x) = \frac{1}{2}e^x - f(x) + \frac{1}{2},$$

$$= \frac{\left(\frac{1}{2}x^2 - 2\right)\mathrm{e}^x + \frac{1}{2}x^2 + 2x + 2}{x^2}, \quad x > 0.$$

$h(x)$ 的符号取决于分子的符号,将分子记为

$$g(x) = \left(\frac{1}{2}x^2 - 2\right)\mathrm{e}^x + \frac{1}{2}x^2 + 2x + 2,$$

则 $g(0) = 0$,如果能清楚 $g(x)$ 的单调性,便能判断 $g(x)$ 的符号. 求导得

$$g'(x) = \left(\frac{1}{2}x^2 + x - 2\right)\mathrm{e}^x + x + 2.$$

$g'(0) = 0$,由于 $g'(x)$ 中含系数为 -2 的指数项,其非负性仍然是不明显的,继续求导得

$$g''(x) = \left(\frac{1}{2}x^2 + 2x - 1\right)\mathrm{e}^x + 1,$$

则 $g''(0) = 0$,同理,上式含系数为 -1 的指数项,再次求导可得

$$g'''(x) = \left(\frac{1}{2}x^2 + 3x + 1\right)\mathrm{e}^x,$$

负系数指数项终于消失了. 由 $g'''(x) > 0, g''(0) = 0$ 可知 $g''(x) > 0$,由 $g'(0) = 0$ 可知 $g'(x) > 0$,再由 $g(0) = 0$ 便知 $g(x) > 0$,进而对任意 $x > 0$,有 $h(x) > 0$,特别地,$h(x_n) > 0$,即

$$\mathrm{e}^{x_{n+1}} - 1 = f(x_n) - 1 < \frac{1}{2}(\mathrm{e}^{x_n} - 1).$$

10. (1) 显然,$g(0) = 0$,注意到 $g(x)$ 是 **R** 上的偶函数,只需要讨论 $x > 0$ 的情形. 如果 $a \leqslant 0$,只需要取 $x = \frac{\pi}{2}$ 便知不等式 $g(x) \geqslant 0$ 不能恒成立,这说明一定有 $a > 0$. 但还需验证 $a > 0$ 能否保证 $g(x) \geqslant 0$ 恒成立. 常规方法自然是求导以判断函数的单调性.

$$g'(x) = -\sin x + 2ax, \quad g(0) = 0, \quad g'(0) = 0.$$

如果 $g'(x) = 0$ 有解,将参数 a 分离出来得

$$a = \frac{\sin x}{2x}.$$

由于 $\dfrac{\sin x}{x}<1$，$x\in(0,+\infty)$，故必有 $0<a<\dfrac{1}{2}$，因为 $x\to 0^{+}$ 时，$\dfrac{\sin x}{x}\to 1$，这

说明在 $x=0$ 附近有 $\dfrac{\sin x}{2x}-a>0$，进而 $g'(x)<0$，由 $g(0)=0$ 知在 $x=0$

附近有 $g(x)<0$. 故必有 $a\geqslant\dfrac{1}{2}$.

若 $a\geqslant\dfrac{1}{2}$，则

$$g'(x)=-\sin x+2ax\geqslant-\sin x+x>0.$$

这说明 $g(x)$ 在 $(0,+\infty)$ 内单调递增. 由 $g(0)=0$，知

$$g(x)\geqslant 0,\quad x\in[0,+\infty).$$

由于 $g(x)$ 是偶函数，故在 $(-\infty,0)$ 内有 $g(x)>0$.

综上得若 $g(x)\geqslant 0$，$x\in(-\infty,+\infty)$，则 $a\geqslant\dfrac{1}{2}$.

(2) 要判断函数有没有零点，自然离不开导数，求导得

$$f'(x)=\frac{1}{x+1}-2\sin x+\frac{1}{2(x+1)^{\frac{3}{2}}}$$

$$=\frac{1}{x+1}\left(1+\frac{1}{2\sqrt{x+1}}\right)-2\sin x.$$

如果 $x\in(-1,0)$，则 $f'(x)>0$，由于

$$f\left(\frac{1}{e}-1\right)=-(1+e^{\frac{1}{2}})+2\cos\left(\frac{1}{2}-1\right)<0,\quad f(0)=1>0,$$

故 $f(x)$ 在 $(-1,0)$ 中有唯一零点.

在 $\left(0,\dfrac{\pi}{2}\right)$ 内，$\dfrac{1}{x+1}\left(1+\dfrac{1}{2\sqrt{x+1}}\right)$ 单调递减，$2\sin x$ 单调递增，所以

$f'(x)$ 在 $\left(0,\dfrac{\pi}{2}\right)$ 内单调递减. 由于 $f'(0)=\dfrac{3}{2}>0$，$f'\left(\dfrac{\pi}{2}\right)<0$，故存在 $x_0\in$

$\left(0,\dfrac{\pi}{2}\right)$，使得 $f'(x_0)=0$. 这说明当 $x<x_0$ 时 $f'(x)>0$；当 $x>x_0$ 时，

$f'(x)<0$. 因此 x_0 是极大值点. 由于 $f(0)=1$，所以 $f(x_0)>0$. 要判断

$y=f(x)$ 在 $\left(0,\dfrac{\pi}{2}\right)$ 内有没有零点,就势必要判断 $f\left(\dfrac{\pi}{2}\right)$ 的符号,但其计算并不容易,但判断 $f(\pi)$ 的符号并不太困难

$$f(\pi)=\ln(\pi+1)-2-\frac{1}{\sqrt{\pi+1}}<\ln e^2-2-\frac{1}{\sqrt{\pi+1}}<0.$$

这说明 $f(x)$ 在 $(0,\pi)$ 内至少有一个零点,不妨记为 x_1.

由于在 $\left(\dfrac{\pi}{2},\pi\right)$ 内 $\dfrac{1}{x+1}\left(1+\dfrac{1}{2\sqrt{x+1}}\right)$ 与 $2\sin x$ 都是单调递减的,所以 $f'(x)$ 在 $\left(\dfrac{\pi}{2},\pi\right)$ 内的单调性不平凡,需分情形讨论.虽然不容易判断函数在 $\dfrac{\pi}{2}$ 处取值的符号,但其导数值的符号是可以判断的,即

$$f'\left(\frac{\pi}{2}\right)<0.$$

又 $f'(\pi)>0,y=f(x)$ 在 $x_2\in\left(\dfrac{\pi}{2},\pi\right)$ 时有极小值点,记为 x_2,则

$$f'(x_2)=0.$$

如前所说,被减函数与减函数在 $\left(\dfrac{\pi}{2},\pi\right)$ 内都是单调递减的,所以无法直接判定.还需要继续求导

$$f''(x)=-\frac{1}{(x+1)^2}\left(1+\frac{1}{2\sqrt{x+1}}\right)-\frac{1}{4(x+1)^{\frac{5}{2}}}-2\cos x.$$

在 $\left(\dfrac{\pi}{2},\pi\right)$ 内 $\cos x$ 为负,故仍然无法判断 $f''(x)$ 的符号!继续求导,得

$$f'''(x)=\frac{2}{(x+1)^3}\left(1+\frac{1}{2\sqrt{x+1}}\right)+\frac{1}{4(x+1)^{\frac{7}{2}}}+$$

$$\frac{5}{8}\frac{1}{(x+1)^{\frac{7}{2}}}+2\sin x>0.$$

因此 $f''(x)$ 在 $\left(\dfrac{\pi}{2},\pi\right)$ 内单调递增.这就带给我们几个重要信息:

① $f''(x)$ 在 $\left(\dfrac{\pi}{2},\pi\right)$ 内单调递增;

② $f''\left(\dfrac{\pi}{2}\right)<0,f''(\pi)>0$;

③ 存在 $x_3\in\left(\dfrac{\pi}{2},\pi\right)$ 使得 $f''(x_3)=0$.

当 $x<x_3$ 时,$f''(x)<0$,从而 $f'(x)$ 在 $\left(\dfrac{\pi}{2},x_3\right)$ 内单调递减.

当 $x>x_3$ 时,$f''(x)>0$,从而 $f'(x)$ 在 (x_3,π) 内单调递增.

若 $x_2<x_3$,则当 $x_2<x<x_3$ 时,有
$$f'(x_2)>f'(x)>f'(x_3),$$
因为 $f'(x_2)=0$,故 $f'(x)<0$,即 $f(x)$ 在 (x_2,x_3) 内单调递减.这不可能,因为 x_2 是极小值点.从而必有 $x_2>x_3$.

当 $x_3<x<x_2$ 时,有
$$f'(x_2)>f'(x)>f'(x_3).$$
因为 $f'(x_2)=0$,故 $f'(x)<0$,即 $f(x)$ 在 (x_3,x_2) 内单调递减.又 $f'(x)$ 在 $\left(\dfrac{\pi}{2},x_3\right)$ 内单调递减,且 $f'\left(\dfrac{\pi}{2}\right)<0$,故在 $\left(\dfrac{\pi}{2},x_3\right)$ 内有 $f'(x)<0$,即 $f(x)$ 在 $\left(\dfrac{\pi}{2},x_3\right)$ 内单调递减,进而 $f(x)$ 在 $\left(\dfrac{\pi}{2},x_2\right)$ 内单调递减.由于 $f(x)$ 在 $\left(x_0,\dfrac{\pi}{2}\right)$ 内也是单调递减的,所以 $f(x)$ 在 (x_0,x_2) 内单调递减.由于 $f'(x)$ 在 (x_3,π) 内单调递增,故当 $x_3<x_2<x$ 时,$f'(x)>f'(x_2)$,因此 $f'(x)>0$,即 $f(x)$ 在 (x_2,π) 内单调递增.由 $f(\pi)<0$,知 $f(x)<0,x\in(x_2,\pi)$,特别地 $f(x_2)<0$(如图 4.4 所示).

综上知
$$f(x)>0,x\in(0,x_0),\quad f(x_0)>0,$$
$f(x)$ 在 (x_0,x_2) 内单调递减,
$$f(x_2)<0,\quad f(x)<0,x\in(x_2,\pi).$$

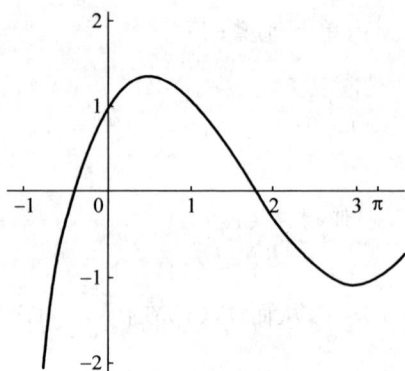

图 4.4　函数图像

所以 $y=f(x)$ 在 $(0,\pi)$ 内有唯一的零点,可见 $y=f(x)$ 在 $(-1,\pi)$ 内有且仅有两个零点.

习题

1. 若命题"$\exists -1 \leqslant a \leqslant 3, ax^2-(2a-1)x+3-a<0$"为假命题,则实数 x 的取值范围为（　　）.

  A. $\{x \mid -1 \leqslant x \leqslant 4\}$ B. $\left\{x \mid 0 \leqslant x \leqslant \dfrac{5}{3}\right\}$

  C. $\left\{x \mid -1 \leqslant x \leqslant 0 \text{ 或 } \dfrac{5}{3} \leqslant x \leqslant 4\right\}$ D. $\left\{x \mid -1 \leqslant x < 0 \text{ 或 } \dfrac{5}{3} < x \leqslant 4\right\}$

2. 设 $a=\log_2 3, b=\log_3 5, c=\log_5 8$,则（　　）.

  A. $a>b>c$ B. $b>a>c$ C. $b>c>a$ D. $c>a>b$

3. 已知函数 $f(x)=2x\ln x-ax^2$,若对任意的 $x_1,x_2 \in (0,+\infty)$,当 $x_1>x_2$ 时,都有 $2x_1+f(x_2)>2x_2+f(x_1)$,则实数 a 的取值范围为（　　）.

  A. $\left[\dfrac{1}{2e},+\infty\right)$ B. $[1,+\infty)$ C. $\left[\dfrac{1}{e},+\infty\right)$ D. $[2,+\infty)$

4. 设函数 $f(x)=ax-\ln\dfrac{2-x}{x}$,则对任意实数 a,下列结论中正确的

有( ).

    A. $f(x)$至少有一个零点

    B. $f(x)$至少有一个极值点

    C. 点$(1,f(1))$为曲线$y=f(x)$的对称中心

    D. x轴一定不是函数$f(x)$图像的切线

5. 设函数$f(x)$的定义域为$\mathbf{R}$,满足$f(x+2)=\dfrac{1}{2}f(x)$,且当$x\in(0,2]$时,$f(x)=x(x-2)$,若对任意$x\in[m,+\infty)$,都有$f(x)\geqslant-\dfrac{3}{16}$,则$m$的取值范围是( ).

    A. $[5,+\infty)$ B. $\left[\dfrac{9}{2},+\infty\right)$ C. $\left[\dfrac{21}{4},+\infty\right)$ D. $\left[\dfrac{11}{2},+\infty\right)$

6. 已知函数$f(x)$的定义域为$\mathbf{R}$,$f(f(x+y))=f(x)+f(y)$,$f(1)=1$,则下列结论错误的是( ).

    A. $f(0)=0$ B. $f(x)$是奇函数

    C. $f(x)=f(x-1)+1$ D. $f(x)$的图像关于点$\left(\dfrac{1}{2},0\right)$对称

7. 已知函数$f(x)=\dfrac{x^2-2}{x}$.

(1) 判断$f(x)$的奇偶性并证明;

(2) 当$x\in(0,+\infty)$时,判断$f(x)$的单调性并证明;

(3) 若实数x满足$f(2|x+1|)>f(3)$,求x的取值范围.

8. 已知函数$f(x)=\dfrac{ax}{\mathrm{e}^x}(a\neq0)$,其中e为自然对数的底数.

(1) 讨论$f(x)$的单调区间;

(2) 当$a=3$时,不等式$xf(x)+\ln x+1\leqslant mx$在区间$(0,+\infty)$内恒成立时,求$m$的取值范围.

9. 已知函数$f(x)=x\mathrm{e}^x-ax-\cos x+1$.

(1) 当$a=2$时,求曲线$y=f(x)$在点$(0,f(0))$处的切线方程;

(2) 若$\forall x\in[0,+\infty)$,$f(x)\geqslant0$,求实数a的取值范围.

10. 牛顿在《流数法》一书中,给出了代数方程的一种数值解法——牛顿法.具体做法如下:如图,设 r 是 $f(x)=0$ 的根,首先选取 x_0 作为 r 的初始近似值,若 $f(x)$ 在点 $(x_0,f(x_0))$ 处的切线与 x 轴相交于点 $(x_1,0)$,称 x_1 是 r 的一次近似值;用 x_1 替代 x_0 重复上面的过程,得到 x_2,称 x_2 是 r 的二次近似值;一直重复,可得到一列数:x_0,x_1,x_2,…,x_n,…. 在一定精确度下,用四舍五入法取值,当 x_{n-1},x_n($n\in \mathbf{N}^*$)近似值相等时,该值即作为函数 $f(x)$ 的一个零点 r.

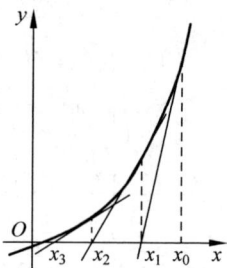

（1）若 $f(x)=x^3+3x^2+x-3$,当 $x_0=0$ 时,求方程 $f(x)=0$ 的二次近似值(保留到小数点后两位);

（2）牛顿法中蕴含了"以直代曲"的数学思想,直线常常取为曲线的切线或割线,求函数 $g(x)=e^x-3$ 在点 $(2,g(2))$ 处的切线,并证明:

$$\ln 3 < 1+\frac{3}{e^2};$$

（3）若 $h(x)=x(1-\ln x)$,若关于 x 的方程 $h(x)=a$ 的两个根分别为 x_1,x_2($x_1<x_2$),证明:$x_2-x_1>e-ea$.

11. 设函数 $f(x)=x\ln x$.

（1）分析 $f(x)$ 的单调性和极值;

（2）设 $g(x)=f\left(x+\dfrac{1}{e}\right)+\dfrac{1}{e}$,若对任意的 $x\geqslant 0$,都有 $g(x)\geqslant mx$ 成立,求实数 m 的取值范围;

（3）若 $x_1\neq x_2$,且满足 $f(x_1)+f(x_2)=\dfrac{1}{2}(x_1^2+x_2^2)-1$ 时,证明:$x_1+x_2>2$.

习题答案

1. 由题意可得:命题"$\forall -1\leqslant a\leqslant 3,ax^2-(2a-1)x+3-a\geqslant 0$"为真

命题,即

$$ax^2-(2a-1)x+3-a=(x^2-2x-1)a+x+3\geqslant 0$$

对 $a\in[-1,3]$ 恒成立,则

$$\begin{cases}-(x^2-2x-1)+x+3\geqslant 0,\\3(x^2-2x-1)+x+3\geqslant 0,\end{cases}$$

解得 $-1\leqslant x\leqslant 0$ 或 $\dfrac{5}{3}\leqslant x\leqslant 4$,即实数 x 的取值范围为

$$\left\{x\mid -1\leqslant x\leqslant 0 \text{ 或 } \dfrac{5}{3}\leqslant x\leqslant 4\right\}.$$

故选 C.

2. 因为 $3^2>2^3$,所以 $\log_2 3^2>\log_2 2^3$,即 $2\log_2 3>3$,所以 $\log_2 3>\dfrac{3}{2}$,即 $a>\dfrac{3}{2}$.

因为 $5^2<3^3$,所以 $\log_3 5^2<\log_3 3^3$,即 $2\log_3 5<3$,所以 $\log_3 5<\dfrac{3}{2}$,即 $b<\dfrac{3}{2}$;于是 $a>b$.

因为 $8^2<5^3$,所以 $\log_5 8^2<\log_5 5^3$,即 $2\log_5 8<3$,所以 $\log_5 8<\dfrac{3}{2}$,即 $c<\dfrac{3}{2}$.

又因为 $b-c=\log_3 5-\log_5 8=\dfrac{1}{\log_5 3}-\log_5 8=\dfrac{1-\log_5 3\cdot\log_5 8}{\log_5 3}$,且

$$2\sqrt{\log_5 3\cdot\log_5 8}<\log_5 3+\log_5 8=\log_5 24<\log_5 25=2,$$

所以 $\log_5 3\cdot\log_5 8<1$,所以 $b-c>0$,即 $b>c$. 故 A 正确.

另解:因为 $5^3>3^4$,所以 $\log_3 5^3>\log_3 3^4$,即 $3\log_3 5>4$,所以 $\log_3 5>\dfrac{4}{3}$,即 $b>\dfrac{4}{3}$.

因为 $8^3<5^4$,所以 $\log_5 8^3<\log_5 5^4$,即 $3\log_5 8<4$,所以 $\log_5 8<\dfrac{4}{3}$,即

$c < \dfrac{4}{3}$. 所以 $b > c$.

综上所述, $a > b > c$. 故选 A.

3. 不等式 $2x_1 + f(x_2) > 2x_2 + f(x_1)$ 等价于 $f(x_1) - 2x_1 < f(x_2) - 2x_2$. 令 $F(x) = f(x) - 2x$, $x \in (0, +\infty)$, 根据题意对任意的 $x_1, x_2 \in (0, +\infty)$, 当 $x_1 > x_2$ 时, $F(x_1) < F(x_2)$, 所以函数 $F(x) = f(x) - 2x$ 在 $(0, +\infty)$ 内单调递减, 于是 $F'(x) = f'(x) - 2 = 2\ln x - 2ax \leqslant 0$ 在 $(0, +\infty)$ 内恒成立, 即 $\ln x \leqslant ax$ 在 $(0, +\infty)$ 内恒成立.

令 $g(x) = \ln x$, $h(x) = ax$, 则 $g'(x) = \dfrac{1}{x}$, $h'(x) = a$.

当 $g(x)$ 与 $h(x)$ 相切时, 设切点为 $(x_0, \ln x_0)$, 则有 $\begin{cases} \ln x_0 = ax_0, \\ \dfrac{1}{x_0} = a, \end{cases}$ 解得 $x_0 = \mathrm{e}$, 所以 $a = \dfrac{1}{\mathrm{e}}$.

若要 $\ln x \leqslant ax$ 在 $(0, +\infty)$ 内恒成立, 则有 $a \geqslant \dfrac{1}{\mathrm{e}}$, 故选 C.

4. 对于 A 选项, 函数 $f(x) = ax - \ln \dfrac{2-x}{x}$ 的定义域为 $(0, 2)$, 当 $x \to 0$ 时, $f(x) \to -\infty$, 当 $x \to 2$ 时, $f(x) \to +\infty$, 由函数零点的存在性定理可知 $f(x)$ 至少有一个零点, 故 A 正确.

对于 B 选项, $f(x) = ax - \ln(2-x) + \ln x$, $f'(x) = a + \dfrac{1}{2-x} + \dfrac{1}{x}$.

当 $a = 0$ 时, $f'(x) = \dfrac{1}{2-x} + \dfrac{1}{x} > 0$ 恒成立, 所以

$$f(x) = ax - \ln(2-x) + \ln x$$

在 $(0, 2)$ 内递增, 则 $f(x)$ 无极值点, 故 B 错误.

对于 C 选项, 因

$$f(1+x) + f(1-x) = \left[a(1+x) - \ln \dfrac{2-(1+x)}{1+x} \right] +$$

$$\left[a(1-x)-\ln\frac{2-(1-x)}{1-x}\right]$$

$$=2a-\ln\frac{1-x}{1+x}-\ln\frac{1+x}{1-x}=2a=2f(1),$$

所以对任意实数 a，点 $(1,f(1))$ 为曲线 $y=f(x)$ 的对称中心，故 C 正确.

对于 D 选项，假设存在实数 a，使得 $f(x)$ 的图像与 x 轴切于点 $P(x_0,0)$，则

$$\begin{cases}f(x_0)=0,\\f'(x_0)=0,\end{cases}\quad 得\begin{cases}ax_0-\ln\dfrac{2-x_0}{x_0}=0,\\a+\dfrac{1}{2-x_0}+\dfrac{1}{x_0}=0,\end{cases}$$

消去 a 得 $\dfrac{x_0}{2-x_0}+1+\ln\dfrac{2-x_0}{x_0}=0$，设 $t=\dfrac{x_0}{2-x_0}$，则 $t+1-\ln t=0$.

因为 $\ln t\leqslant t-1$，故 $t+1-\ln t\geqslant(t+1)-(t-1)=2$，所以 $t+1-\ln t=0$ 无实数解，故假设不成立，则对任意实数 a，x 轴一定不是函数 $f(x)$ 图像的切线，故 D 正确.

5. 当 $x\in(0,2]$ 时，$x+2\in(2,4]$，则

$$f(x+2)=\frac{1}{2}f(x)=\frac{1}{2}x(x-2)=\frac{1}{2}(x+2-2)(x+2-4)\in\left[-\frac{1}{2},0\right],$$

即当 $x\in(2,4]$ 时，$f(x)=\frac{1}{2}(x-2)(x-4)\in\left[-\frac{1}{2},0\right]$；

同理当 $x\in(4,6]$ 时，$f(x)=\frac{1}{4}(x-4)(x-6)\in\left[-\frac{1}{4},0\right]$；

当 $x\in(6,8]$ 时，$f(x)=\frac{1}{8}(x-6)(x-8)\in\left[-\frac{1}{8},0\right]$.

以此类推，当 $x>6$ 时，都有 $f(x)>-\frac{3}{16}$.

函数 $f(x)$ 和函数 $y=-\frac{3}{16}$ 在 $(0,8]$ 内的图像如图 4.5 所示.

由图可知，$f(m)=\frac{1}{4}(m-4)(m-6)=-\frac{3}{16}$，$m\in(5,6)$，解得 $m=$

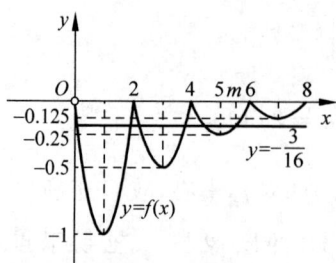

图 4.5 函数图像

$\dfrac{11}{2}$,即对任意 $x \in \left[\dfrac{11}{2}, +\infty\right)$,都有 $f(x) \geqslant -\dfrac{3}{16}$,即 m 的取值范围是 $\left[\dfrac{11}{2}, +\infty\right)$,故选 D.

6. 取 $x = 1, y = 0$,则 $f(f(1)) = f(1) + f(0)$,即

$$f(1) = f(1) + f(0), \quad 得 f(0) = 0,$$

故 A 正确.

取 $y = -x$,则 $f(f(x-x)) = f(x) + f(-x)$,得

$$f(0) = f(x) + f(-x) = 0, \quad 故 f(x) 是奇函数,$$

B 正确.

对于 C 选项,有

$$f(x-1) + 1 = f(x-1) + f(1)$$
$$= f(f(x-1+1)) = f(f(x+0))$$
$$= f(x) + f(0) = f(x),$$

所以 C 正确.

对于 D 选项,因为 $f(0) = 0$,若 $f(x)$ 关于点 $\left(\dfrac{1}{2}, 0\right)$ 对称,则 $f(1) = 0$,又因为 $f(1) = 1$,矛盾. 故 D 错误. 故选 D.

7. (1) 函数 $f(x) = \dfrac{x^2 - 2}{x}$ 为奇函数,理由如下:

因为函数 $f(x)$ 的定义域为 $\{x \mid x \neq 0\}$,

$$f(-x) = \dfrac{(-x)^2 - 2}{-x} = -\dfrac{x^2 - 2}{x} = -f(x),$$

故函数 $f(x)$ 为奇函数.

(2) 函数 $f(x)$ 在 $(0, +\infty)$ 内为增函数,证明如下:

任取 $x_1, x_2 \in (0, +\infty)$,且 $x_1 > x_2$,即 $x_1 > x_2 > 0$,则

$$f(x_1) - f(x_2) = \dfrac{x_1^2 - 2}{x_1} - \dfrac{x_2^2 - 2}{x_2}$$

$$= \frac{x_2(x_1^2 - 2) - x_1(x_2^2 - 2)}{x_1 x_2}$$

$$= \frac{(x_1^2 x_2 - x_1 x_2^2) + 2(x_1 - x_2)}{x_1 x_2}$$

$$= \frac{(x_1 - x_2)(x_1 x_2 + 2)}{x_1 x_2} > 0,$$

即 $f(x_1) > f(x_2)$，所以，函数 $f(x)$ 在 $(0, +\infty)$ 内为增函数.

(3) 由(2)问可知，函数 $f(x)$ 在 $(0, +\infty)$ 内为增函数，由 $f(2|x+1|) > f(3)$，可得 $2|x+1| > 3$，即 $|x+1| > \frac{3}{2}$，解得 $x < -\frac{5}{2}$ 或 $x > \frac{1}{2}$，因此，满足不等式 $f(2|x+1|) > f(3)$ 的 x 的取值范围是

$$\left(-\infty, -\frac{5}{2}\right) \cup \left(\frac{1}{2}, +\infty\right).$$

8. (1) 易知函数 $f(x) = \frac{ax}{e^x}(a \neq 0)$ 的定义域为 **R**. 所以

$$f'(x) = \frac{a(1-x)}{e^x}.$$

当 $a > 0$ 时，由 $f'(x) > 0$，得 $x < 1$；由 $f'(x) < 0$，得 $x > 1$. 所以 $f(x)$ 的单调增区间为 $(-\infty, 1)$，单调减区间为 $(1, +\infty)$.

当 $a < 0$ 时，由 $f'(x) > 0$，得 $x > 1$；由 $f'(x) < 0$，得 $x < 1$. 所以 $f(x)$ 的单调增区间为 $(1, +\infty)$，单调减区间为 $(-\infty, 1)$.

综上所述：当 $a > 0$ 时，$f(x)$ 的单调增区间为 $(-\infty, 1)$，单调减区间为 $(1, +\infty)$；当 $a < 0$ 时，$f(x)$ 的单调增区间为 $(1, +\infty)$，单调减区间为 $(-\infty, 1)$.

(2) 将 $a = 3$ 代入，得 $f(x) = \frac{3x}{e^x}$，因为不等式 $xf(x) + \ln x + 1 \leq mx$ 在 $x \in (0, +\infty)$ 内恒成立，所以 $\frac{3x^2}{e^x} + \ln x + 1 \leq mx$，即 $m \geq \frac{3x}{e^x} + \frac{\ln x}{x} + \frac{1}{x}$ 在 $x \in (0, +\infty)$ 内恒成立.

令 $h(x) = \frac{3x}{e^x} + \frac{\ln x}{x} + \frac{1}{x}$，易知函数 $h(x)$ 的定义域为 $(0, +\infty)$，所以

$$h'(x) = \frac{3e^x - 3xe^x}{(e^x)^2} + \frac{1 - \ln x}{x^2} - \frac{1}{x^2} = \frac{3 - 3x}{e^x} - \frac{\ln x}{x^2}.$$

当 $0 < x < 1$ 时，$\frac{3-3x}{e^x} > 0$，$-\frac{\ln x}{x^2} > 0$，故 $h'(x) > 0$；当 $x > 1$ 时，

$\frac{3-3x}{e^x} < 0$，$-\frac{\ln x}{x^2} < 0$，故 $h'(x) < 0$；所以 $h(x)$ 在 $(0,1)$ 内单调递增，在

$(1,+\infty)$ 内单调递减，于是当 $x = 1$ 时，$h(x)$ 在 $(0,+\infty)$ 内取得最大值

$h(1) = \frac{3}{e} + 1$.

因此应取 $m \geqslant \frac{3}{e} + 1$，所以实数 m 的取值范围是 $\left[\frac{3}{e} + 1, +\infty\right)$.

9. (1) 当 $a = 2$ 时，$f(x) = xe^x - 2x - \cos x + 1$，所以

$$f'(x) = (x+1)e^x - 2 + \sin x,$$

故 $f(0) = 0$，$f'(0) = -1$，即所求切线方程为 $y - f(0) = f'(0)(x-0)$，即 $x + y = 0$.

(2) 因为 $f(x) = xe^x - ax - \cos x + 1$，$f'(x) = (x+1)e^x - a + \sin x$.

令 $g(x) = f'(x) = (x+1)e^x - a + \sin x$，则

$$g'(x) = (x+2)e^x + \cos x.$$

当 $x \geqslant 0$ 时，易知 $g'(x) \geqslant 2 + \cos x > 0$，所以 $g(x)$ 在 $[0,+\infty)$ 上单调递增，即 $g(x)_{\min} = g(0) = 1 - a$.

当 $1 - a \geqslant 0$，即 $a \leqslant 1$ 时，$g(x) = f'(x) \geqslant 0$，所以函数 $f(x)$ 单调递增，即 $f(x) \geqslant f(0) = 0$，符合题意.

当 $1 - a < 0$，即 $a > 1$ 时，$g(0) < 0$. 又当 $x \to +\infty$ 时，$g(x) \to +\infty$，所以 $\exists x_0 > 0$，$g(x_0) = 0$.

当 $0 < x < x_0$ 时，$g(x) = f'(x) < 0$，函数 $f(x)$ 单调递减，故当 $0 < x < x_0$ 时，$f(x) < f(0) = 0$，不符合题意.

综上，实数 a 的取值范围为 $(-\infty, 1]$.

另解　可以结合两函数的图像求解 a 的取值范围.

(2) 若 $f(x)=x\mathrm{e}^x-ax-\cos x+1\geqslant0$,则有 $x\mathrm{e}^x-\cos x+1\geqslant ax$.

令 $g(x)=x\mathrm{e}^x-\cos x+1,h(x)=ax$,则

$$g'(x)=(1+x)\mathrm{e}^x+\sin x>0,$$

$g(x)$在$(0,+\infty)$内单调递增,$g''(x)=(2+x)\mathrm{e}^x+\cos x>0$,$g(x)$在$(0,+\infty)$内是凹函数.

因为 $g(0)=h(0)=0$,所以 $g(0)$ 与 $h(0)$ 交于点$(0,0)$因为 $g'(0)=1$,所以 $a\leqslant1$.

综上,实数 a 的取值范围为$(-\infty,1]$.

10. (1) $f'(x)=3x^2+6x+1$.

当 $x_0=0$ 时,$f'(0)=1$,$f(x)$在点$(0,-3)$处的切线方程为 $y+3=x$,与 x 轴的交点横坐标为$(3,0)$,所以 $x_1=3$,$f'(3)=46$,$f(x)$在点$(3,54)$处的切线方程为 $y-54=46(x-3)$,与 x 轴的交点为 $\left(\dfrac{42}{23},0\right)$,所以方程 $f(x)=0$ 的二次近似值为 1.83.

(2) 由题可知,$g(2)=\mathrm{e}^2-3$,$g'(x)=\mathrm{e}^x$,$g'(2)=\mathrm{e}^2$,所以 $g(x)$在$(2,g(2))$处的切线为 $y-(\mathrm{e}^2-3)=\mathrm{e}^2(x-2)$,即 $\mathrm{e}^2x-y-\mathrm{e}^2-3=0$.

设 $m(x)=\ln x-1-\dfrac{x}{\mathrm{e}^2}$,$x>1$,则 $m'(x)=\dfrac{1}{x}-\dfrac{1}{\mathrm{e}^2}$,显然 $m'(x)$单调递减.令 $m'(x)=0$,解得 $x=\mathrm{e}^2$,所以当 $x\in(1,\mathrm{e}^2)$时,$m'(x)>0$,则 $m(x)$在$(1,\mathrm{e}^2)$单调递增;当 $x\in(\mathrm{e}^2,+\infty)$时,$m'(x)<0$,则 $m(x)$在$(\mathrm{e}^2,+\infty)$单调递减.所以 $m(x)\leqslant m(\mathrm{e}^2)=\ln \mathrm{e}^2-1-\dfrac{\mathrm{e}^2}{\mathrm{e}^2}=0$,故 $m(3)<m(\mathrm{e}^2)$,即

$$\ln3-1-\dfrac{3}{\mathrm{e}^2}<0\Leftrightarrow\ln3<1+\dfrac{3}{\mathrm{e}^2}.$$

但这种解法没有体现牛顿法,可以用牛顿法证明.

易看出 $\ln3$ 是 $g(x)$ 的零点.令 $x_0=2$ 是 $\ln3$ 的初始近似值,有 $x_0>\ln3$,此时 $g(x)$在点$(2,g(2))$处的切线为 $y=\mathrm{e}^2x-\mathrm{e}^2-3$,与 x 轴交于点 $\left(1+\dfrac{3}{\mathrm{e}^2},0\right)$,所以 $x_1=1+\dfrac{3}{\mathrm{e}^2}$,因为 $x_0>\ln3$,所以 $x_1>\ln3$,所以

$$1 + \frac{3}{e^2} > \ln 3.$$

(3) 由 $h(x) = x - x\ln x$，得 $h'(x) = -\ln x$.

当 $0 < x < 1$ 时，$h'(x) > 0$；当 $x > 1$ 时，$h'(x) < 0$. 所以 $h(x)$ 在 $(0,1)$ 内单调递增，在 $(1, +\infty)$ 内单调递减，所以 $x = 1$ 是 $h(x)$ 的极大值点，也是 $h(x)$ 的最大值点，即 $h(x)_{\max} = h(1) = 1$.

又 $0 < x < e$ 时，$h(x) > 0$；$x > e$ 时，$h(x) < 0$. 所以当方程 $h(x) = a$ 有两个根时，必满足 $0 < x_1 < 1 < x_2 < e$.

曲线 $y = h(x)$ 过点 $(1,1)$ 和点 $(e,0)$ 的割线方程为 $y = \frac{1}{1-e}(x-e)$，下面证明：

$$h(x) \geqslant \frac{1}{1-e}(x-e), \quad 1 \leqslant x \leqslant e.$$

设 $u(x) = h(x) - \frac{1}{1-e}(x-e)(1 \leqslant x \leqslant e)$，则

$$u'(x) = -\ln x + \frac{1}{e-1} = -(\ln x - \ln e^{\frac{1}{e-1}}),$$

所以当 $1 < x < e^{\frac{1}{e-1}}$ 时，$u'(x) > 0$；当 $e^{\frac{1}{e-1}} < x < e$ 时，$u'(x) < 0$.

所以 $u(x)$ 在 $(1, e^{\frac{1}{e-1}})$ 内单调递增，$u(x) \geqslant u(1) = 0$；在 $(e^{\frac{1}{e-1}}, e)$ 内 $u(x)$ 单调递减，$u(x) \geqslant u(e) = 0$. 所以当 $1 \leqslant x \leqslant e$ 时，$u(x) \geqslant 0$.

由于 $1 < x_2 < e$，所以 $a = h(x_2) > \frac{1}{1-e}(x_2 - e)$，解得

$$x_2 > a - ea + e. \tag{$*$}$$

下面证明当 $0 < x \leqslant 1$ 时，$h(x) \geqslant x$.

设 $n(x) = h(x) - x = -x\ln x, 0 < x \leqslant 1$，因为 $\ln x \leqslant 0$，所以当 $0 < x \leqslant 1$ 时，$h(x) \geqslant x$（当且仅当 $x = 1$ 时取等号）.

由于 $0 < x_1 < 1$，所以 $a = h(x_1) > x_1$，解得

$$-x_1 > -a. \tag{$**$}$$

$(*) + (**)$，得 $x_2 - x_1 > e - ea$.

11. （1）函数 $f(x)=x\ln x$ ，则 $f'(x)=1+\ln x(x>0)$.

令 $f'(x)=0$ ，解得 $x=\dfrac{1}{e}$ ，且当 $x\in\left(0,\dfrac{1}{e}\right)$ 时， $f'(x)<0$ ； $x\in$ $\left(\dfrac{1}{e},+\infty\right)$ 时， $f'(x)>0$.因此， $f(x)$ 在 $\left(0,\dfrac{1}{e}\right)$ 内单调递减，在 $\left(\dfrac{1}{e},+\infty\right)$ 内单调递增.故 $f(x)$ 的极小值为 $f\left(\dfrac{1}{e}\right)=-\dfrac{1}{e}$ ，无极大值.

（2）对任意的 $x\geqslant 0$ ，都有 $g(x)\geqslant mx$ 成立，即对任意的 $x\geqslant 0$ ， $\left(x+\dfrac{1}{e}\right)\ln\left(x+\dfrac{1}{e}\right)+\dfrac{1}{e}-mx\geqslant 0$ 恒成立.

令 $h(x)=\left(x+\dfrac{1}{e}\right)\ln\left(x+\dfrac{1}{e}\right)+\dfrac{1}{e}-mx$ ，则

$$h'(x)=\ln\left(x+\dfrac{1}{e}\right)+1-m.$$

注意到 $h(0)=0$ ，若要 $h(x)\geqslant 0$ ，必须要求 $h'(0)\geqslant 0$ ，即 $-m\geqslant 0$ ，亦即 $m\leqslant 0$.

另一方面，当 $m\leqslant 0$ 时，因为 $h'(x)=\ln\left(x+\dfrac{1}{e}\right)+1-m$ 单调递增，则当 $x\geqslant 0$ 时， $h'(x)=\ln\left(x+\dfrac{1}{e}\right)+1-m\geqslant h'(0)=-m\geqslant 0$ 恒成立，所以 $h(x)$ 在 $x\geqslant 0$ 时单调递增，故 $h(x)\geqslant h(0)=0$ ；故实数 m 的取值范围为 $(-\infty,0]$.

另解　令 $g(x)=\left(x+\dfrac{1}{e}\right)\ln\left(x+\dfrac{1}{e}\right)+\dfrac{1}{e}$ ， $h(x)=mx$.

若 $g'(x)=\ln\left(x+\dfrac{1}{e}\right)+1\geqslant 0$ ，则 $g(x)$ 在 $(0,+\infty)$ 内单调递增.若 $g''(x)=\dfrac{e}{ex+1}>0$ ，则 $g(x)$ 在 $(0,+\infty)$ 内是凹函数.

因为 $g(0)=h(0)=0$ ，所以 $g(0)$ 与 $h(0)$ 交于点 $(0,0)$.由于 $g'(0)=0$ ，所以 $m\leqslant 0$ ，故实数 m 的取值范围为 $(-\infty,0]$.

（3）记 $m(x)=x\ln x-\dfrac{1}{2}x^2+\dfrac{1}{2}$，则 $m'(x)=1+\ln x-x$.

记 $n(x)=1+\ln x-x$，则 $n'(x)=\dfrac{1}{x}-1=\dfrac{1-x}{x}$，$n'(1)=0$.

当 $x\in(0,1)$ 时，$n'(x)>0$，$n(x)$ 为增函数；当 $x\in(1,+\infty)$ 时，$n'(x)<0$，$n(x)$ 为减函数. 所以 $n(x)\leqslant n(1)=0$，即 $m'(x)\leqslant 0$，所以函数 $m(x)=x\ln x-\dfrac{1}{2}x^2+\dfrac{1}{2}$ 在 $(0,+\infty)$ 单调递减，则

$$f(x_1)+f(x_2)=\frac{1}{2}(x_1^2+x_2^2)-1$$

等价于 $m(x_1)+m(x_2)=0$. 注意到 $m(1)=0$，不妨 $0<x_1<1<x_2$.

要证 $x_1+x_2>2$，只需证 $x_2>2-x_1$，即证 $m(2-x_1)>m(x_2)$，也即证 $m(2-x_1)>-m(x_1)$，即再证 $m(x_1)+m(2-x_1)>0$.

记 $k(x)=x\ln x+(2-x)\ln(2-x)-x^2+2x-1,(0<x<1)$，则 $k'(x)=\ln x-\ln(2-x)-2x+2$. 记

$$t(x)=k'(x)=\ln x-\ln(2-x)-2x+2,$$

则 $t'(x)=\dfrac{1}{x}+\dfrac{1}{2-x}-2>0$，所以 $t(x)$ 在 $(0,1)$ 单调递增，所以 $t(x)<t(1)=0$，即 $k'(x)<0$，所以 $k(x)$ 在 $(0,1)$ 单调递减，所以 $k(x)>k(1)=0$，所以 $m(x_1)+m(2-x_1)>0$，所以 $x_1+x_2>2$，得证.

4.5 圆锥曲线

圆锥曲线是高中传统的内容，也是高考中重要的考点之一，涉及的知识点较多，需要解题者既具备一定的几何直观亦具有较强的计算能力，考查内容常常涵盖平面几何、圆锥曲线和代数方程等多个方面，对解题者的数学能力和逻辑思维能力都有较高的要求.

解题者首先需要对三类圆锥曲线的各种性质有透彻的理解，包括圆锥

曲线方程的各种形式与性质,椭圆、双曲线和抛物线各自的特点和性质以及焦点、渐近线、参数方程等都要了然于胸.还需要掌握圆锥曲线与现实生活及自然科学的关系,能将这些知识与实际问题相结合.

虽然圆锥曲线问题常常涉及比较复杂的计算,但相比函数问题,圆锥曲线的思路相对比较容易厘清.解决与圆锥曲线相关问题的方法通常有几何法、代数法及参数方程法,几何直观可以帮助提供解决问题的思路,了解与圆锥曲线相关的几何对象的特点与性质,为进一步论证提供方向性的指导.圆锥曲线的典型特征是几何问题代数化,这是数学史上代数引入几何的划时代杰作,通过建立圆锥曲线的方程分析圆锥曲线的一些重要性质:长短轴、焦点、准线、离心率、渐近线、交点、切线等,充分发挥代数的运算功能进行推理论证.有时候,参数方程可以有效地简化方程的表示,从而更便于研究曲线的性质.

随着新课标的改革与推进,情境化问题日显突出,虽然目前在高考中应用性问题并不多见,但也应考虑实际问题与圆锥曲线之间的关系,即将实际问题转化成与圆锥曲线相关的数学问题,这是一种重要的能力,它可以有效考察解题者对数学知识与思想方法的实际运用能力.圆锥曲线的应用情景非常广泛,从物体的运动到光学,都可以找到圆锥曲线的影子,电影放映机、凸透镜、无线电接收装置、天文望远镜、抛射体的轨迹等,无不体现了圆锥曲线的强大威力.解题者了解了这些背景,对于解决相关的应用问题也就胸有成竹了.

4.5.1 选择题与填空题

1. 设椭圆 $C_1: \dfrac{x^2}{a^2} + y^2 = 1 (a > 1)$,$C_2: \dfrac{x^2}{4} + y^2 = 1$ 的离心率分别为 e_1,e_2,若 $e_2 = \sqrt{3} e_1$,则 $a = ($).

A. $\dfrac{2\sqrt{3}}{3}$ B. $\sqrt{2}$ C. $\sqrt{3}$ D. $\sqrt{6}$

2. 过点 $(0,-2)$ 与圆 $x^2+y^2-4x-1=0$ 相切的两条直线的夹角为 α，则 $\sin\alpha=($ 　　$)$.

　　A. 1　　　　　B. $\dfrac{\sqrt{15}}{4}$　　　　C. $\dfrac{\sqrt{10}}{4}$　　　D. $\dfrac{\sqrt{6}}{4}$

3. 设 B 是椭圆 $C:\dfrac{x^2}{a^2}+\dfrac{y^2}{b^2}=1(a>b>0)$ 的上顶点，若 C 上的任意一点 P 都满足 $|PB|\leqslant 2b$，则 C 的离心率的取值范围是($ 　　$)$.

　　A. $\left[\dfrac{\sqrt{2}}{2},1\right)$　　B. $\left[\dfrac{1}{2},1\right)$　　C. $\left(0,\dfrac{\sqrt{2}}{2}\right]$　　D. $\left(0,\dfrac{1}{2}\right]$

4. 已知 F_1,F_2 是椭圆 $C:\dfrac{x^2}{9}+\dfrac{y^2}{4}=1$ 的两个焦点，点 M 在 C 上，则 $|MF_1|\cdot|MF_2|$ 的最大值为($ 　　$)$.

　　A. 13　　　　B. 12　　　　C. 9　　　　D. 6

5. 设 O 为坐标原点，直线 $y=-\sqrt{3}(x-1)$ 过抛物线 $C:y^2=2px(p>0)$ 的焦点，且与 C 交于 M,N 两点，l 为 C 的准线，则($ 　　$)$.

　　A. $p=2$　　　　　　　　　　B. $|MN|=\dfrac{8}{3}$

　　C. 以 MN 为直径的圆与 l 相切　　D. $\triangle OMN$ 为等腰三角形

6. 已知点 P 在圆 $(x-5)^2+(y-5)^2=16$ 上，点 $A(4,0),B(0,2)$，则($ 　　$)$.

　　A. 点 P 到直线 AB 的距离小于 10

　　B. 点 P 到直线 AB 的距离大于 2

　　C. 当 $\angle PBA$ 最小时，$|PB|=3\sqrt{2}$

　　D. 当 $\angle PBA$ 最大时，$|PB|=3\sqrt{2}$

7. 双曲线 $\dfrac{x^2}{4}-\dfrac{y^2}{5}=1$ 的右焦点到直线 $x+2y-8=0$ 的距离为_____.

8. 已知 O 为坐标原点，抛物线 $C:y^2=2px(p>0)$ 的焦点为 F，P 为

C 上一点，PF 与 x 轴垂直，Q 为 x 轴上一点，且 $PQ \perp OP$，若 $|FQ|=6$，则 C 的准线方程为 _____.

9. 已知 F_1, F_2 为椭圆 $C: \dfrac{x^2}{16} + \dfrac{y^2}{4} = 1$ 的两个焦点，P, Q 为 C 上关于坐标原点对称的两点，且 $|PQ| = |F_1F_2|$，则四边形 PF_1QF_2 的面积为 _____.

10. 已知点 P 在双曲线 $\dfrac{x^2}{a^2} - \dfrac{y^2}{b^2} = 1 (a>0, b>0)$ 的右支上，F_1, F_2 为左右焦点，$|F_1F_2| = 2c$，若 $\dfrac{a}{\sin\angle PF_1F_2} = \dfrac{3c}{\sin\angle PF_2F_1}$，则该双曲线离心率的取值范围是 _____.

11. 设 F_1, F_2 是椭圆 $E: \dfrac{x^2}{a^2} + \dfrac{y^2}{b^2} = 1 (a>b>0)$ 的左、右焦点，P 为直线 $x = \dfrac{3a}{2}$ 上一点，$\triangle F_1PF_2$ 是底角为 $30°$ 的等腰三角形，则 E 的离心率为（ ）.

A. $\dfrac{1}{2}$ B. $\dfrac{2}{3}$ C. $\dfrac{3}{4}$ D. $\dfrac{4}{5}$

12. 已知 F_1, F_2 是椭圆 $\dfrac{x^2}{a^2} + \dfrac{y^2}{b^2} = 1 (a>b>0)$ 的两个焦点，椭圆上存在一点 P，使得 $\overrightarrow{PF_1} \cdot \overrightarrow{PF_2} = \dfrac{a^2}{2}$，则离心率 e 的取值范围为 _____.

13. F 是双曲线 $\dfrac{x^2}{a^2} - \dfrac{y^2}{b^2} = 1 (a>0, b>0)$ 的一个焦点，过 F 且与一条渐近线平行的直线 l 与双曲线交于点 M，与 y 轴交于点 N，若 $\overrightarrow{FM} = \dfrac{1}{2}\overrightarrow{MN}$，求双曲线的离心率 _____.

4.5.2 选择题与填空题解析

1. 根据离心率的定义知，$e_1 = \dfrac{\sqrt{a^2-1}}{a}$，$e_2 = \dfrac{\sqrt{3}}{2}$. 由两者的关系式得

$\dfrac{\sqrt{a^2-1}}{a}=\dfrac{1}{2}$，两边平方一下很容易算出 $a=\dfrac{2\sqrt{3}}{3}$，故答案为 A.

2. 将圆的方程 $x^2+y^2-4x-1=0$ 转化为 $(x-2)^2+y^2=5$，故圆心为 $O(2,0)$，将点 $(0,-2)$ 记为 $A(0,-2)$，过 A 点与圆相切的两条直线的切点为 M,N，则 $|AO|=2\sqrt{2}$，$|MO|=\sqrt{5}$，由勾股定理可得 $|AM|=\sqrt{3}$. 于是 $\sin\dfrac{\alpha}{2}=\sin\angle MAO=\dfrac{|MO|}{|AO|}=\dfrac{\sqrt{5}}{2\sqrt{2}}$，$\cos\dfrac{\alpha}{2}=\dfrac{|AM|}{|AO|}=\dfrac{\sqrt{3}}{2\sqrt{2}}$. 由倍角公式得 $\sin\alpha=2\sin\dfrac{\alpha}{2}\cdot\cos\dfrac{\alpha}{2}=\dfrac{\sqrt{15}}{4}$，故答案为 B.

3. 假设 P 点的坐标为 $P(x_0,y_0)$，由于 B 是椭圆的上顶点，故其坐标为 $B(0,b)$. 设焦点坐标为 $F_1(-c,0)$，$F_2(c,0)$，由

$$\dfrac{x_0^2}{a^2}+\dfrac{y_0^2}{b^2}=1, \quad a^2=b^2+c^2$$

知

$$|PB|^2=x_0^2+(y_0-b)^2=a^2\left(1-\dfrac{y_0^2}{b^2}\right)+(y_0-b)^2$$

$$=-\dfrac{c^2}{b^2}\left(y_0+\dfrac{b^3}{c^2}\right)^2+\dfrac{b^4}{c^2}+a^2+b^2.$$

不难看出，若 $b>c$，则 $|PB|_{\max}=2b$. 由 $b>c$ 知 $a^2\geqslant 2c^2$，即 $0<e\leqslant\dfrac{\sqrt{2}}{2}$. 若 $b<c$，则 $|PB|_{\max}=\sqrt{\dfrac{b^4}{c^2}+a^2+b^2}$. 由于椭圆上任意点 P 都满足 $|PB|\leqslant 2b$，故 $\dfrac{b^4}{c^2}+a^2+b^2\leqslant 4b^2$，将 $a^2=b^2+c^2$ 代入该不等式并整理可得 $(c^2-b^2)^2\leqslant 0$，故 $b=c$，这与 $b<c$ 矛盾. 所以离心率的范围是 $0<e\leqslant\dfrac{\sqrt{2}}{2}$，即答案为 C.

4. 依题意知 $a=3$，$b=2$，由椭圆的定义知 $|MF_1|+|MF_2|=2a=6$. 显然需要将距离的乘积转换成距离之和，即

$$|MF_1|\cdot|MF_2|\leqslant\left(\dfrac{|MF_1|+|MF_2|}{2}\right)^2=9,$$

当$|MF_1|=|MF_2|$时等号成立.因此答案为 C.

5. 这道题考察的是抛物线的焦点、准线等诸多性质,所以答案有可能不是唯一的.

参见图 4.6,由 $y=-\sqrt{3}(x-1)$ 过抛物线 $C:y^2=2px(p>0)$ 的焦点立刻可知焦点为 $F(1,0)$,故 $p=2$,所以 A 是正确的.抛物线的方程为 $y^2=4x$,MN 在直线上,故其倾斜角为 $\dfrac{2\pi}{3}$,以 MN 为直径的圆一定与准线相切,所以 C 也是正确的.为考查 B,D 的正确与否,不妨先求出 M,N 点的坐标,联立方程

$$\begin{cases} y=-\sqrt{3}(x-1), \\ y^2=4x, \end{cases} \text{得到两组解} \begin{cases} x=3, \\ y=-2\sqrt{3}, \end{cases} \begin{cases} x=\dfrac{1}{3}, \\ y=\dfrac{2\sqrt{3}}{3}, \end{cases}$$

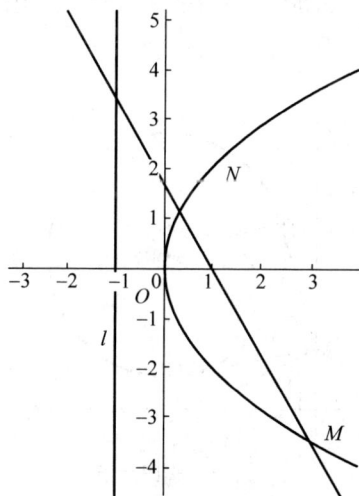

图 4.6 解图示意

于是直线与抛物线的交点坐标为 $M(3,-2\sqrt{3})$,$N\left(\dfrac{1}{3},\dfrac{2\sqrt{3}}{3}\right)$,进而 $|MN|=\dfrac{16}{3}$,$|OM|=\sqrt{21}$,$|ON|=\dfrac{\sqrt{13}}{3}$,可见答案 B,D 都是错的,正确答案为 A,C.

6. 已知两点 A 与 B 的坐标,其所在的直线方程便可以写出来,即过 A,B 的直线方程为 $x+2y-4=0$. 圆 $(x-5)^2+(y-5)^2=16$ 的圆心坐标为 $M(5,5)$,半径为 4,由点到直线的距离公式可得 M 到直线 AB 的距离

为 $\dfrac{|5+2\times5-4|}{\sqrt{1^2+2^2}}=\dfrac{11\sqrt{5}}{5}$,显然当 P 点位于过 M 点与 AB 垂直的直线上

时,P 到直线 AB 的距离最长或最短,最短距离为 $\dfrac{11\sqrt{5}}{5}-4$,最长距离为

$\dfrac{11\sqrt{5}}{5}+4$. 由于 $\dfrac{11\sqrt{5}}{5}+4<10$,故选项 A 正确. 又 $\dfrac{11\sqrt{5}}{5}-4<2$,故选项 B 错误. 注意到 $\angle MBA$ 是确定的,所以当 PB 与圆相切时,$\angle PBA$ 最大或最小(如图 4.7 所示),此时 $PM\perp PB$,由

$$|BM|=\sqrt{(0-5)^2+(2-5)^2}=\sqrt{34}, \quad |PM|=4$$

及勾股定理得 $|BP|=\sqrt{|BM|^2-|PM|^2}=3\sqrt{2}$,因此选项 C,D 正确. 综上,选项 A,C,D 正确.

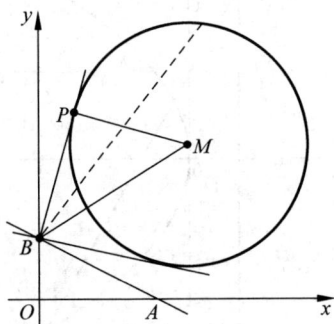

图 4.7 解图示意

7. 双曲线的焦半径为 $c=\sqrt{a^2+b^2}=3$,故其右焦点坐标为 $(3,0)$,由点到直线距离公式得 $(3,0)$ 到直线 $x+2y-8=0$ 的距离为

$$\dfrac{|3+2\times0-8|}{\sqrt{1^2+2^2}}=\sqrt{5}.$$

故答案为 $\sqrt{5}$.

8. 求准线的关键是算出 p. 抛物线的焦点坐标为 $F\left(\dfrac{p}{2},0\right)$，由于 P 在抛物线上，且 PF 与 x 垂直，可见 P 点的横坐标为 $\dfrac{p}{2}$. 代入抛物线方程得 P 点的纵坐标为 $\pm p$.

设 P 点的坐标为 $P\left(\dfrac{p}{2},p\right)$，因 Q 在 x 轴上，且 $PQ \perp OP$，故 Q 在 F 点的右边. 由 $|FQ|=6$，知 Q 点的坐标为 $Q\left(\dfrac{p}{2}+6,0\right)$，$\overrightarrow{PQ}=(6,-p)$，因为 $PQ \perp OP$，所以 $\overrightarrow{PQ} \cdot \overrightarrow{OP}=\dfrac{p}{2} \cdot 6-p^2=0$，由此可得 $p=3$，故 C 的准线方程为 $x=-\dfrac{3}{2}$.

9. 依题意，P,Q 为 C 上关于坐标原点对称的两点，由椭圆的对称性知 PF_1QF_2 为平行四边形. 而 $|PQ|=|F_1F_2|$，故四边形 PF_1QF_2 为矩形. 设矩形的边长分别为 s,t，根据椭圆的定义知 $s+t=8$，由焦半径公式得

$$s^2+t^2=|F_1F_2|^2=48,$$

于是

$$(s+t)^2=s^2+t^2+2st=48+2st,$$

从而 $st=\dfrac{(s+t)^2-48}{2}=\dfrac{64-48}{2}=8$，即四边形 PF_1QF_2 的面积为 8.

10. 在 $\triangle PF_1F_2$ 中，由正弦定理得 $\dfrac{PF_2}{\sin\angle PF_1F_2}=\dfrac{PF_1}{\sin\angle PF_2F_1}$. 而 $\dfrac{a}{\sin\angle PF_1F_2}=\dfrac{3c}{\sin\angle PF_2F_1}$，可得 $3c \cdot PF_2=a \cdot PF_1$. 又 $PF_1-PF_2=2a$，联立可得 $PF_2=\dfrac{2a^2}{3c-a}>0$，即 $e=\dfrac{c}{a}>\dfrac{1}{3}$.

又 $PF_2>c-a$，化简可得 $3c^2-4ac-a^2<0$，即 $3e^2-4e-1<0$，解得 $1<e<\dfrac{2+\sqrt{7}}{3}$.

11. 本题通过几何关系找到线段之间的比例关系,从而确定 a,b,c 的关系,求得离心率. 设直线 $x=\dfrac{3a}{2}$ 与 x 轴交于点 Q,易知 $\angle F_1F_2P=120°$,所以 $\angle PF_2Q=60°$,在直角三角形 PQF_2 中有 $|PF_2|=2|F_2Q|$,而 $|PF_2|=|F_1F_2|=2c$,所以有 $2c=2\left(\dfrac{3a}{2}-c\right)$,化简得 $\dfrac{c}{a}=\dfrac{3}{4}$,即离心率 $e=\dfrac{3}{4}$,故选 C.

12. 本题利用了 OP 的长的取值范围,得到 a,b,c 的不等关系,设 $P(x_0,y_0)$,$F_1(-c,0)$,$F_2(c,0)$,则 $\overrightarrow{PF_1}\cdot\overrightarrow{PF_2}=x_0^2-c^2+y_0^2=\dfrac{a^2}{2}$,即 $x_0^2+y_0^2=\dfrac{a^2}{2}+c^2$. 又 $|OP|^2=x_0^2+y_0^2\in[b^2,a^2]$,所以 $b^2\leqslant\dfrac{a^2}{2}+c^2\leqslant a^2$,解得 $\dfrac{1}{4}\leqslant\dfrac{c^2}{a^2}\leqslant\dfrac{1}{2}$,所以离心率 $e\in\left[\dfrac{1}{2},\dfrac{\sqrt{2}}{2}\right]$.

13. 设直线 l 与渐近线 $y=\dfrac{b}{a}x$ 平行,则有 $l:y=\dfrac{b}{a}(x-c)$. 令 $x=0$ 得 $y=-\dfrac{bc}{a}$. 又 $\overrightarrow{FM}=\dfrac{1}{2}\overrightarrow{MN}$,所以 $M\left(\dfrac{2c}{3},-\dfrac{bc}{3a}\right)$. 因为 M 在双曲线上,故代入得 $\dfrac{4c^2}{9a^2}-\dfrac{b^2c^2}{9a^2b^2}=1$,即 $e^2=\dfrac{c^2}{a^2}=3$,$e=\sqrt{3}$.

4.5.3　解答题

1. 已知抛物线 $C:x^2=2py\,(p>0)$ 的焦点为 F,且 F 与圆 $M:x^2+(y+4)^2=1$ 上点的距离的最小值为 4.

(1) 求 p;

(2) 若点 P 在 M 上,PA,PB 是 C 的两条切线,A,B 是切点,求 $\triangle PAB$ 面积的最大值.

2. 在直角坐标系 xOy 中,点 P 到 x 轴的距离等于点 P 到点 $\left(0,\dfrac{1}{2}\right)$ 的

距离,记动点 P 的轨迹为 W.

(1) 求 W 的方程;

(2) 已知矩形 $ABCD$ 有三个顶点在 W 上,证明:矩形 $ABCD$ 的周长大于 $3\sqrt{3}$.

3. 已知双曲线 C 的中心为坐标原点,左焦点为 $(-2\sqrt{5},0)$,离心率为 $\sqrt{5}$.

(1) 求 C 的方程;

(2) 记 C 的左、右顶点分别为 A_1,A_2,过点 $(-4,0)$ 的直线与 C 的左支交于 M,N 两点,M 在第二象限,直线 MA_1 与 NA_2 交于点 P,证明:点 P 在定直线上.

4. (2017 浙江高考 21 题)如图,已知抛物线 $x^2=y$,点 $A\left(-\dfrac{1}{2},\dfrac{1}{4}\right)$,$B\left(\dfrac{3}{2},\dfrac{9}{4}\right)$,抛物线上的点 $P(x,y)\left(-\dfrac{1}{2}<x<\dfrac{3}{2}\right)$,过点 B 作直线 AP 的垂线,垂足为 Q.

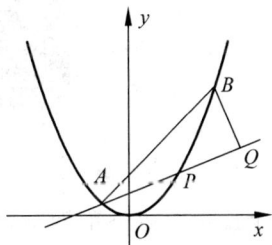

(1) 求直线 AP 斜率的取值范围;

(2) 求 $|PA|\cdot|PQ|$ 的最大值.

5. 设双曲线 $C:\dfrac{x^2}{a^2}-\dfrac{y^2}{b^2}=1(a>0,b>0)$ 的右焦点为 $F(2,0)$,渐近线方程为 $y=\pm\sqrt{3}x$.

(1) 求 C 的方程;

(2) 经过 F 的直线与 C 的渐近线分别交于 A,B 两点,点 $P(x_1,y_1)$,$Q(x_2,y_2)$ 在 C 上,且 $x_1>x_2>0$,$y_1>0$.过 P 且斜率为 $-\sqrt{3}$ 的直线与过 Q 且斜率为 $\sqrt{3}$ 的直线交于点 M,从下面三个条件①②③中选择两个条件,证明另一个条件成立:①M 在 AB 上;②$PQ\parallel AB$;③$|AM|=|BM|$.

6. 加农炮弹的初速达到 700m/s.

(1) 试求炮弹的飞行轨迹方程;

（2）已知敌军阵地在正前方 20km 处，炮筒与水平面呈多少度角（发射角）能命中目标？

重力加速度为 $9.8m/s^2$，$\sin23° \approx 0.4$.

7. 如图所示，放映机的光学原理抽象为数学模型即是：将光源置于 F_1 点上，光源所发出的光线经反光镜反射之后相交于另外一点 F_2，这种反光镜是来自一种球面的一部分.

（1）反光镜是什么样的球面？说明你的理由；

（2）假设 F_1 与 F_2 之间的距离为 c，反光镜光源所在的焦点 F_1 距离反光镜顶点的距离为 f，该球体过点 F_1 与 F_2 的截面是由什么曲线围成的？试求出该曲线的方程.

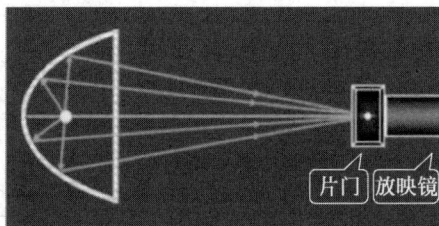

8. 如图所示，卡塞格林式射电望远镜由一个接受电磁波的抛物面和一个反射电磁波的双曲面组成，既利用了抛物线的光学特性，也利用了双曲线的光学特性.

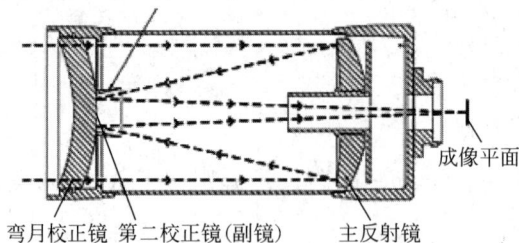

（1）试分析卡塞格林式望远镜的工作原理；

（2）假设卡塞格林式望远镜的抛物面主镜口径 1.8m，长度 6m，双曲面副镜顶点与抛物面顶点相距 4m，成像面距离抛物面 0.2m，试分析抛物面主镜与双曲面副镜沿对称轴截面的结构.

9. 过抛物线 $y^2=2x$ 的焦点 F 的直线 l 交抛物线于 A，B 两点，抛物线在 A，B 两点处的切线交于点 E，求证：$EF\perp AB$.

4.5.4 解答题解析

1.（1）依题意，抛物线的焦点坐标为 $F\left(0,\dfrac{p}{2}\right)$，圆的圆心到焦点的距离为 $|FM|=\dfrac{p}{2}+4$，可见 F 与圆上的点的最小距离为 $\dfrac{p}{2}+4-1$，由问题的条件知 $\dfrac{p}{2}+4-1=4$，故 $p=2$.

（2）由（1）问知抛物线的方程为 $x^2=4y$，即 $y=\dfrac{x^2}{4}$，为求切线方程，通常需要利用导数求其斜率，$y'=\dfrac{x}{2}$. 假设切点 A，B 的坐标分别为 $A(x_1,y_1)$，$B(x_2,y_2)$，P 点的坐标为 $P(x,y)$，于是切线 PA 的方程为

$$y-y_1=\dfrac{x_1}{2}(x-x_1).$$

为便于求距离，将其转换为一般式得

$$x_1x-2y_1-2y=0.$$

同理可得切线 PB 得方程为

$$x_2x-2y_2-2y=0.$$

假设 $P_0(x_0,y_0)$ 是使得△PAB 面积最大的圆上一点，因为 P_0 点在两条切线上，故 $P_0(x_0,y_0)$ 满足方程组

$$\begin{cases}x_1x_0-2y_1-2y_0=0,\\x_2x_0-2y_2-2y_0=0.\end{cases}$$

这说明 A，B 点都在直线 $xx_0-2y-2y_0=0$ 上，即直线 AB 的方程为 $xx_0-2y-2y_0=0$. A，B 点既在直线 AB 上，又在抛物线上，故满足方程组

$$\begin{cases}xx_0-2y-2y_0=0,\\y=\dfrac{x^2}{4}.\end{cases}$$

将 $y = \dfrac{x^2}{4}$ 代入直线方程得 $x^2 - 2x_0 x + 4y_0 = 0$，于是由韦达定理可知

$$x_1 + x_2 = 2x_0，\quad x_1 x_2 = 4y_0.$$

由点到直线的距离公式可以求 P 点到直线 AB 的距离，因此求 $S_{\triangle PAB}$ 的最直接的方法是先计算出 A，B 两点的距离，即

$$
\begin{aligned}
|AB| &= \sqrt{1 + \left(\dfrac{x_0}{2}\right)^2} \cdot \sqrt{(x_1 + x_2)^2 - 4x_1 x_2} \\
&= \sqrt{1 + \left(\dfrac{x_0}{2}\right)^2} \cdot \sqrt{4x_0^2 - 16y_0} \\
&= \sqrt{(x_0^2 + 4)(x_0^2 - 4y_0)},
\end{aligned}
$$

点 P 到直线 AB 的距离为

$$d = \dfrac{|x_0^2 - 4y_0|}{\sqrt{x_0^2 + 4}},$$

进而

$$S_{\triangle PAB} = \dfrac{1}{2}|AB| \cdot d = \dfrac{1}{2}(x_0^2 - 4y_0)^{\frac{3}{2}}.$$

为了求最小值，需要将面积公式转换成单变量的形式，注意到点 $P_0(x_0, y_0)$ 在圆上，所以有

$$x_0^2 - 4y_0 = 1 - (y_0 + 4)^2 - 4y_0 = -(y_0 + 6)^2 + 21,$$

于是

$$S_{\triangle PAB} = \dfrac{1}{2}(-(y_0 + 6)^2 + 21)^{\frac{3}{2}}.$$

如果仅仅看上述代数式，很容易看出右边的最大值为 $\dfrac{1}{2}(21)^{\frac{3}{2}}$，但 y_0 的取值范围是有限制的，即 $-5 \leqslant y_0 \leqslant -3$，显然当 $y_0 = -5$ 时，$S_{\triangle PAB}$ 最大，且

$$S_{\triangle PAB\,\max} = 20\sqrt{5}.$$

2. (1) 设 P 点的坐标为 $P(x, y)$，依题意知

$$|y| = \sqrt{x^2 + \left(y - \dfrac{1}{2}\right)^2},$$

即 $y = x^2 + \dfrac{1}{4}$，即 W 的方程为 $y = x^2 + \dfrac{1}{4}$.

（2）由条件，不妨设 A,B,C 在 W 上，其坐标分别为

$$A\left(a,a^2 + \frac{1}{4}\right), \quad B\left(b,b^2 + \frac{1}{4}\right), \quad C\left(c,c^2 + \frac{1}{4}\right),$$

且 $a < b < c$. 设 A,B 所在直线的斜率为 k_{AB}，B,C 所在直线的斜率为 k_{BC}，则 $k_{AB} \cdot k_{BC} = -1$. 显然 $k_{AB} = a + b, k_{BC} = b + c$，于是

$$(a + b)(b + c) = -1.$$

不妨设 $|a + b| \geqslant |b + c|, b + c > 0$，矩形的周长为 L，则

$$\frac{1}{2}L = |AB| + |BC|$$

$$= (b - a)\sqrt{1 + (a + b)^2} + (c - b)\sqrt{1 + (b + c)^2}$$

$$\geqslant (c - a)\sqrt{1 + (b + c)^2} = [(b + c) - (a + b)]\sqrt{1 + (b + c)^2}$$

$$= \left[(b + c) + \frac{1}{b + c}\right]\sqrt{1 + (b + c)^2},$$

等号当且仅当 $|a + b| = |b + c|$ 时成立，目标是计算上式右端的最小值. 虽然 $(b + c) + \dfrac{1}{b + c}$ 的估计貌似可以利用基本不等式进行，但 $\sqrt{1 + (b + c)^2}$ 是单调递增的，所以直接估算是困难的，但上式右端提供了一个显而易见的函数模型 $f(x) = \left(x + \dfrac{1}{x}\right)^2(1 + x^2) \ (x > 0)$，这里取平方是为了避免平方根. 下面介绍两种处理办法.

方法 1　可以用基本不等式求最值：

$$f(x) = \left(x + \frac{1}{x}\right)^2(1 + x^2) = \frac{(1 + x^2)^3}{x^2} \geqslant \frac{\left(\dfrac{1}{2} + \dfrac{1}{2} + x^2\right)^3}{x^2}$$

$$\geqslant \frac{27 \times \dfrac{1}{2} \times \dfrac{1}{2}x^2}{x^2} = \frac{27}{4}, \quad x > 0.$$

方法 2　也可以对函数求导得

$$f'(x) = 2\left(x + \frac{1}{x}\right)^2 \frac{2x^2 - 1}{x}.$$

令 $f'(x) = 0$，解得 $x = \frac{\sqrt{2}}{2}$，只需判断导函数的符号在 $x = \frac{\sqrt{2}}{2}$ 附近的变化不难得到函数在该点是否取得最小值. 显然当 $x > \frac{\sqrt{2}}{2}$ 时，$f'(x) > 0$；当 $x < \frac{\sqrt{2}}{2}$ 时，$f'(x) < 0$. 可见 $x = \frac{\sqrt{2}}{2}$ 是函数的最小值点，故 $f(x) \geqslant f\left(\frac{\sqrt{2}}{2}\right) = \frac{27}{4}$.

进而 $\frac{1}{2}L \geqslant \sqrt{\frac{27}{4}} = \frac{3\sqrt{3}}{2}$，即 $L \geqslant 3\sqrt{3}$（当 $b + c = \frac{\sqrt{2}}{2}$，$a + b = -\sqrt{2}$ 时等式成立），注意

$$\frac{1}{2}L = \left[(b+c) + \frac{1}{b+c}\right]\sqrt{1 + (b+c)^2}$$

当且仅当 $|a+b| = |b+c|$ 时成立，但

$$|a+b| = |b+c| \text{ 与 } b+c = \frac{\sqrt{2}}{2}, \quad a+b = -\sqrt{2}$$

不能同时成立，故 $L > 3\sqrt{3}$.

前面的做法设点时变量较多，不妨优化一下，设 $A\left(m, m^2 + \frac{1}{4}\right)$，$l_{AB}: y = kx - km + m^2 + \frac{1}{4}$，可以先求出 B 点坐标，而

$$l_{AD}: y = k'x - k'm + m^2 + \frac{1}{4},$$

由题得 $k \cdot k' = -1$，只要把 B 点坐标中的 k 换成 $-\frac{1}{k}$，就可以得到 D 点的坐标，最后同样可以得到 $\frac{L}{2} \geqslant \sqrt{(1+k^2)}\left(k + \frac{1}{k}\right)$.

3. (1) 依题意知 $c = 2\sqrt{5}$，$e = \frac{c}{a} = \sqrt{5}$，于是

$$a = 2, \quad b = \sqrt{(2\sqrt{5})^2 - 2^2} = 4,$$

所以 C 的方程为 $\dfrac{x^2}{4}-\dfrac{y^2}{16}=1$.

（2）设 M,N 所在的直线斜率必不为 0，故其方程可设为 $x=my-4$（注：这样设直线方程会比设成 $y=k(x+4)$ 更便于计算），P,M,N 点的坐标分别为 $P(x,y),M(x_1,y_1),N(x_2,y_2)$. 由（1）问知 A_1,A_2 的坐标分别为 $A_1(-2,0),A_2(2,0)$，由此可知，过 M,A_1 的直线方程为

$$y=\dfrac{y_1}{x_1+2}(x+2),$$

过 N,A_2 的直线方程为

$$y=\dfrac{y_2}{x_2-2}(x-2).$$

为求两直线的交点，联立方程得

$$\begin{cases} y=\dfrac{y_1}{x_1+2}(x+2), \\[2mm] y=\dfrac{y_2}{x_2-2}(x-2). \end{cases}$$

这里需要一点技巧，其目的是将分子与分母转换成两根的乘积与和的形式以便于运用韦达定理，但总会留下一些项，留下 x_1 或 x_2 均可，但要保持分子与分母一致，这样才便于比较. 两式相比得

$$\dfrac{x-2}{x+2}=\dfrac{\dfrac{(x_2-2)}{y_2}}{\dfrac{(x_1+2)}{y_1}}=\dfrac{(x_2-2)c}{(x_1-2)y_2}=\dfrac{(my_1-6)y_2}{(my_2-2)y_1}=\dfrac{my_1y_2-6y_1}{my_1y_2-2y_2}.$$

将 $x=my-4$ 代入双曲线方程得

$$(4m^2-1)y^2-32my+48=0.$$

因方程有两个不同的根，故 $\Delta>0$. 按题意，方程的两个根都为负，所以 $4m^2-1<0$，即 $|m|<\dfrac{1}{2}$. 由韦达定理知

$$y_1y_2=\dfrac{48}{4m^2-1},\qquad y_1+y_2=\dfrac{32my}{4m^2-1}.$$

代入 $\dfrac{x-2}{x+2}$ 的表示式并整理得

$$\frac{x-2}{x+2}=\frac{\dfrac{(x_2-2)}{y_2}}{\dfrac{(x_1+2)}{y_1}}=\frac{my_1y_2-2y_2-6y_1+2y_2}{my_1y_2-2y_2}$$

$$=1-\frac{6y_1-2y_2}{my_1y_2-2y_2}$$

$$=1-\frac{6(y_1+y_2)-8y_2}{my_1y_2-2y_2}$$

$$=1-\frac{6\cdot\dfrac{32m}{4m^2-1}-8y_2}{m\cdot\dfrac{48}{4m^2-1}-2y_2}=1-4=-3.$$

可见 $x=-1$. 这说明 P 点的坐标总满足 $x=-1$, 即 P 在直线 $x=-1$ 上.

4.（1）将 A 点的坐标代入双曲线方程 $\dfrac{x^2}{a^2}-\dfrac{y^2}{a^2-1}=1$ 可得

$$a^4-4a^2+4=0,$$

于是 $a^2=2$, 双曲线方程为 $\dfrac{x^2}{2}-y^2=1$. 由双曲线的轴对称性以及题目的条件可知直线 l 不可能平行于 y 轴, 故可以假设 l 的方程为 $y=kx+b$, 将其代入双曲线方程得

$$(2k^2-1)x^2+4kbx+2b^2+2=0.$$

设 P,Q 的坐标为 $P(x_1,y_1),Q(x_2,y_2)$, 则 x_1,x_2 是方程的两个根, 因而

$$x_1x_2=\frac{2b^2+2}{2k^2-1},\quad x_1+x_2=-\frac{4kb}{2k^2-1}.$$

记 AP,AQ 的斜率分别为 k_{AP},k_{AQ}, 则

$$k_{AP}+k_{AQ}=\frac{y_1-1}{x_1-2}+\frac{y_2-1}{x_2-2}=\frac{kx_1+b-1}{x_1-2}+\frac{kx_2+b-1}{x_2-2}=0,$$

通分并化简得

$$2kx_1x_2 + (b-1-2k)(x_1+x_2) - 4(b-1) = 0,$$

即

$$\frac{2k(2b^2+2)}{2k^2-1} + (b-1-2k)\left(-\frac{4kb}{2k^2-1}\right) - 4(b-1) = 0,$$

所以 $(k+1)(b+2k-1)=0$. 注意 A 点不在 l 上, 故 $k=-1$.

（2）不妨设 $k_{AP}>0$, 直线 AP 的倾斜角为 α, 直线 AQ 的倾斜角为 β, 则 $\beta - \alpha = \angle PAQ$, 于是

$$\tan(\beta-\alpha) = \frac{\tan\beta - \tan\alpha}{1+\tan\beta \cdot \tan\alpha} = \frac{k_{AQ}-k_{AP}}{1+k_{AP}k_{AQ}} = -\tan\angle PAQ = 2\sqrt{2},$$

由 $k_{AP}+k_{AQ}=0$ 得

$$\frac{-2k_{AP}}{1-k_{AP}^2} = 2\sqrt{2},$$

解得 $k_{AP}=\sqrt{2}$ 或 $k_{AP}=\dfrac{\sqrt{2}}{2}$. 如果 $k_{AP}=\dfrac{\sqrt{2}}{2}$, 则 $\dfrac{-2k_{AP}}{1-k_{AP}^2}=-2\sqrt{2}$, 与上式矛盾, 故必有 $k_{AP}=\sqrt{2}$, 即 $\dfrac{y_1-1}{x_1-2}=\sqrt{2}$. 点 P 在双曲线上, 所以 $\dfrac{x_1^2}{2}-y_1^2=1$, 联立求解得 $x_1=\dfrac{10-4\sqrt{2}}{3}$, $y_1=\dfrac{4\sqrt{2}-5}{3}$. 类似可得

$$x_2 = \frac{10+4\sqrt{2}}{3}, \qquad y_2 = \frac{-4\sqrt{2}-5}{3},$$

进而

$$x_1+x_2 = \frac{20}{3}, \qquad x_1x_2 = \frac{68}{9}.$$

由于

$$|AP| = \sqrt{(x_1-2)^2+(y_1-1)^2} = \sqrt{3}\,|x_1-2|,$$

$$|AQ| = \sqrt{(x_2-2)^2+(y_2-1)^2} = \sqrt{3}\,|x_2-2|,$$

$$\frac{\sin\angle PAQ}{\cos\angle PAQ} = \frac{\sin\angle PAQ}{\sqrt{1-\sin^2\angle PAQ}} = \tan\angle PAQ = 2\sqrt{2},$$

故 $\sin\angle PAQ = \dfrac{2\sqrt{2}}{3}$, 进而

$$S_{\triangle PAQ} = \frac{1}{2} \mid PA \mid \cdot \mid PQ \mid \cdot \sin \angle PAQ$$

$$= \sqrt{2} \mid x_1 x_2 - 2(x_1 + x_2) + 4 \mid = \frac{16\sqrt{2}}{9}.$$

此题还可以用向量的外积求得三角形的面积,会很简单,但不宜对高中生作这样的要求.

5.（1）由 $\dfrac{b}{a} = \sqrt{3}$,$\sqrt{a^2 + b^2} = 2$ 可得 $a = 1$,$b = \sqrt{3}$.因此 C 的方程为

$$x^2 - \frac{y^2}{3} = 1.$$

（2）假设直线 PQ 的方程为 $y = kx + b(k \neq 0)$,由于点 P,Q 在 C 上,故 $P(x_1, y_1)$,$Q(x_2, y_2)$ 的坐标同时满足 $y = kx + b$ 及 C 的方程,将 $y = kx + b$ 代入 C 的方程得

$$(3 - k^2) x^2 - 2kbx - b^2 - 3 = 0.$$

由韦达定理知

$$x_1 + x_2 = \frac{2kb}{3 - k^2}, \quad x_1 \cdot x_2 = -\frac{b^2 + 3}{3 - k^2}.$$

设 M 点的坐标为 $M(x_M, y_M)$,依题意,有

$$y_M - y_1 = -\sqrt{3}(x_M - x_1), \quad y_M - y_2 = \sqrt{3}(x_M - x_2).$$

两式相减得

$$y_1 - y_2 = 2\sqrt{3} x_M - \sqrt{3}(x_1 + x_2),$$

即

$$y_1 - y_2 = (kx_1 + b) - (kx_2 + b) = k(x_1 - x_2).$$

由

$$x_1 - x_2 = \sqrt{\left(\frac{2kb}{3 - k^2} \right)^2 - 4x_1 \cdot x_2} = \frac{2\sqrt{3(b^2 + 3 - k^2)}}{3 - k^2}$$

得

$$x_M = \frac{k\sqrt{b^2 + 3 - k^2} - kb}{3 - k^2}.$$

因为 $x_1 > x_2$，故 $x_1 - x_2 > 0$，于是 $3 - k^2 > 0$，即 $k^2 > 3$.

将 $y_M - y_1 = -\sqrt{3}(x_M - x_1)$ 与 $y_M - y_2 = \sqrt{3}(x_M - x_2)$ 相加得

$$2y_M - (y_1 + y_2) = \sqrt{3}(x_1 - x_2).$$

于是

$$2y_M = (y_1 + y_2) + \sqrt{3}(x_1 - x_2)$$

$$= k(x_1 + x_2) + 2b + \sqrt{3}(x_1 - x_2)$$

$$= k\,\frac{2kb}{3 - k^2} + 2b + \sqrt{3}\,\frac{2\sqrt{3(b^2 + 3 - k^2)}}{3 - k^2},$$

因此

$$y_M = \frac{3\sqrt{b^2 + 3 - k^2} - 3b}{k^2 - 3}.$$

这说明 M 点的轨迹为直线 $y = \dfrac{3}{k}x$（k 为直线 PQ 的斜率）.

（ⅰ）假设①②成立，设直线 AB 的方程为 $y = k(x - 2)$，A,B 的坐标分别为 $A(x_A, y_A), B(x_B, y_B)$. 由于 A 点在渐近线 $y = \sqrt{3}x$ 上，故有

$$\begin{cases} y_A = k(x_A - 2), \\ y_A = \sqrt{3}\,x_A. \end{cases}$$

解得

$$x_A = \frac{2k}{k - \sqrt{3}}, \quad y_A = \frac{2\sqrt{3}\,k}{k - \sqrt{3}}.$$

同理

$$x_B = \frac{2k}{k + \sqrt{3}}, \quad y_A = -\frac{2\sqrt{3}\,k}{k + \sqrt{3}}.$$

M 点的坐标满足

$$\begin{cases} y_M = k(x_M - 2), \\ y_M = \dfrac{3}{k}x_M, \end{cases}$$

解得

$$x_M = \frac{2k^2}{k^2-3}, \quad y_M = \frac{6k}{k^2-3}.$$

不难计算

$$x_A + x_B = \frac{4k^2}{k^2-3}, \quad y_A + y_B = \frac{12k}{k^2-3}.$$

可见 $x_M = \dfrac{x_A+x_B}{2}, y_M = \dfrac{y_A+y_B}{2}$，即 M 为 AB 的中点，所以③成立.

（ⅱ）假设①③成立，往证②成立. 如果 AB 平行于 y 轴，则由③知 M 即为焦点 $F(2,0)$，该点并不满足方程 $y = \dfrac{3}{k}x$，故 AB 不可能与 y 轴平行.

设 AB 的方程为 $y = p(x-2)(p \neq 0)$，A，B 的坐标分别为 $A(x_A, y_A)$，$B(x_B, y_B)$，联立方程

$$\begin{cases} y_A = p(x_A - 2), \\ y_A = \sqrt{3}\,x_A, \end{cases}$$

解得

$$x_A = \frac{2p}{p-\sqrt{3}}, \quad y_A = \frac{2\sqrt{3}\,p}{p-\sqrt{3}}.$$

同理得 B 点的坐标为

$$x_B = \frac{2p}{p+\sqrt{3}}, \quad y_B = -\frac{2\sqrt{3}\,p}{p+\sqrt{3}}.$$

由 M 是中点得

$$x_M = \frac{x_A + x_B}{2} = \frac{2p^2}{p^2-3}, \quad y_M = \frac{y_A + y_B}{2} = \frac{6p}{p^2-3}.$$

因为 M 也在直线 $y = \dfrac{3}{k}x$ 上，所以 $6p = \dfrac{3}{k}2p^2$，由此得 $k = p$，故 $PQ \parallel AB$.

（ⅲ）假设②③成立，需要证明①成立. 设 A，B 的坐标为 $A(x_A, y_A)$，$B(x_B, y_B)$，A，B 所在的方程为 $y = k(x-2)$，则 A 点的坐标满足方程组

$$\begin{cases} y_A = k(x_A - 2), \\ y_A = \sqrt{3}\,x_A, \end{cases}$$

解得

$$x_A = \frac{2k}{k-\sqrt{3}}, \quad y_A = \frac{2\sqrt{3}\,k}{k-\sqrt{3}}.$$

类似可得

$$x_B = \frac{2k}{k+\sqrt{3}}, \quad y_A = -\frac{2\sqrt{3}\,k}{k+\sqrt{3}}.$$

于是 AB 的中点坐标为

$$x_0 = \frac{x_A + x_B}{2} = \frac{2k^2}{k^2-3}, \quad y_0 = \frac{y_A + y_B}{2} = \frac{6k}{k^2-3}.$$

由 $|MA| = |MB|$ 可知 M 在 AB 的垂直平分线上,故而 M 点的坐标 $M(x_M, y_M)$ 满足联立方程

$$\begin{cases} y_M - y_0 = -\dfrac{1}{k}(x_M - x_0), \\[2mm] y_M = \dfrac{3}{k}x_M, \end{cases}$$

解得

$$x_M = \frac{2k^2}{k^2-3} = x_0, \quad y_M = \frac{6k}{k^2-3} = y_0.$$

这说明 M 恰好是 AB 的中点,从而在直线 AB 上,即①成立.

    6.(1)以炮位为坐标原点,水平方向为 x 轴,竖直方向为 y 轴建立坐标系,假设炮弹的发射角为 α,炮弹的初始速度为 $700\mathrm{m/s}$,则水平方向速度为 $v_l = 700 \cdot \cos\alpha\,\mathrm{m/s}$,$t$ 时刻炮弹飞行的水平距离 x 为

$$x = v_l t = 700 \cdot \cos\alpha \cdot t,$$

炮弹克服重力在 t 时刻飞行的高度为

$$y = 700 \cdot \sin\alpha \cdot t - \frac{1}{2}gt^2.$$

将 $t = \dfrac{x}{700\cos\alpha}$ 代入上式得炮弹的轨迹方程为

$$y = \tan\alpha \cdot x - \frac{1}{2}g\left(\frac{x}{700\cos\alpha}\right)^2.$$

（2）依题意,当 $x=20000$m 时炮弹落地,即 $H=0$,于是得

$$\tan\alpha \cdot 20000 - \frac{1}{2}g\left(\frac{20000}{700\cos\alpha}\right)^2 = 0,$$

从而

$$2 \cdot 700^2 \cdot 2 \cdot 10^4 \cdot \sin\alpha \cdot \cos\alpha - 4 \cdot 10^8 \cdot g = 0,$$

故

$$\sin2\alpha = \frac{2 \cdot 10^4 \cdot g}{700^2} = \frac{19.6}{49} = 0.4,$$

所以 $2\alpha \approx 23°, \alpha \approx 11.5°$.

7.（1）中学教材并没有介绍椭球面,但学生对圆球面是熟悉的,也了解圆球面是由其大圆绕直径旋转一周所成的曲面,不难由此想象反光镜面是一个椭圆绕着两个焦点所在的轴旋转一周所成的曲面——旋转椭球面.因为椭圆具有题目中所说的光学性质,容易证明,从 F_1 发出的光线发射到反光镜所在球面上的一点,将经过该点反射到另一个焦点.

（2）通过对（1）问的分析可知,旋转椭球面过两个焦点的截面是焦点为 F_1、F_2 的椭圆,其焦半径为 $\frac{c}{2}$,焦点 F_1 到椭球面顶点的距离为 f,所以椭圆有一个轴半径为 $a+\frac{c}{2}$,这个半轴显然是椭圆的长半轴.由长短半轴与焦半径的关系可知另一个轴半径为 $b=\sqrt{\left(a+\frac{c}{2}\right)^2-\left(\frac{c}{2}\right)^2}$.建立合适的坐标系后可以得到椭球截面的方程.

这是一道难度一般的基础题,但对于提升学生对圆锥曲线重要性的认识无疑是有帮助的.

8.（1）卡塞格林式望远镜（参见图 4.8）利用双曲面和抛物面反射的一些特性,凹面的抛物面反射镜可以将平行于光轴入射的所有光线汇聚在单一的点——焦点上;凸面的双曲面反射镜有两个焦点,会将所有通过其中一个焦点的光线反射至另一个焦点上.这一类型望远镜的镜片在设计上会安放在共享一个焦点的位置上,以便光线能在双曲面镜的另一个焦点

上成像并观测,通常外部的目镜也会在这个点上.抛物面的主镜将进入望远镜的平行光线反射并汇聚在焦点上,这个点也是双曲线面镜的一个焦点.然后双曲面镜将这些光线反射至另一个焦点,观察者便可以在该焦点处观察影像.

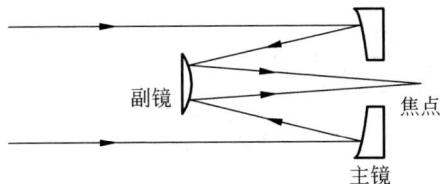

图 4.8 卡塞格林式望远镜

(2)卡塞格林式望远镜的成像面在双曲面副镜的另一个焦点处,可以将镜身的长度近似看成双曲面两个焦点的距离,其中一个焦点与抛物面主镜的焦点重合.以抛物面的顶点为坐标原点,抛物面的对称轴为 x 轴建立坐标系,由题意,抛物面沿 x 轴的截面所成抛物线的焦点到顶点的距离为 $6-0.2=5.8\mathrm{m}$,所以截面所成抛物线的方程为

$$y^2 = -4 \times 5.8x = -23.2x.$$

双曲面沿 x 轴的截面为双曲线,两个焦点的距离为 $6\mathrm{m}$,双曲线的两个焦点坐标分别为 $F_1(-5.8,0)$,$F_2(0.2,0)$,双曲线的对称轴为 $x=-2.8$,由于双曲面副镜顶点与抛物面顶点相距 $4\mathrm{m}$,故截面双曲线的顶点坐标为 $A(-4,0)$,可见双曲线的实半轴为 $a=1.2$.从而虚半轴为

$$b = \sqrt{c^2-a^2} = \sqrt{\left(\frac{6}{2}\right)^2 - 1.2^2} = \sqrt{9-1.44} = \sqrt{7.56}.$$

于是双曲线方程为

$$\frac{(x+2.8)^2}{1.44} - \frac{y^2}{7.56} = 1.$$

9. 解析几何作为一门融合代数与几何的学科,其精髓在于"以数解形"与"以形解数"的辩证统一.在圆锥曲线问题的求解中,恰当运用几何视角往往能显著简化运算过程,这一特点在本题的解法 2 中得到了充分体现.通过巧妙运用圆锥曲线的光学性质(这一本质上是几何性质的特征),

我们得以快速且优美地得出结论,充分彰显了解析几何中代数方法与几何性质相辅相成的独特魅力.

方法 1 设 l 的方程为 $x = my + \dfrac{1}{2}$,代入 $y^2 = 2x$,得 $y^2 - 2my - 1 = 0$.

设 $A\left(\dfrac{y_1^2}{2}, y_1\right), B\left(\dfrac{y_2^2}{2}, y_2\right)$,则

$$y_1 + y_2 = 2m, \tag{①}$$

$$y_1 y_2 = -1. \tag{②}$$

设切线

$$AE : y_1 y = x + \dfrac{y_1^2}{2}, \tag{③}$$

切线

$$BE : y_2 y = x + \dfrac{y_2^2}{2}. \tag{④}$$

由③式及④式得 $y_2\left(x + \dfrac{y_1^2}{2}\right) = y_1\left(x + \dfrac{y_2^2}{2}\right)$,所以

$$x = \dfrac{y_1^2 y_2 - y_2^2 y_1}{2(y_1 - y_2)} = \dfrac{y_1 y_2}{2} = -\dfrac{1}{2}.$$

由③ $-$ ④得,$(y_1 - y_2)y = \dfrac{1}{2}(y_1^2 - y_2^2)$,即 $y = \dfrac{y_1 + y_2}{2} = m$,所以 $E\left(-\dfrac{1}{2}, m\right)$.

当 $m = 0$ 时,显然有 $EF \perp AB$;

当 $m \neq 0$ 时,$k_{EF} \cdot k_{AB} = \dfrac{m - 0}{-\dfrac{1}{2} - \dfrac{1}{2}} \cdot \dfrac{1}{m} = -1$,所以 $EF \perp AB$.

方法 2 如图 4.9 所示,设过点 A 的切线与准线 f 交于 C,过点 B 的切线与准线 f 交于 D,过 A,B 分别作准线 f 的垂线,垂足为 M,N. 由抛物线的光学性质,可得 $\angle FAC = \angle MAC$,由抛物线的定义,有 $FA = MA$,而 $CA = CA$,所以 $\triangle AFC \cong \triangle AMC$,从而 $\angle AFC = \angle AMC = 90°$,即

$AF\perp FC$.同理 $BF\perp FD$.

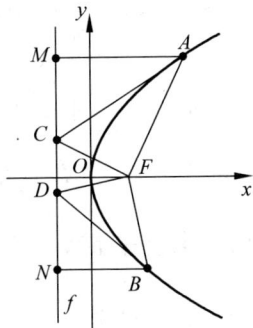

图 4.9　解图示意

那么,当 A,F,D 三点共线时,必然有 FC,FD 重合,即 C,D 重合成 E,从而 $EF\perp AB$.

习题

1.（2018 全国高考数学卷Ⅱ）　已知 F_1,F_2 是椭圆 $C:\dfrac{x^2}{a^2}+\dfrac{y^2}{b^2}=1(a>b>0)$ 的左,右焦点,A 是 C 的左顶点,点 P 在过 A 且斜率为 $\dfrac{\sqrt{3}}{6}$ 的直线上,$\triangle PF_1F_2$ 为等腰三角形,$\angle F_1F_2P=120°$,则 C 的离心率为(　　).

A.$\dfrac{2}{3}$ 　　　　B.$\dfrac{1}{2}$ 　　　　C.$\dfrac{1}{3}$ 　　　　D.$\dfrac{1}{4}$

2.椭圆 $\dfrac{x^2}{a^2}+\dfrac{y^2}{b^2}=1(a>b>0)$ 的左、右焦点分别为 $F_1(-c,0),F_2(c,0)$,若椭圆上存在一点 P 使 $\dfrac{a}{\sin\angle PF_1F_2}=\dfrac{c}{\sin\angle PF_2F_1}$,则离心率的取值范围为_____.

3.已知椭圆 $C:\dfrac{x^2}{25}+\dfrac{y^2}{9}=1,F_1,F_2$ 分别为其左右焦点,点 $Q(2,1)$,P 是 C 上的动点,则 $|PF_1|+|PQ|$ 的取值范围是_____.

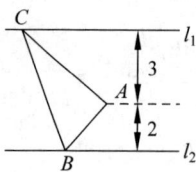

4. 如图,已知直线 $l_1 /\!/ l_2$,点 A 是 l_1,l_2 之间的定点,点 A 到直线 l_1,l_2 的距离分别为 3 和 2,点 B 是 l_2 上的一动点,作 $AC \perp AB$,且 AC 与 l_1 交于点 C,则 $\triangle ABC$ 的面积的最小值为 _____.

5. (2015 年新课标数学高考 I 卷) 在直角坐标系 xOy 中,曲线 C:$y = \dfrac{x^2}{4}$ 与直线 $l : y = kx + a(a > 0)$ 交于 M,N 两点.

(1) 当 $k = 0$ 时,分别求 C 在点 M 和 N 处的切线方程.

(2) y 轴上是否存在点 P,使得当 k 变动时,总有 $\angle OPM = \angle OPN$?(说明理由)

6. 如图,在平面直角坐标系 xOy 中,椭圆 $\dfrac{x^2}{a^2} + \dfrac{y^2}{b^2} = 1(a > b > 0)$ 过点 $(1, e)$,$\left(e, \dfrac{\sqrt{3}}{2}\right)$,其中 e 为椭圆的离心率,过定点 $N(m, 0)(0 < m < a)$ 的动直线 l 与椭圆交于 A,B 两点.

(1) 求椭圆的方程;

(2) 设椭圆的右准线与 x 轴的交点为 M,若 $\angle OMA = \angle OMB$ 总成立,求 m 的值;

(3) 是否存在定点 $M'(x_0, 0)$(其中 $x_0 > a$),使得 $\angle OM'A = \angle OM'B$ 总成立?如果存在,求出点 M' 的坐标(用 m 表示 x_0);如果不存在,请说明理由.

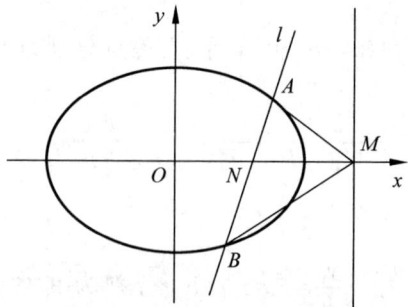

7. 已知圆 C 的圆心在坐标原点,且与直线 $l_1:x-y-2\sqrt{2}=0$ 相切.

(1) 求直线 $l_2:4x-3y+5=0$ 被圆 C 所截得的弦 AB 的长;

(2) 过点 $G(1,3)$ 作两条与圆 C 相切的直线,切点分别为 M,N,求直线 MN 的方程;

(3) 若与直线 l_1 垂直的直线 l 与圆 C 交于不同的两点 P,Q,若 $\angle POQ$ 为钝角,求直线 l 纵截距的取值范围.

8. 已知椭圆 $C:\dfrac{x^2}{a^2}+\dfrac{y^2}{b^2}=1$ 过点 $A(2,0),B(0,1)$ 两点.

(1) 求椭圆 C 的方程及离心率;

(2) P 为第三象限内一点且在椭圆 C 上,直线 PA 与 y 轴交于点 M,直线 PB 与 x 轴交于点 N,求证:四边形 $ABNM$ 的面积为定值.

9. M 是抛物线 $y^2=x$ 上的一点,动弦 ME,MF 分别交 x 轴于 A,B 两点,且 $MA=MB$. 若 M 为定点,证明:直线 EF 的斜率为定值.

习题答案

1. 参见图 4.10,由题意可得直线 AP 的方程为 $y=\dfrac{\sqrt{3}}{6}(x+a)$.

由 $\angle F_1F_2P=120°$,可知 $\angle PF_2x=60°$,又 $|PF_2|=|F_1F_2|=2c$,所以得点 $P(2c,\sqrt{3}c)$,代入直线 AP 的方程得 $\sqrt{3}c=\dfrac{\sqrt{3}}{6}(2c+a)$,整理可得 $a=4c$,故离心率为 $e=\dfrac{1}{4}$.

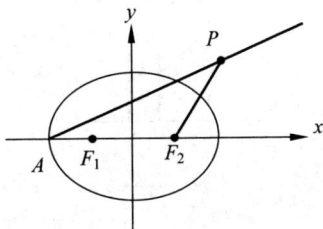

图 4.10 题解图示

2. 因为 $\dfrac{a}{\sin\angle PF_1F_2}=\dfrac{c}{\sin\angle PF_2F_1}$，所以 $\dfrac{a}{c}=\dfrac{\sin\angle PF_1F_2}{\sin\angle PF_2F_1}=\dfrac{PF_2}{PF_1}$，故

得 $\begin{cases}PF_1+PF_2=2a, \\ \dfrac{PF_2}{PF_1}=\dfrac{a}{c}\end{cases}\Rightarrow PF_1=\dfrac{2ac}{a+c}$. 因为 $PF_1>a-c$，所以 $\dfrac{2ac}{a+c}>a-c$，

即 $2ac>a^2-c^2$，所以 $e^2+2e-1>0$，解得 $e>\sqrt{2}-1$ 或 $e<-\sqrt{2}-1$(舍因为 $0<e<1$)，所以 $\sqrt{2}-1<e<1$.

3. 根据光线的"最近传播法则"，结合椭圆独特的光学性质，借助图 4.11，我们可以得出以下结论：从焦点 F_1 发出并经椭圆反射后通过点 Q 的光线，其传播路径必然满足极值条件. 这一现象可进一步细分为两种典型的反射情形：其一是光线被椭圆的上半部分反射，其二是光线被椭圆的下半

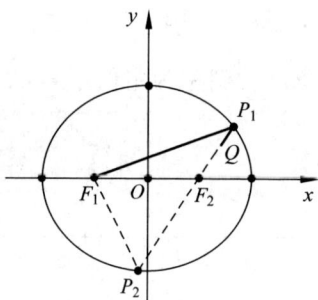

图　4.11

部分反射. 这两种情形分别对应着不同的极值路径，充分展现了椭圆反射特性的丰富内涵. 一是被上半椭圆反射(如图 4.11 所示，光线从 $F_1\to P_1\to Q$)，二是被下半椭圆反射(如图 4.11 所示，光线从 $F_1\to P_2\to F_2\to Q$). 点 $Q(2,1)$，$F_2=(4,0)$，所以 $F_2Q=\sqrt{5}$ 取值范围 $[10-\sqrt{5},10+\sqrt{5}]$.

4. 设 $BD=x$，$CE=y$，则 $S=\dfrac{1}{2}\sqrt{(x^2+4)(y^2+9)}$，$xy=6$，于是

$$S=\frac{1}{2}\sqrt{(x^2+4)\left(\frac{36}{x^2}+9\right)}=\frac{3}{2}\sqrt{x^2+\frac{x^2}{16}+8}\geqslant 6.$$

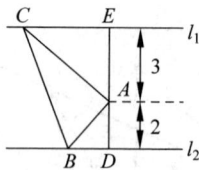

图　4.12

5. (1) 当 $k=0$ 时,有 $M=(-2\sqrt{a},a),N=(2\sqrt{a},a)$,故

$$L_M:y-a=-\sqrt{a}(x+2\sqrt{a});$$

$$L_N:y-a=\sqrt{a}(x-2\sqrt{a}).$$

(2) 设 $M(x_1,y_1),N(x_2,y_2),P(0,m)$. 由 $\angle OPM=\angle OPN$,得

$k_{MP}+k_{NP}=0$,即 $\dfrac{y_1-m}{x_1}+\dfrac{y_2-m}{x_2}=0$. 又由 $y=kx+a$,可得

$$2kx_1x_2+(a-m)(x_1+x_2)=0.\qquad(*)$$

联立 $\begin{cases} y=kx+a,\\ y=\dfrac{x^2}{4}, \end{cases}$ 得 $x^2-4kx-4a=0$,由此得 $\begin{cases} x_1\cdot x_2=4a,\\ x_1+x_2=4k,\\ \Delta=16(k^2+a)>0. \end{cases}$

代入($*$)式得 $-8ka+(am)\cdot 4k=0$,故 $m=-a$,于是 y 轴上存在点 P,且 $P(0,-a)$,使当 k 变动时,总有 $\angle OPM=\angle OPN$.

6. 方法 1 (1) 因为椭圆 $\dfrac{x^2}{a^2}+\dfrac{y^2}{b^2}=1(a>b>0)$过点 $(1,e),\left(e,\dfrac{\sqrt{3}}{2}\right)$,

所以

$$\begin{cases} \dfrac{1}{a^2}+\dfrac{e^2}{b^2}=1,\\ \dfrac{e^2}{a^2}+\dfrac{3}{4b^2}=1,\\ a^2=b^2+c^2,\\ e=\dfrac{c}{a}, \end{cases}$$

解得 $a=\sqrt{2},b=c=1$,所以椭圆方程为 $\dfrac{x^2}{2}+y^2=1$.

(2) 椭圆 $\dfrac{x^2}{2}+y^2=1$ 的准线方程为 $x=2$,则 $M(2,0)$.

当直线 l 与 x 轴垂直或与 x 轴重合时,$\angle OMA=\angle OMB$;当直线 l 与 x 轴不垂直且不重合时,设 l 的方程为 $y=k(x-m)$.

设 $A(x_1,y_1),B(x_2,y_2)$,由

$$\begin{cases} \dfrac{x^2}{2} + y^2 = 1, \\ y = k(x - m) \end{cases}$$

得 $(2k^2 + 1)x^2 - 4mk^2 x + 2m^2 k^2 - 2 = 0$，所以

$$x_1 + x_2 = \frac{4mk^2}{2k^2 + 1}, \quad x_1 x_2 = \frac{2m^2 k^2 - 2}{2k^2 + 1}. \qquad (*)$$

因为 $\angle OMA = \angle OMB$ 总成立，又 MA，MB 斜率存在，故 MA，MB

的斜率和总为 0，即 $\dfrac{y_1}{x_1 - 2} + \dfrac{y_2}{x_2 - 2} = 0$ 对 $k \in (-\infty, 0) \cup (0, +\infty)$ 恒成立，

或写成 $\dfrac{k(x_1 - m)}{x_1 - 2} = -\dfrac{k(x_2 - m)}{x_2 - 2}$ 对 $k \in (-\infty, 0) \cup (0, +\infty)$ 恒成立，也可

写成 $2x_1 x_2 - (m + 2)(x_1 + x_2) + 4m = 0 k \in (-\infty, 0) \cup (0, +\infty)$ 恒成立.

代入 $(*)$ 式并整理得 $m = 1$.

（3）假设存在这样的点 $M'(x_0, 0)$（其中 $x_0 > a$）满足条件，则 $M'A$，

$M'B$ 的斜率同时存在且和为 0，即 $\dfrac{y_1}{x_1 - x_0} + \dfrac{y_2}{x_2 - x_0} = 0$.

根据题意，只需要考虑直线 l 与 x 轴不垂直也不重合的情形，结合（2）

问中 $(*)$ 式有

$$x_0 = \frac{x_1 y_2 + x_2 y_1}{y_1 + y_2} = \frac{x_1 k(x_2 - m) + x_2 k(x_1 - m)}{k(x_1 - m) + k(x_2 - m)}$$

$$= \frac{2x_1 x_2 - m(x_1 + x_2)}{x_1 + x_2 - 2m}$$

为定值，所以这样的点 M' 如果存在，其坐标只可能为 $\left(\dfrac{2}{m}, 0 \right)$.

因为 $m \in (0, \sqrt{2})$，所以 $x_0 = \dfrac{2}{m} > \sqrt{2}$ 满足条件，故 M' 坐标为 $\left(\dfrac{2}{m}, 0 \right)$.

方法 2　（2）当 L_{AB} 与 x 轴平行时 $\angle OMA = \angle OMB$.

反之，设 $L_{AB}: x = ty + m$，$A(x_1, y_1)$，$B(x_2, y_2)$. 已知 $M(2, 0)$，依题

得 $k_{MA} + k_{MB} = 0$，即 $\dfrac{y_1}{x_1 - 2} + \dfrac{y_2}{x_2 - 2} = 0$

$$2ty_1y_2+(m-2)(y_1+y_2)=0. \tag{I}$$

$$\begin{cases} x=ty+m, \\ \dfrac{x^2}{2}+y^2=1, \end{cases} \text{得}(t^2+2)y^2+2mty+m^2-2=0,$$

$$\begin{cases} y_1y_2=\dfrac{m^2-2}{t^2+2}, \\ y_1+y_2=\dfrac{-2mt}{t^2+2}, \end{cases} \tag{II}$$

（Ⅱ）式代入（Ⅰ）式得 $4t(m-1)=0$，对任意 $t\in\mathbb{R}$ 成立，则 $m=1$.

（3）假设存在 $M'(n,0)$，由 $k_{M'A}+k_{M'B}=0$ 得 $\dfrac{y_1}{x_1-n}+\dfrac{y_2}{x_2-n}=0$，即

$$2ty_1y_2+(m-n)(y_1+y_2)=0;$$

将（Ⅰ）式代入上式得 $2mnt-4t=0$，对任意 $t\in\mathbb{R}$ 成立，则 $n=\dfrac{2}{m}$ 所以

M' 坐标为 $\left(\dfrac{2}{m},0\right)$.

7.（1）由题意得圆心 $(0,0)$ 到直线 $l_1:x-y-2\sqrt{2}=0$ 的距离等于半

径，故 $r=\dfrac{2\sqrt{2}}{2}=2$，圆 C 的标准方程为 $x^2+y^2=4$. 所以圆心到直线 l_2 的

距离 $d=\sqrt{2^2-3}=1$，故 $|AB|=2\sqrt{3}$.

（2）因为点 $G(1,3)$，所以 $|OG|=\sqrt{1^2+3^2}=\sqrt{10}$，$|GM|=$

$\sqrt{OG^2-OM^2}=\sqrt{6}$，故以 G 点为圆心，线段 GM 长为半径的圆 G 的方程为

$$(x-1)^2+(y-3)^2=6. \tag{*}$$

又圆 C 方程为

$$x^2+y^2=4. \tag{**}$$

由（*）−（**）得直线 MN 的方程为 $x+3y-4=0$.

（3）设直线 l 的方程为 $y=-x+b$，联立 $x^2+y^2=4$ 得

$$2x^2-2bx+b^2-4=0.$$

设直线 l 与圆的交点 $P(x_1,y_1)$，$Q(x_2,y_2)$，由

$$\Delta = (-2b)^2 - 8(b^2 - 4) > 0, \quad 得\ b^2 < 8,$$

$$x_1 + x_2 = b, \quad x_1 \cdot x_2 = \frac{b^2 - 4}{2}. \qquad (***)$$

因为 $\angle POQ$ 为钝角,所以 $\overrightarrow{OP} \cdot \overrightarrow{OQ} < 0$,即满足 $x_1 x_2 + y_1 y_2 < 0$,且 $\overrightarrow{OP}$ 与 $\overrightarrow{OQ}$ 不是反向共线.

又 $y_1 = -x_1 + b, y_2 = -x_2 + b$,所以

$$x_1 x_2 + y_1 y_2 = 2x_1 x_2 - b(x_1 + x_2) + b^2 < 0. \qquad (****)$$

由(***)式及(****)式得 $b^2 < 4$,满足 $\Delta > 0$,即 $-2 < b < 2$,当 $\overrightarrow{OP}$ 与 $\overrightarrow{OQ}$ 反向共线时,直线 $y = -x + b$ 过原点,此时 $b = 0$,不满足题意.

8. (1) 由题意得,$a = 2, b = 1$. 所以椭圆 C 的方程为 $\dfrac{x^2}{4} + y^2 = 1$. 又

$c = \sqrt{a^2 - b^2} = \sqrt{3}$,所以离心率 $e = \dfrac{c}{a} = \dfrac{\sqrt{3}}{2}$.

(2) 设 $P(x_0, y_0)(x_0 < 0, y_0 < 0)$,则 $x_0^2 + 4y_0^2 = 4$. 又 $A(2, 0), B(0, 1)$,故直线 PA 的方程为 $y = \dfrac{y_0}{x_0 - 2}(x - 2)$.

令 $x = 0$,得 $y_M = \dfrac{-2y_0}{x_0 - 2}$,故 $|BM| = 1 - y_M = 1 + \dfrac{2y_0}{x_0 - 2}$. 同理,直线 PB 的方程为 $y = \dfrac{y_0 - 1}{x_0}x + 1$. 令 $y = 0$,得 $x_N = -\dfrac{x_0}{y_0 - 1}$,从而

$$|AN| = 2 - x_N = 2 + \frac{x_0}{y_0 - 1}.$$

所以四边形 $ABNM$ 的面积

$$S = \frac{1}{2}|AN| \cdot |BM| = \frac{1}{2}\left(2 + \frac{x_0}{y_0 - 1}\right)\left(1 + \frac{2y_0}{x_0 - 2}\right)$$

$$= \frac{x_0^2 + 4y_0^2 + 4x_0 y_0 - 4x_0 - 8y_0 + 4}{2(x_0 y_0 - x_0 - 2y_0 + 2)} = \frac{2x_0 y_0 - 2x_0 - 4y_0 + 4}{x_0 y_0 - x_0 - 2y_0 + 2} = 2.$$

从而四边形 $ABNM$ 的面积为定值.

9. 方法 1 $M(y_0^2, y_0)$,直线 ME 的斜率为 $k(k > 0)$,则直线 MF 的斜率为 $-k$,所以直线 ME 的方程为 $y - y_0 = k(x - y_0^2)$.

联立 $\begin{cases} y - y_0 = k(x - y_0^2), \\ y^2 = x, \end{cases}$ 消元得 $ky^2 - y + y_0(1 - ky_0) = 0$,解得

$y_E = \dfrac{1 - ky_0}{k}$,故 $x_E = \dfrac{(1 - ky_0)^2}{k^2}$. 同理, $y_F = \dfrac{1 + ky_0}{-k}$,故 $x_F = \dfrac{(1 + ky_0)^2}{k^2}$.

于是 $k_{EF} = \dfrac{y_E - y_F}{x_E - x_F} = \dfrac{\dfrac{1 - ky_0}{k} - \dfrac{1 + ky_0}{-k}}{\dfrac{(1 - ky_0)^2}{k^2} - \dfrac{(1 + ky_0)^2}{k^2}} = \dfrac{\dfrac{2}{k}}{\dfrac{-4ky_0}{k^2}} = -\dfrac{1}{2y_0}$(定

值),即直线 EF 的斜率为定值.

方法 2　设 $M(x_0, y_0)$, $E(x_1, y_1)$, $F(x_2, y_2)$,则

$$k_{ME} = \frac{y_1 - y_0}{x_1 - x_0} = \frac{y_1 - y_0}{y_1^2 - y_0^2} = \frac{1}{y_1 + y_0}, \quad k_{MF} = \frac{1}{y_2 + y_0}.$$

由 $MA = MA$ 得 $k_{ME} + k_{MF} = 0$,由此可得 $y_1 + y_2 + 2y_0 = 0$,故 $k_{EF} = \dfrac{1}{y_1 + y_2} = -\dfrac{1}{2y_0}$,即 k_{EF} 为定值.

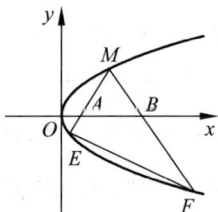

图　4.13

4.6　立体几何

立体几何是高中数学的难点之一,需要学生具备一定的空间想象能力,具有较高的抽象性和逻辑性.涉及立体几何的问题不仅要求学生充分理解空间中线、面的平行与垂直关系的判定定理与性质.还需要具有一定的计算能力,根据空间图形的结构特征计算几何体的体积以及相关的面积,利用直线的方向向量和平面的法向量来表示空间中直线和平面的位置

特征,从而解决空间中夹角、距离的表示和计算.

新课标高考以来,立体几何的题型与题量变化不大,仍然是"小题(选填)+解答题"模式,但是题目的类型不断创新,例如增加了真实情境和科学情境,问题从简单到复杂,需要解题者灵活运用基本知识和方法分析问题.

高考试题中立体几何多为 1~3 小题 1 大题,题目的分布比较稳定,难易适中.分值在 20 分左右,作为经典的高中数学内容,在经过强化训练后,大部分学生可以做到基本不丢分.

立体几何重点考查以下四个方面的知识点.第一类问题是空间中直线与直线、直线与平面、平面与平面的位置关系,这是立体几何的基础,其中平行、垂直关系的判定与论证是高考的重点和热点.直线与平面的位置关系的判定多为选择题或多项填空题.解答题大多以多面体为载体,考查直线、平面平行或垂直的位置关系.第二类问题是空间的角和距离,这是立体几何的基础和核心,通常都会有一个以角度和距离为内容的选择题或填空题,也可能会以多面体或球为载体,计算空间中角的大小和距离.第三类问题是多面体和球的面积与体积问题,一般出现在选择题、填空题或解答题的某一小题.第四类问题带有一定的综合性,通常将立体几何与排列组合、解析几何、函数等知识相结合,体现知识点之间的相互联系.

众所周知,立体几何问题平面化,面面问题线面化,线面问题线线化,几何问题代数化,这是求解传统欧氏几何惯用的方法.与传统欧氏几何不同的是,目前的立体几何问题常常与排列组合、概率、函数、方程、不等式、解析几何等知识点相互交叉,对解题者综合运用数学知识和数学思想方法解决问题能力的要求比较高.

具体而言,空间向量、截面问题、位置关系等是命题热点,需要学生具备一定的空间想象能力及综合能力,解决几何问题的第一步是正确画图,示意图作对了,问题就解决了一半.直线与平面、平面与平面的平行与垂直的判定通常是中档题的第一问.利用直角坐标系中的向量表示问题中涉及的点、直线、平面及其位置关系,从而把立体几何问题转化为向量问题,通过向量运算,将点、直线、平面之间的位置关系以及它们之间的(距离和)夹角等问题转换为向量的运算,最终再把向量运算得到的结果转换成相应的几何语言.利用空间向量解决几何问题的难点是建立恰当的坐标系,通过对点的坐标进行计算,探索动点的轨迹.熟练掌握这些技巧是解决综合性较强的立体几何问题的关键.

4.6.1 选择题与填空题

1. (多选)下列物体中,能够被整体放入棱长为 1(单位:m)的正方体容器(容器壁厚度忽略不计)内的有(　　).

    A. 直径为 0.99m 的球体

    B. 所有棱长均为 1.4m 的四面体

    C. 底面直径为 0.01m,高为 1.8m 的圆柱体

    D. 底面直径为 1.2m,高为 0.01m 的圆柱体

2. (多选)已知圆锥的顶点为 P,底面圆心为 O,AB 为底面直径,$\angle APB = 120°$,$PA = 2$,点 C 在底面圆周上,且二面角 $P\text{-}AC\text{-}O$ 为 $45°$,则(　　).

    A. 该圆锥的体积为 π   B. 该圆锥的侧面积为 $4\sqrt{3}\pi$

    C. $AC = 2\sqrt{2}$ D. $\triangle PAC$ 的面积为 $\sqrt{3}$

3. (多选)已知正方体 $ABCD\text{-}A_1B_1C_1D_1$,则(　　).

    A. 直线 BC_1 与 DA_1 所成的角为 $90°$

    B. 直线 BC_1 与 CA_1 所成的角为 $90°$

    C. 直线 BC_1 与平面 BB_1D_1D 所成的角为 $45°$

    D. 直线 BC_1 与平面 $ABCD$ 所成的角为 $45°$

4. (多选)正方体 $ABCD\text{-}A_1B_1C_1D_1$ 的棱长为 2,已知平面 $\alpha \perp AC_1$,则关于 α 截此正方体所得截面的判断正确的是(　　).

    A. 截面形状可能为正三角形

  B. 截面形状可能为正方形

  C. 截面形状可能为正六边形

  D. 截面面积最大值为 $3\sqrt{3}$

5. (多选)在正三棱柱 $ABC\text{-}A_1B_1C_1$ 中，$AB=AA_1=1$，点 P 满足 $\overrightarrow{BP}=\lambda\overrightarrow{BC}+\mu\overrightarrow{BB_1}$，其中 $\lambda\in[0,1]$，$\mu\in[0,1]$，则(   ).

  A. 当 $\lambda=1$ 时，$\triangle AB_1P$ 的周长为定值

  B. 当 $\mu=1$ 时，三棱锥 $P\text{-}A_1BC$ 的体积为定值

  C. 当 $\lambda=\dfrac{1}{2}$ 时，有且仅有一个点 P，使得 $A_1P\perp BP$

  D. 当 $\mu=\dfrac{1}{2}$ 时，有且仅有一个点 P，使得 $A_1B\perp$ 平面 AB_1P

6. (多选)在通用技术课上，某小组将一个直三棱柱 $ABCA_1B_1C_1$ 展开，得到的平面图如图所示. 其中 $AB=4$，$AC=3$，$BC=AA_1=5$，M 是 BB_1 上的点，则在直三棱柱 $ABCA_1B_1C_1$ 中，下列结论正确的是_____.(填序号)

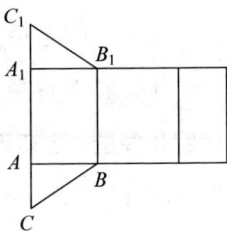

  A. AM 与 A_1C_1 是异面直线

  B. $AC\perp A_1M$

  C. 平面 AB_1C 将三棱柱截成一个五面体和一个四面体

  D. A_1M+MC 的最小值是 $2\sqrt{26}$

7. 在四面体 $A\text{-}BCD$ 中，$AB=CD=\sqrt{7}$，$AD=BC=\sqrt{29}$，$AC=BD=2\sqrt{7}$，则四面体 $A\text{-}BCD$ 外接球表面积是(   ).

  A. 64π B. 32π C. 256π D. $\dfrac{256}{3}\pi$

8. 已知正四棱锥的侧棱长为 l，其各顶点都在同一个球面上，若该球的体积为 36π，且 $3\leqslant l\leqslant 3\sqrt{3}$，则该正四棱锥体积的取值范围是(   ).

  A. $\left[18,\dfrac{81}{4}\right]$ B. $\left[\dfrac{27}{4},\dfrac{81}{4}\right]$ C. $\left[\dfrac{27}{4},\dfrac{64}{3}\right]$ D. $[18,27]$

9. 已知正三棱台的高为1,上下底面的边长分别为 $3\sqrt{3}$ 和 $4\sqrt{3}$,其顶点都在同一球面上,则该球的表面积为(　　).

　　A. 100π　　　　B. 128π　　　　C. 144π　　　　D. 192π

10. 已知圆锥的底面半径为 $\sqrt{2}$,其侧面展开图为一个半圆,则该圆锥的母线长为(　　).

　　A. 2　　　　B. $2\sqrt{2}$　　　　C. 4　　　　D. $4\sqrt{2}$

4.6.2　选择题与填空题解析

1. 正方体的内切球直径为 $1>0.99$,故 A 正确.

选项 B,连接正方体的六个面对角线,可以得到一个正四面体,即正方体的内接正四面体的棱长为 $\sqrt{2}>1.4$,故 B 正确. 对于 C,D,可考虑斜着放是否能装入,可以作图如图 4.14 所示,假设放入最大的圆柱 AB,A,B 分别为圆柱下、上底面的圆心. 设圆柱底面半径为 r,正方体体对角线为 CD,$|CD|=\sqrt{3}$,故 $AC=\dfrac{\sqrt{2}}{2}r \cdot \sqrt{3}=\dfrac{\sqrt{6}}{2}r$.

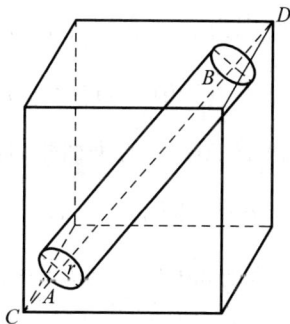

图　4.14

当 r 取定时,圆柱的高 $h_{\max}=\sqrt{3}-\sqrt{6}r$.

对于 C,当 $r=0.005$ 时,$h_{\max}=\sqrt{3}-\sqrt{6}\times0.005\approx1.72<1.8$,故 C 错.

对于 D,当 $r=0.6$ 时,$h_{\max}=\sqrt{3}-0.6\times\sqrt{6}\approx0.26>0.01$,故 D 正确.

故选 A,B,D.

2. 要解决这个问题,我们可以利用圆锥的几何性质和给定的条件来逐一验证选项的正确性. 如图 4.15 所示,在 $\triangle PAB$ 中,$PA=PB=2$,$\angle APB=120°$,则 $PO=1$,$AB=2\sqrt{3}$,故圆锥的体积

$$V=\frac{1}{3} \cdot PO \cdot \pi \cdot OA^2=\frac{1}{3} \cdot 1 \cdot \pi \cdot 3=\pi,$$

所以 A 正确.

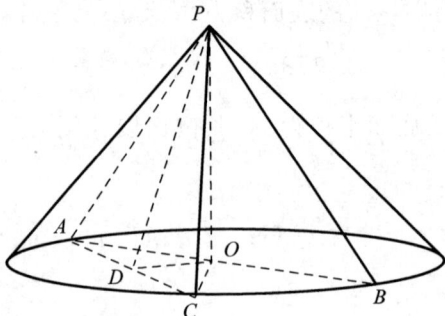

图　4.15

圆锥的侧面展开图为扇形,扇形的半径为 2,弧长为 $2\sqrt{3}\pi$,故圆锥的

侧面积为 $S=\dfrac{1}{2}\cdot 2\cdot 2\sqrt{3}\pi=2\sqrt{3}\pi$,因此 B 错误.

取 AC 中点 D,连接 PD,OD,则 $PD\perp AC,OD\perp AC$,则 $\angle PDO$ 为二

面角 $P\text{-}AC\text{-}O$ 的平面角,即 $\angle PDO=45°$.

在 $\mathrm{Rt}\triangle PDO$ 中,$PO=1$,故 $DO=1$,$PD=\sqrt{2}$,在 $\mathrm{Rt}\triangle ODA$ 中,$AD=$

$\sqrt{OA^2-OD^2}=\sqrt{3-1}=\sqrt{2}$,故 $AC=2\sqrt{2}$,可见 C 正确.

$S_{\triangle PAC}=\dfrac{1}{2}PD\cdot AC=\dfrac{1}{2}\times\sqrt{2}\times2\sqrt{2}=2$,这说明 D 错误.

故选 A,C.

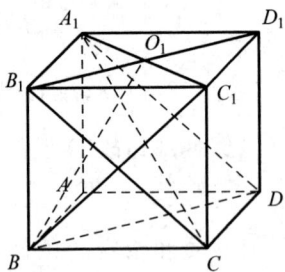

图　4.16

3. 如图 4.16 所示,因为 $BC_1\perp B_1C$,$B_1C/\!/DA_1$,所以 $BC_1\perp DA_1$,故 A 正确.由于 $A_1B_1\perp$ 平面 BB_1C_1C,$BC_1\subset$ 平面 BB_1C_1C,所以 $BC_1\perp A_1B_1$.又 $BC_1\perp B_1C$,且 $A_1B_1\cap B_1C=B_1$,$A_1B_1,B_1C\subset$ 平面 CDA_1B_1,所以 $BC_1\perp$ 平面 CDA_1B_1,且 $CA_1\subset$ 平面 CDA_1B_1,所以直线 $BC_1\perp CA_1$,因此 B 正确.

连接 A_1C_1 与 B_1D_1 交于点 O_1,因为 $B_1B\perp$ 平面 $A_1B_1C_1D_1$,$A_1C_1\subset$ 平面 $A_1B_1C_1D_1$,所以 $B_1B\perp A_1C_1$.又 $A_1C_1\perp B_1D_1$,且 $B_1D_1\cap B_1B=$

$B_1, B_1 D_1, B_1 B \subset$ 平面 $BB_1 D_1 D$,所以 $A_1 C_1 \perp$ 平面 $BB_1 D_1 D$,则 $\angle O_1 BC_1$ 即为直线 BC_1 与平面 $BB_1 D_1 D$ 所成的角,$\sin \angle O_1 BC_1 = \dfrac{O_1 C_1}{BC_1} = \dfrac{1}{2}$,所以 $\angle O_1 BC_1 = 30°$,故 C 错误. 又直线 BC_1 与平面 $ABCD$ 所成的角即为 $\angle C_1 BC = 45°$,这说明 D 正确. 可见正确答案为 A,B,D.

4. 易知 A,C 正确,B 不正确,下面说明 D 正确.

如图 4.17 所示,截面为正六边形,当六边形的顶点均为棱的中点时,其面积最大,$MN = 2\sqrt{2}$,$GH = \sqrt{2}$,$OE = \sqrt{OO'^2 + O'E^2} = \sqrt{1 + \left(\dfrac{\sqrt{2}}{2}\right)^2} = \dfrac{\sqrt{6}}{2}$,所以

$S = 2 \times \dfrac{1}{2} \times (\sqrt{2} + 2\sqrt{2}) \times \dfrac{\sqrt{6}}{2} = 3\sqrt{3}$,故 D 正确.

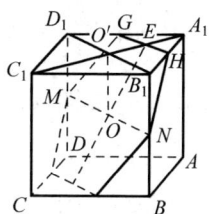

图 4.17

由此可知正确答案为 A,C,D.

5. 这道题有一定的综合性,需要根据不同的参数取值确定 P 点的位置,属于偏难题,需要具备一定的逻辑推理与空间想象能力.

(1) 当 $\lambda = 1$ 时,$\overrightarrow{BP} = \overrightarrow{BC} + \mu \overrightarrow{BB_1}$,即 $\overrightarrow{CP} = \mu \overrightarrow{BB_1}$,所以 $\overrightarrow{CP} // \overrightarrow{BB_1}$,故点 P 在线段 CC_1 上,如图 4.18(a) 所示,此时 $\triangle AB_1 P$ 的周长为 $AB_1 + B_1 P + AP$,当点 P 为 CC_1 的中点时,$\triangle AB_1 P$ 的周长为 $\sqrt{5} + \sqrt{2}$,当点 P 在点 C_1 处时,$\triangle AB_1 P$ 的周长为 $2\sqrt{2} + 1$,故周长不为定值,因此选项 A 错误.

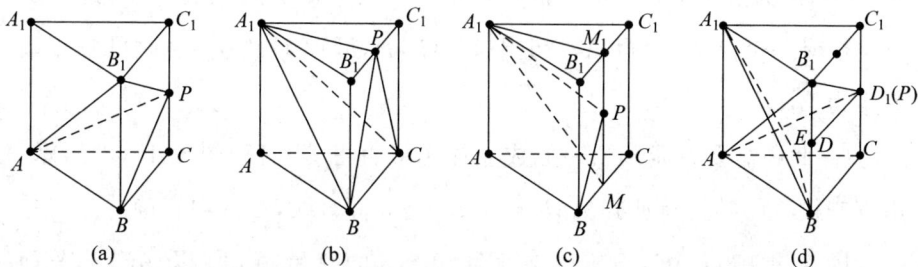

(a)　　　(b)　　　(c)　　　(d)

图 4.18

(2) 当 $\mu=1$ 时，$\overrightarrow{BP}=\lambda\overrightarrow{BC}+\overrightarrow{BB_1}$，即 $\overrightarrow{B_1P}=\lambda\overrightarrow{BC}$，所以 $\overrightarrow{B_1P}/\!/\overrightarrow{BC}$，从而点 P 在线段 B_1C_1 上，如图 4.18(b)所示，由于 $B_1C_1/\!/$ 平面 A_1BC，故而直线 B_1C_1 上的点到平面 A_1BC 的距离相等，注意到 $\triangle A_1BC$ 的面积为定值，所以三棱锥 P-A_1BC 的体积为定值，所以 B 正确.

(3) 当 $\lambda=\dfrac{1}{2}$，取线段 BC，B_1C_1 的中点分别为 M，M_1，连接 M_1M，因为 $\overrightarrow{BP}=\dfrac{1}{2}\overrightarrow{BC}+\mu\overrightarrow{BB_1}$，即 $\overrightarrow{MP}=\mu\overrightarrow{BB_1}$，所以 $\overrightarrow{MP}/\!/\overrightarrow{BB_1}$，显然点 P 在线段 M_1M 上，如图 4.18(c)所示，当点 P 在 M_1 处时，$A_1M_1\perp B_1C_1$，$A_1M_1\perp B_1B$，由于 $B_1C_1\bigcap B_1B=B_1$，故 $A_1M_1\perp$ 平面 BB_1C_1C. 又 $BM_1\subset$ 平面 BB_1C_1C，所以 $A_1M_1\perp BM_1$，即 $A_1P\perp BP$. 类似地，当点 P 在 M 处时，$A_1P\perp BP$，可见 C 错误.

(4) 当 $\mu=\dfrac{1}{2}$ 时，取 CC_1 的中点 D_1，BB_1 的中点 D，因为 $\overrightarrow{BP}=\lambda\overrightarrow{BC}+\dfrac{1}{2}\overrightarrow{BB_1}$，即 $\overrightarrow{DP}=\lambda\overrightarrow{BC}$，所以 $\overrightarrow{DP}/\!/\overrightarrow{BC}$，从而点 P 在线的 DD_1 上，如图 4.18(d)所示，当点 P 在点 D_1 处时，取 AC 的中点 E，连接 A_1E，BE，因为 $BE\perp$ 平面 ACC_1A_1，又 $AD_1\subset$ 平面 ACC_1A_1，所以 $AD_1\perp BE$. 在正方形 ACC_1A_1 中，$AD_1\perp A_1E$，而 $BE\bigcap A_1E=E$，BE，$A_1E\subset$ 平面 A_1BE，故 $AD_1\perp$ 平面 A_1BE，由 $A_1B\subset$ 平面 A_1BE，知 $A_1B\perp AD_1$，在正方形 ABB_1A_1 中，$A_1B\perp AB_1$，$AD_1\bigcap AB_1=A$，AD_1，$AB_1\subset$ 平面 AB_1D_1，所以 $A_1B\perp$ 平面 AB_1D_1，因为过定点 A 与定直线 A_1B 垂直的平面有且只有一个，这说明有且仅有一个点 P，使得 $A_1B\perp$ 平面 AB_1P，因而 D 正确. 由此可知正确答案为 B,D.

6. 此题需要将展开图还原成立体图形直三棱柱，如图 4.19(a)所示. 由直三棱柱的结构特征知 AM 与 A_1C_1 是异面直线，A 选项正确.

因为 $AA_1\perp AC$，$BA\perp AC$，且 $AA_1\bigcap BA=A$，所以 $AC\perp$ 平面 AA_1B_1B. 又 $A_1M\subset$ 平面 AA_1B_1B，故 $AC\perp A_1M$，B 选项正确.

由图知，平面 AB_1C 将三棱柱截成四棱锥 $B_1ACC_1A_1$ 和三棱锥

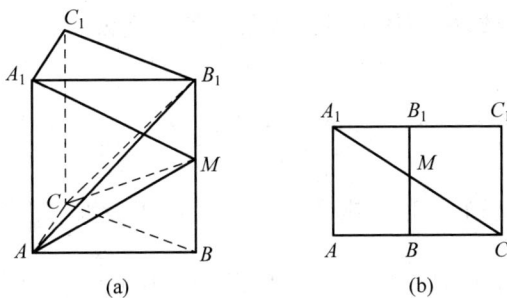

图 4.19

B_1ABC,即一个五面体和一个四面体,C 选项正确.

将平面 AA_1B_1B 和平面 CC_1B_1B 展开为一个平面,如图 4.19(b)所示,当 A_1,M,C 共线时,A_1M+MC 的最小值为 $\sqrt{106}$,D 选项错误. 正确答案为 A,B,C.

7. 由题意可知,对边相等的四面体 $A\text{-}BCD$ 可以对其补形为一个长方体,如图 4.20 所示,易得长方体的长、宽、高分别为 $\sqrt{3}$,$\sqrt{25}$,2,所以此四面体 $A\text{-}BCD$ 的外接球的直径为长方体的体对角线,即 $(2R)^2=(\sqrt{3})^2+(\sqrt{25})^2+2^2$,解得 $R=2\sqrt{2}$.

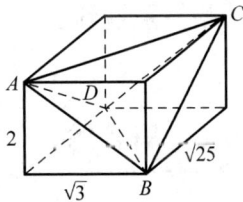

图 4.20

所以四面体 $A\text{-}BCD$ 外接球表面积是 $S=4\pi R^2=4\times\pi\times(2\sqrt{2})^2=32\pi$,即正确答案为 B.

8. 设正四棱锥 $P\text{-}ABCD$ 的高为 $PO_1=h$,底面边长为 a,球心为 O,由已知可得球半径为 $R=3$,故

$$\begin{cases} \left(\dfrac{\sqrt{2}}{2}a\right)^2+(h-3)^2=9, \\ \left(\dfrac{\sqrt{2}}{2}a\right)^2+h^2=l^2, \end{cases} \quad 即 \begin{cases} 6h=l^2, \\ a^2=2(6h-h^2). \end{cases}$$

因 $3\leqslant l\leqslant 3\sqrt{3}$,故 $9\leqslant 6h\leqslant 27$,故 $\dfrac{3}{2}\leqslant h\leqslant\dfrac{9}{2}$. 对 $V=\dfrac{1}{3}a^2h=\dfrac{2}{3}(6h-h^2)h$ 求导得 $V'=2(4-h)h$,这说明 $V=\dfrac{2}{3}(6-h)h^2$ 在 $\left[\dfrac{3}{2},4\right]$ 上单调递增,在

$\left[4,\dfrac{9}{2}\right]$ 上单调递减,故而体积的最大最小值分别为

$$V_{\max}=V(4)=\dfrac{64}{3},\quad V_{\min}=\min\left\{V\left(\dfrac{3}{2}\right),V\left(\dfrac{9}{2}\right)\right\}=V\left(\dfrac{3}{2}\right)=\dfrac{27}{4},$$

故该正四棱锥体积的取值范围是 $\left[\dfrac{27}{4},\dfrac{64}{3}\right]$,即正确答案为 C.

9. 由题意,上底面所在平面截球面所得圆的半径为 3,下底面所在平面截球面所得圆的半径为 4,设球的半径为 R,当正三棱台的上、下底面在球心异侧时,有 $\sqrt{R^2-3^2}+\sqrt{R^2-4^2}=1$,此时无解.

所以正三棱台的上、下底面必在球心同侧,故 $\sqrt{R^2-3^2}-\sqrt{R^2-4^2}=1$,解得 $R^2=25$,因此该球的表面积为 $S=4\pi R^2=100\pi$,即正确答案为 A.

10. 设圆锥的母线长为 l,由于圆锥底面半径为 $\sqrt{2}$,故底面圆周长为 $2\sqrt{2}\pi$,将圆锥展开可知半圆的弧长为 $2\sqrt{2}\pi$,所以 $\pi l=2\sqrt{2}\pi$,得 $l=2\sqrt{2}$,即正确答案为 B.

4.6.3 解答题

1. 如图所示,直三棱柱 $ABC\text{-}A_1B_1C_1$ 的体积为 4,$\triangle A_1BC$ 的面积为 $2\sqrt{2}$.

(1) 求 A 到平面 A_1BC 的距离;

(2) 设 D 为 A_1C 的中点,$AA_1=AB$,平面 $A_1BC\perp$ 平面 ABB_1A_1,求二面角 $A\text{-}BD\text{-}C$ 的正弦值.

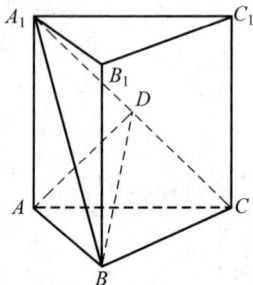

2. 如图所示,O 为正四棱锥 $P\text{-}ABCD$ 底面 $ABCD$ 的中心.

(1) 若 $AP=5$,$AD=3\sqrt{2}$,求 $\triangle POA$ 绕 PO 旋转一周形成的几何体的体积;

(2) 若 $AP=AD$,E 为 PB 的中点,求直线 BD 与平面 AEC 所成角的大小.

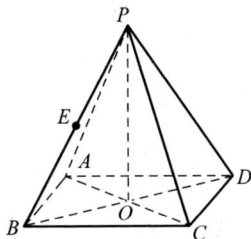

3. 如图所示,已知四棱柱 $ABCD\text{-}A_1B_1C_1D_1$ 中,底面 $ABCD$ 为梯形,$AB/\!/CD$,$A_1A\perp$ 平面 $ABCD$,$AD\perp AB$,其中 $AB=AA_1=2$,$AD=DC=1$. N 是 B_1C_1 的中点,M 是 DD_1 的中点.

(1) 求证 $D_1N/\!/$ 平面 CB_1M;

(2) 求平面 CB_1M 与平面 BB_1CC_1 的夹角余弦值;

(3) 求点 B 到平面 CB_1M 的距离.

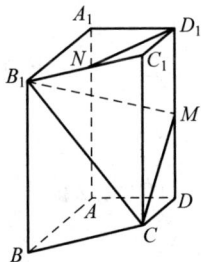

4. 如图所示,三角形 PDC 所在的平面与长方形 $ABCD$ 所在的平面垂直,$PD=PC=4$,$AB=6$,$BC=3$. 点 E 是 CD 边的中点,点 F,G 分别在线段 AB,BC 上,且 $AF=2FB$,$CG=2GB$.

(1) 求直线 PA 与平面 $ABCD$ 所成角;

(2) 求二面角 $P\text{-}AD\text{-}C$ 的正切值;

(3) 求直线 PA 与直线 FG 所成角的余弦值.

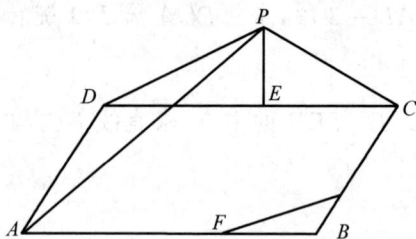

5. 如图所示,四面体 $ABCD$ 中,$AD \perp CD$,$AD = CD$,$\angle ADB = \angle BDC$,E 为 AC 的中点.

(1) 证明:平面 $BED \perp$ 平面 ACD;

(2) 设 $AB = BD = 2$,$\angle ACB = 60°$,点 F 在 BD 上,当 $\triangle AFC$ 的面积最小时,求三棱锥 $F\text{-}ABC$ 的体积.

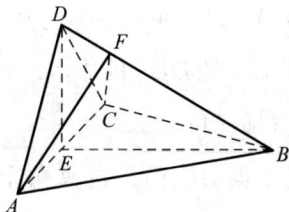

6. 如图所示,D 为圆锥的顶点,O 是圆锥底面的圆心,AE 为底面直径,$AE = AD$.$\triangle ABC$ 是底面的内接正三角形,P 为 DO 上一点,$PO = \dfrac{\sqrt{6}}{6}DO$.

(1) 证明:$PA \perp$ 平面 PBC;

(2) 求二面角 $B\text{-}PC\text{-}E$ 夹角的余弦值.

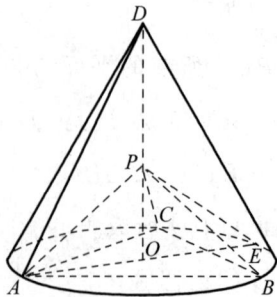

7. 如图所示,四棱锥 P-$ABCD$ 中,$PA \perp$ 底面 $ABCD$,$PA = AC = 2$,$BC = 1$,$AB = \sqrt{3}$.

(1) 若 $AD \perp PB$,证明:$AD /\!/$ 平面 PBC；

(2) 若 $AD \perp DC$,且二面角 A-CP-D 的正弦值为 $\dfrac{\sqrt{42}}{7}$,求 AD.

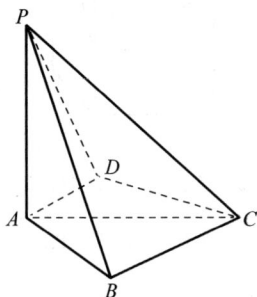

8. 矩形 $ATCD$ 中,$AD = 2DC = 2$,B 为 TC 的中点,$\triangle TAB$ 沿 AB 翻折,使得点 T 到达点 P 的位置,连接 PD,得到如图所示的四棱锥 P-$ABCD$,M 为 PD 的中点.

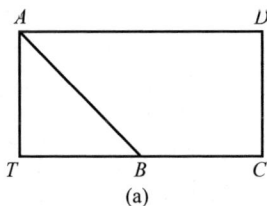

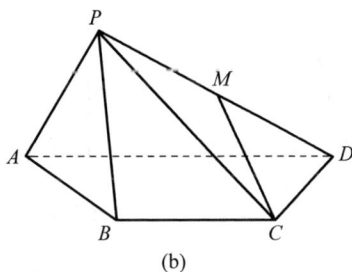

(a)   (b)

(1) 求线段 CM 的长度；

(2) 求直线 CM 与平面 $ABCD$ 所成角的正弦值的最大值.

9. 如图所示,在正四棱柱 $ABCD$-$A_1B_1C_1D_1$ 中,$AB = 2$,$AA_1 = 4$. 点 A_2,B_2,C_2,D_2 分别在棱 AA_1,BB_1,CC_1,DD_1 上,$AA_2 = 1$,$BB_2 = DD_2 = 2$,$CC_2 = 3$.

(1) 证明:$B_2C_2 /\!/ A_2D_2$；

(2) 点 P 在棱 BB_1 上,当二面角 P-A_2C_2-D_2 的夹角为 $30°$ 时,求 B_2P

的长.

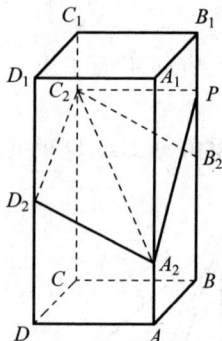

10. 如图所示,在长方体 $ABCD\text{-}A_1B_1C_1D_1$ 中,点 E,F 分别在棱 DD_1,BB_1 上,且 $2DE=ED_1,BF=2FB_1$. 证明:

(1) 当 $AB=BC$ 时,$EF\perp AC$;

(2) 点 C_1 在平面 AEF 内.

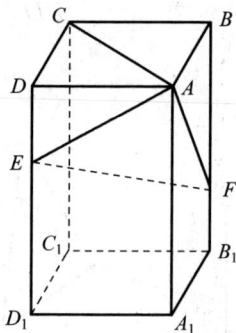

4.6.4 解答题解析

1. (1)设 A 到平面 A_1BC 的距离为 d,因为直三棱柱 $ABC\text{-}A_1B_1C_1$ 的体积为 4,即可得 $S_{\triangle ABC}\cdot AA_1=4$,故 $V_{A_1\text{-}ABC}=\dfrac{1}{3}S_{\triangle ABC}\cdot AA_1=\dfrac{4}{3}$. 又

$$V_{A_1\text{-}ABC}=V_{A\text{-}A_1BC}=\frac{1}{3}S_{\triangle A_1BC}\cdot d=\frac{1}{3}\times 2\sqrt{2}d=\frac{4}{3},$$ 解得 $d=\sqrt{2}$,所以 A 到平面 A_1BC 的距离为 $\sqrt{2}$.

（2）连接 AB_1，因为直三棱柱 ABC-$A_1B_1C_1$ 中，$AA_1=AB$，故四边形 AA_1B_1B 为正方形，即 $AB_1\perp A_1B$. 又平面 $A_1BC\perp$ 平面 ABB_1A_1，平面 $A_1BC\cap$ 平面 $ABB_1A_1=A_1B$，$AB_1\subset$ 平面 ABB_1A_1，故 $AB_1\perp$ 平面 A_1BC. 因为 $BC\subset$ 平面 A_1BC，所以 $AB_1\perp BC$，因为 $AA_1\perp BC$，AB_1，AA_1 $\subset$ 平面 ABB_1A_1，且 $AB_1\cap AA_1=A$，故 $BC\perp$ 平面 ABB_1A_1，由 $AB\subset$ 平面 ABB_1A_1，知 $BC\perp AB$，故 BB_1，AB，BC 三条直线两两垂直，如图 4.21 所示，以 B 为原点建立空间直角坐标系，设 $AA_1=AB=a$，$BC=b$，则

$A_1B=\sqrt{2}\,a$，由条件可得 $\begin{cases}\dfrac{1}{2}aba=4,\\[2mm]\dfrac{1}{2}\sqrt{2}\,ab=2\sqrt{2},\end{cases}$ 解得 $\begin{cases}a=2,\\ b=2.\end{cases}$ 可见 $B(0,0,0)$，

$C(2,0,0)$，$A(0,2,0)$，$A_1(0,2,2)$，A_1C 的中点为 $D=D(1,1,1)$，故 $\overrightarrow{BA}=$ $(0,2,0)$，$\overrightarrow{BD}=(1,1,1)$，$\overrightarrow{BC}=(2,0,0)$. 设平面 ABD 的法向量为 $\overrightarrow{n_1}=$

(x,y,z)，则 $\begin{cases}\overrightarrow{n_1}\cdot\overrightarrow{BA}=0,\\ \overrightarrow{n_1}\cdot\overrightarrow{BD}=0,\end{cases}$ 即 $\begin{cases}2y=0,\\ x+y+z=0,\end{cases}$ 可取 $\overrightarrow{n_1}=(1,0,-1)$.

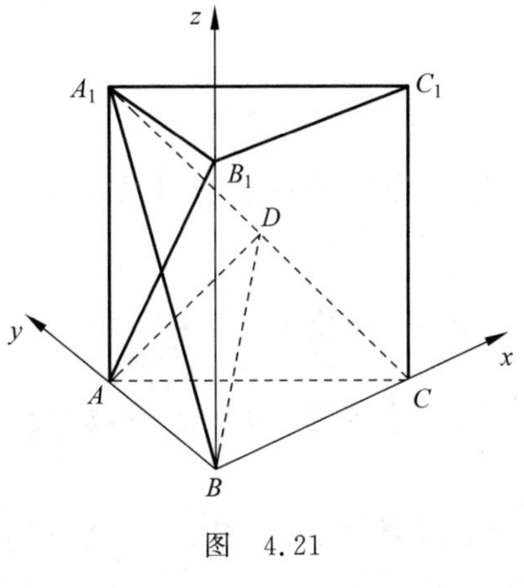

图 4.21

类似地，可求平面 BCD 的法向量为 $\overrightarrow{n_2}=(0,1,-1)$，于是

$$|\cos\langle\overrightarrow{n_1},\overrightarrow{n_2}\rangle|=\frac{|\overrightarrow{n_1}\cdot\overrightarrow{n_2}|}{|\overrightarrow{n_1}||\overrightarrow{n_2}|}=\frac{1}{2},$$

因此二面角 $A\text{-}BD\text{-}C$ 的正弦值为 $\dfrac{\sqrt{3}}{2}$.

2. (1) 正四棱锥满足且 $PO\perp$ 平面 $ABCD$, 由 $AO\subset$ 平面 $ABCD$, 则 $PO\perp AO$. 又正四棱锥底面 $ABCD$ 是正方形, 由 $AD=3\sqrt{2}$ 可得, $AO=3$, 故 $PO=\sqrt{PA^2-AO^2}=4$, $\triangle POA$ 绕 PO 旋转一周形成的几何体是以 PO 为轴, AO 为底面半径的圆锥, 圆锥的高为 $PO=4$, 底面半径为 $AO=3$, 根据圆锥的体积公式, 所得圆锥的体积是 $\dfrac{1}{3}\times\pi\times3^2\times4=12\pi$.

(2) 连接 EA, EO, EC, 结合正四棱锥的性质可知每个侧面都是等边三角形, 由 E 是 PB 中点 (如图 4.22 所示), 知 $AE\perp PB$, $CE\perp PB$. 又 $AE\cap CE=E$, AE, $CE\subset$ 平面 ACE, 故 $PB\perp$ 平面 ACE, 即 $BE\perp$ 平面 ACE. 又 $BD\cap$ 平面 $ACE=O$, 于是直线 BD 与平面 AEC 所成角的大小即为 $\angle BOE$, 不妨设 $AP=AD=6$, 则 $BO=3\sqrt{2}$, $BE=3$, $\sin\angle BOE=$

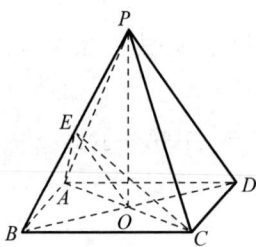

图 4.22

$\dfrac{3}{3\sqrt{2}}=\dfrac{\sqrt{2}}{2}$. 又线面角的范围是 $\left[0,\dfrac{\pi}{2}\right]$, 故 $\angle BOE=\dfrac{\pi}{4}$. 即为所求.

此题也可以通过建立坐标系的方法求解, 有兴趣的读者可以尝试一下.

3. (1) 取 CB_1 中点 P, 连接 NP, MP. 由于 N 是 B_1C_1 的中点, 故 $NP/\!/CC_1$, 且 $NP=\dfrac{1}{2}CC_1$. M 是 DD_1 的中点, 故 $D_1M=\dfrac{1}{2}DD_1=\dfrac{1}{2}CC_1$, 且 $D_1M/\!/CC_1$, 于是有 $D_1M/\!/NP$, $D_1M=NP$, 这说明四边形 D_1MPN 是平行四边形, 故 $D_1N/\!/MP$. 又 $MP\subset$ 平面 CB_1M, $D_1N\not\subset$ 平面 CB_1M, 故 $D_1N/\!/$ 平面 CB_1M;

(2) 以 A 为原点建立如图 4.23 所示的空间直

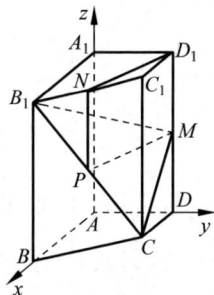

图 4.23

角坐标系，则有 $A=(0,0,0)$，$B=(2,0,0)$，$B_1=(2,0,2)$，$M=(0,1,1)$，$C=(1,1,0)$，$C_1=(1,1,2)$，故 $\overrightarrow{CB_1}=(1,-1,2)$，$\overrightarrow{CM}=(-1,0,1)$，$\overrightarrow{BB_1}=(0,0,2)$．

设平面 CB_1M 与平面 BB_1CC_1 的法向量分别为 $\vec{m}=(x_1,y_1,z_1)$，$\vec{n}=(x_2,y_2,z_2)$，则

$$\begin{cases} \vec{m}\cdot\overrightarrow{CB_1}=x_1-y_1+2z_1=0, \\ \vec{m}\cdot\overrightarrow{CM}=-x_1+z_1=0, \end{cases} \qquad \begin{cases} \vec{n}\cdot\overrightarrow{CB_1}=x_2-y_2+2z_2=0, \\ \vec{n}\cdot\overrightarrow{BB_1}=2z_2=0, \end{cases}$$

分别取 $x_1=x_2=1$，则有 $y_1=3$，$z_1=1$，$y_2=1$，$z_2=0$，即 $\vec{m}=(1,3,1)$，$\vec{n}=(1,1,0)$，则

$$|\cos\langle\vec{m},\vec{n}\rangle|=\left|\frac{\vec{m}\cdot\vec{n}}{|\vec{m}|\cdot|\vec{n}|}\right|=\frac{1+3}{\sqrt{1+9+1}\cdot\sqrt{1+1}}=\frac{2\sqrt{22}}{11},$$

故平面 CB_1M 与平面 BB_1CC_1 的夹角余弦值为 $\dfrac{2\sqrt{22}}{11}$．

(3) 由 $\overrightarrow{BB_1}=(0,0,2)$，平面 CB_1M 的法向量为 $\vec{m}=(1,3,1)$，则有

$$\frac{|\overrightarrow{BB_1}\cdot\vec{m}|}{|\vec{m}|}=\frac{2}{\sqrt{1+9+1}}=\frac{2\sqrt{11}}{11},$$ 即点 B 到平面 CB_1M 的距离为 $\dfrac{2\sqrt{11}}{11}$．

4. (1) 因为 $PD=PC$，所以 $\triangle PDC$ 为等腰三角形．又 E 为 CD 边的中点，所以 $PE\perp DC$．由 $\triangle PDC\perp$ 长方形 $ABCD$，$\triangle PDC\cap$ 长方形 $ABCD=DC$，且 $PE\subset\triangle PDC$，故 $PE\perp$ 长方形 $ABCD$．由于 $FG\subset$ 长方形 $ABCD$，故 $PE\perp FG$．

(2) 由四边形 $ABCD$ 是长方形知 $AD\perp DC$，因为 $\triangle PDC\perp$ 长方形 $ABCD$，$\triangle PDC\cap$ 长方形 $ABCD=DC$，且 $AD\subset$ 长方形 $ABCD$，所以 $AD\perp\triangle PDC$．又 $PD\subset\triangle PDC$，故 $PD\perp AD$，$DC\perp AD$，可见 $\angle PDC$ 为二面角 $P\text{-}AD\text{-}C$ 的平面角．由于 $DC=AB=6$，E 为 CD 边的中点，故 $DE=\dfrac{1}{2}DC=3$．因为 $PD=4$，由勾股定理知 $PE=\sqrt{4^2-3^2}=\sqrt{7}$，于是

$$\tan\angle PDC=\frac{PE}{DE}=\frac{\sqrt{7}}{3},$$ 即二面角 $P\text{-}AD\text{-}C$ 的正切值为 $\dfrac{\sqrt{7}}{3}$．

（3）如图 4.24 所示,连接 A,C,因为 $AF=2FB$,$CG=2GB$,故 $\dfrac{BF}{AB}=$

$\dfrac{BG}{BC}$,$FG//AC$,于是 $\angle PAC$ 为直线 PA 与直线 FG 所成角. 由 $AB=6$,

$BC=3$ 得 $AC=\sqrt{6^2+3^2}=3\sqrt{5}$. 由(2)问知 $AD\perp PD$,因为 $AD=BC=3$,

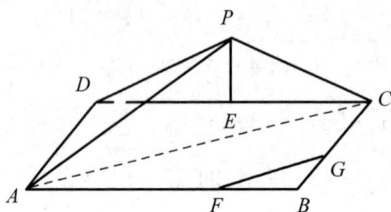

图　4.24

$PD=4$,故 $AP=\sqrt{3^2+4^2}=5$,由题意知 $PC=4$,所以 $\cos\angle PAC=$

$\dfrac{AP^2+AC^2-PC^2}{2\cdot AP\cdot AC}=\dfrac{9\sqrt{5}}{25}$,即直线 PA

与直线 FG 所成角的余弦值为 $\dfrac{9\sqrt{5}}{25}$.

5. （1）由 $AD=CD$,E 是 AC 的中点知 $AC\perp DE$.

由 $AD=CD$,$BD=BD$,$\angle ADB=\angle CDB$ 知 $\triangle ADB\cong\triangle CDB$,由此可见 $AB=CB$,故 $AC\perp BE$. 又 $DE\cap BE=E$,DE,$BE\subset$ 平面 BED,所以 $AC\perp$ 平面 BED. 由于 $AC\subset$ 平面 ACD,故平面 $BED\perp$ 平面 ACD.

（2）依题意 $AB=BD=BC=2$,$\angle ACB=60°$,三角形 ABC 是等边三角形,故 $AC=2$,$AE=CE=1$,$BE=\sqrt{3}$. 由于 $AD=CD$,$AD\perp CD$,所以三角形 ACD 是等腰直角三角形,故 $DE=1$. 由此可得 $DE^2+BE^2=BD^2$,故而 $DE\perp BE$. 由 $AC\cap BE=E$,AC,$BE\subset$ 平面 ABC 知 $DE\perp$ 平面 ABC.

由 $\triangle ADB\cong\triangle CDB$ 知 $\angle FBA=\angle FBC$,于是由

$$BF=BF,\quad \angle FBA=\angle FBC,\quad AB=CB$$

可知 $\triangle FBA\cong\triangle FBC$,进而 $AF=CF$,所以 $EF\perp AC$. 由此可得 $S_{\triangle AFC}=$

$\dfrac{1}{2}AC\cdot EF$,显然,当 EF 最短时,$\triangle AFC$ 的面积最小. 过 E 点作线段 $EF\perp BD$,垂足为 F,在 Rt$\triangle BED$ 中,$\dfrac{1}{2}BE\cdot DE=\dfrac{1}{2}BD\cdot EF$,解得

$EF=\dfrac{\sqrt{3}}{2}$,因此 $DF=\sqrt{1^2-\left(\dfrac{\sqrt{3}}{2}\right)^2}=\dfrac{1}{2}$,$BF=2-DF=\dfrac{3}{2}$,故 $\dfrac{BF}{BD}=\dfrac{3}{4}$.

如图 4.25 所示,过 F 点作线段 $FH\perp BE$,垂足为 H,则 $FH//DE$,于

是 $FH \perp$ 平面 ABC, 且 $\dfrac{FH}{DE} = \dfrac{BF}{BD} = \dfrac{3}{4}$, 可见

$FH = \dfrac{3}{4}$, 故

$$V_{F\text{-}ABC} = \dfrac{1}{3} \cdot S_{\triangle ABC} \cdot FH = \dfrac{\sqrt{3}}{4}.$$

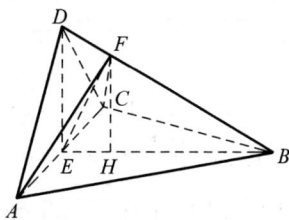

图 4.25

6. (1) 由题意知 $\triangle DAE$ 为等边三角形, 不妨设 $AE = 1$, 则 $DO = \dfrac{\sqrt{3}}{2}$,

$CO = BO = \dfrac{1}{2}AE = \dfrac{1}{2}$, 故

$$PO = \dfrac{\sqrt{6}}{6}DO = \dfrac{\sqrt{2}}{4}, \quad PC = \sqrt{PO^2 + OC^2} = \dfrac{\sqrt{6}}{4} = PB = PA.$$

由于 $\triangle ABC$ 是等边三角形, 所以 $\dfrac{BA}{\sin 60°} = 2OA$, 从而 $AB = \dfrac{\sqrt{3}}{2}$, 于是 $PA^2 +$

$PB^2 = \dfrac{3}{4} = AB^2$, 可见 $\angle APB = 90°$, 从而 $PA \perp PB$. 同理可证 $PA \perp PC$,

故而 $PA \perp$ 平面 PBC.

如图 4.26(a) 所示, 通过建立空间直角坐标系也可以完成证明. 不妨

设 $AB = 2\sqrt{3}$, 则 $AE = AD = \dfrac{AB}{\sin 60°} = 4$, 由于 $DO \perp$ 平面 ABC, 故 $DO =$

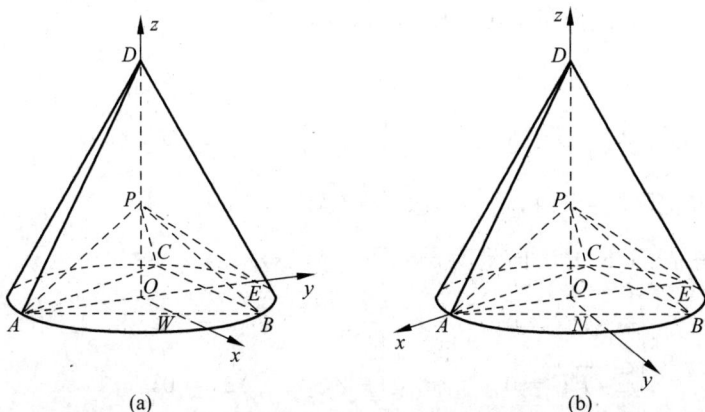

(a)   (b)

图 4.26

$\sqrt{AD^2-AO^2}=\sqrt{4^2-2^2}=2\sqrt{3}$,于是 $PO=\dfrac{\sqrt{6}}{6}DO=\sqrt{2}$. 因为 O 是 $\triangle ABC$ 的外心,所以 $AE\perp BC$. 在底面过 O 点作 BC 的平行线与 AB 交于 W,以 O 点为原点,$\overrightarrow{OW}$ 方向为 x 轴正方向,$\overrightarrow{OE}$ 方向为 y 轴正方向,$\overrightarrow{OD}$ 方向为 z 轴正方向,建立直角坐标系 $O\text{-}xyz$,则有

$$A(0,-2,0),B(\sqrt{3},1,0),C(-\sqrt{3},1,0),E(0,2,0),P(0,0,\sqrt{2}).$$

于是

$$\overrightarrow{PA}=(0,-2,-\sqrt{2}),\quad \overrightarrow{PB}=(\sqrt{3},1,-\sqrt{2}),\quad \overrightarrow{PC}=(-\sqrt{3},1,-\sqrt{2}).$$

求内积得 $\overrightarrow{PA}\cdot\overrightarrow{PB}=0,\overrightarrow{PA}\cdot\overrightarrow{CP}=0$. 可见 $PA\perp BP,PA\perp CP$. 故 $PA\perp$ 平面 PBC.

(2) 过 O 作 $ON\parallel BC$ 交 AB 于点 N,因为 $PO\perp$ 平面 ABC,以 O 为坐标原点,OA 为 x 轴,ON 为 y 轴,OD 为 z 轴,建立如图 4.26(b)所示的空间直角坐标系,则

$$E\left(-\dfrac{1}{2},0,0\right),\quad P\left(0,0,\dfrac{\sqrt{2}}{4}\right),\quad B\left(-\dfrac{1}{4},\dfrac{\sqrt{3}}{4},0\right),$$

$$C\left(-\dfrac{1}{4},-\dfrac{\sqrt{3}}{4},0\right),\quad \overrightarrow{PC}=\left(-\dfrac{1}{4},-\dfrac{\sqrt{3}}{4},-\dfrac{\sqrt{2}}{4}\right),$$

$$\overrightarrow{PB}=\left(-\dfrac{1}{4},\dfrac{\sqrt{3}}{4},-\dfrac{\sqrt{2}}{4}\right),\quad \overrightarrow{PE}=\left(-\dfrac{1}{2},0,-\dfrac{\sqrt{2}}{4}\right).$$

设平面 PCB 的法向量为 $\vec{n}=(x_1,y_1,z_1)$,由

$$\begin{cases}\vec{n}\cdot\overrightarrow{PC}=0,\\ \vec{n}\cdot\overrightarrow{PB}=0,\end{cases}\quad 得 \quad \begin{cases}-x_1-\sqrt{3}\,y_1-\sqrt{2}\,z_1=0,\\ -x_1+\sqrt{3}\,y_1-\sqrt{2}\,z_1=0.\end{cases}$$

取 $x_1=\sqrt{2}$,得 $z_1=-1,y_1=0$,故 $\vec{n}=(\sqrt{2},0,-1)$.

设平面 PCE 的法向量为 $\vec{m}=(x_2,y_2,z_2)$,由

$$\begin{cases}\vec{m}\cdot\overrightarrow{PC}=0,\\ \vec{m}\cdot\overrightarrow{PE}=0,\end{cases}\quad 得 \quad \begin{cases}-x_2-\sqrt{3}\,y_2-\sqrt{2}\,z_2=0,\\ -2x_2-\sqrt{2}\,z_2=0,\end{cases}$$

取 $x_2=1$,得 $z_2=-\sqrt{2},y_2=\dfrac{\sqrt{3}}{3}$,故 $\vec{m}=\left(1,\dfrac{\sqrt{3}}{3},-\sqrt{2}\right)$,从而

$$| \cos\langle \vec{m}, \vec{n} \rangle | = \left| \frac{\vec{n} \cdot \vec{m}}{|\vec{n}| \cdot |\vec{m}|} \right| = \left| \frac{2\sqrt{2}}{\sqrt{3} \times \frac{\sqrt{10}}{\sqrt{3}}} \right| = \frac{2\sqrt{5}}{5}.$$

设二面角 $B\text{-}PC\text{-}E$ 的夹角为 θ，所以 $\cos\theta = \frac{2\sqrt{5}}{5}$.

7. （1）因为 $PA \perp$ 平面 $ABCD$，而 $AD \subset$ 平面 $ABCD$，故 $PA \perp AD$. 又 $AD \perp PB, PB \cap PA = P, PB, PA \subset$ 平面 PAB，所以 $AD \perp$ 平面 PAB，由 $AB \subset$ 平面 PAB，知 $AD \perp AB$. 由题目得条件，有 $BC^2 + AB^2 = AC^2$，所以 $BC \perp AB$，进而 $AD /\!/ BC$. 又 $AD \not\subset$ 平面 $PBC, BC \subset$ 平面 PBC，所以 $AD /\!/$ 平面 PBC.

（2）如图 4.27 所示，过点 D 作 $DE \perp AC$ 于 E，再过点 E 作 $EF \perp CP$ 于 F，连接 DF. 因为 $PA \perp$ 平面 $ABCD$，所以平面 $PAC \perp$ 平面 $ABCD$，而平面 $PAC \cap$ 平面 $ABCD = AC$，所以 $DE \perp$ 平面 PAC. 又 $EF \perp CP$，所以 $CP \perp$ 平面 DEF. 根据二面角的定义可知，$\angle DFE$ 即为二面角 $A\text{-}CP\text{-}D$ 的平面角，即 $\sin\angle DEF = \frac{\sqrt{42}}{7}$，于是

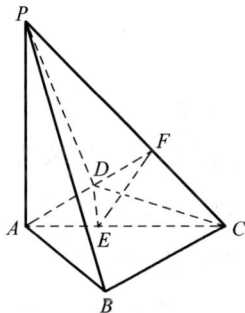

图 4.27

$\tan\angle DEF = \sqrt{6}$. 因为 $AD \perp DC$，设 $AD = x$，则 $CD = \sqrt{4-x^2}$，由此可得 $DE = \frac{x\sqrt{4-x^2}}{2}$，进而

$$CE = \sqrt{(4-x^2) - \frac{x^2(4-x^2)}{4}} = \frac{4-x^2}{2}.$$

由于 $\triangle EFC$ 是等腰直角三角形，故 $EF = \frac{4-x^2}{2\sqrt{2}}$，于是

$$\tan\angle DFE = \frac{\dfrac{x\sqrt{4-x^2}}{2}}{\dfrac{4-x^2}{2\sqrt{2}}} = \sqrt{6},$$

解得 $x=\sqrt{3}$，即 $AD=\sqrt{3}$.

8.（1）如图 4.28 所示，取 PA 的中点 N，连接 MN，BN，在 $\triangle PAD$ 中，因为 M，N 分别为 PD，PA 的中点，所以 $MN/\!/AD$，且 $MN=\frac{1}{2}AD$.

由于 $BC/\!/AD$ 且 $BC=\frac{1}{2}AD$，故 $MN/\!/BC$ 且 $MN=BC$，所以四边形

图　4.28

$BCMN$ 为平行四边形，于是 $CM=BN$. 在直角 $\triangle PBN$ 中，因为 $PB=1$，$PN=\frac{1}{2}$，所以 $BN=\sqrt{PB^2+PN^2}=\sqrt{1+\frac{1}{4}}=\frac{\sqrt{5}}{2}$，故线段 CM 的长度为 $\frac{\sqrt{5}}{2}$.

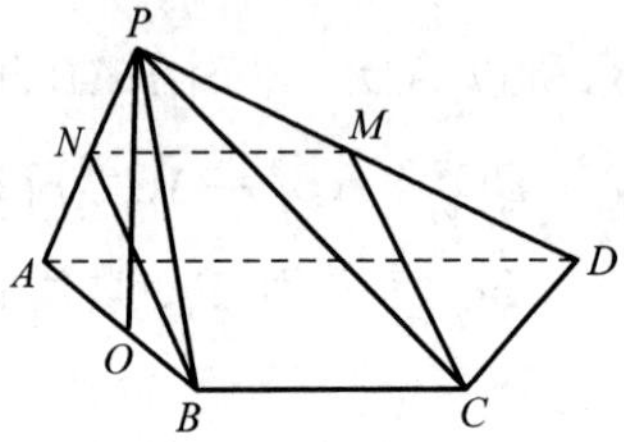

（2）因为 M 为 PD 的中点，所以点 M 到平面 $ABCD$ 的距离等于点 P 到平面 $ABCD$ 距离的一半. 显然当平面 $PAB\perp$ 平面 $ABCD$ 时，点 P 到平面 $ABCD$ 的距离最大，此时直线 CM 与平面 $ABCD$ 所成角取得最大值. 取 AB 的中点 O，因为 $PA=PB$，所以 $PO\perp AB$. 由于平面 $PAB\perp$ 平面 $ABCD$，且平面 $PAB\cap$ 平面 $ABCD=AB$，故 $PO\perp$ 平面 $ABCD$. 在等腰直角 $\triangle PAB$ 中，因为 $PA=PB=1$，由此可知 $AB=\sqrt{2}$，从而 $PO=\frac{\sqrt{2}}{2}$，这说明点 M 到平面 $ABCD$ 的距离的最大值为 $d=\frac{\sqrt{2}}{4}$. 设直线 CM 与平面 $ABCD$ 所成角为 θ，则有

$$\sin\theta=\frac{d}{CM}=\frac{\frac{\sqrt{2}}{4}}{\frac{\sqrt{5}}{2}}=\frac{\sqrt{10}}{10},$$

即直线 CM 与平面 $ABCD$ 所成角的正弦值的最大值为 $\frac{\sqrt{10}}{10}$.

9.（1）如图 4.29（a）所示，作线段 $A_2E\perp BB_1$ 与 BB_1 交于 E 点，$D_2F\perp CC_1$ 与 CC_1 于交于 F 点，则有 $A_2E/\!/D_2F$，$A_2E=D_2F$，即四边形

A_2EFD_2 是平行四边形,从而 $A_2D_2/\!/EF$.又 $B_2E/\!/C_2F,B_2E=C_2F=1$,即四边形 B_2EFC_2 是平行四边形,故 $B_2C_2/\!/EF$.可见 $B_2C_2/\!/A_2D_2$.

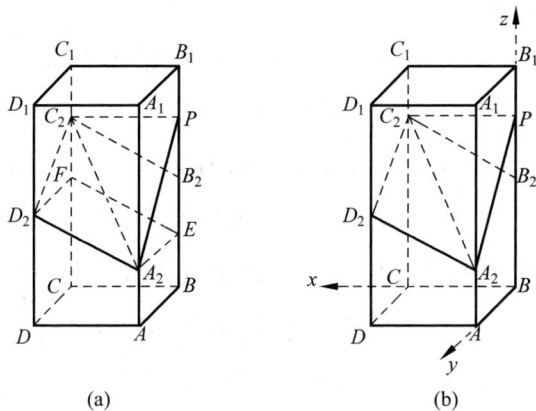

图　4.29

(2) 如图 4.29(b)所示,以 B 为原点,BC,BA,BB_1 分别为 x 轴,y 轴,z 轴的正方向建立直角坐标系.不妨设

$$P=P(0,0,t),\quad C_2=C_2(2,0,3),$$
$$A_2=A_2(0,2,1),\quad D_2=D_2(2,2,2),$$

则 $\overrightarrow{A_2D_2}=(2,0,1),\overrightarrow{A_2C_2}=(2,-2,2),\overrightarrow{A_2P}=(0,-2,t-1)$.

设平面 $A_2C_2D_2$ 的法向量为 $\vec{m}=(x_1,y_1,z_1)$,则

$$\begin{cases}\vec{m}\cdot\overrightarrow{A_2D_2}=0,\\ \vec{m}\cdot\overrightarrow{A_2C_2}=0,\end{cases}\quad 即 \quad \begin{cases}2x_1+z_1=0,\\ 2x_1-2y_1+2z_1=0.\end{cases}$$

取 $z_1=-2$,解得 $x_1=1,y_1=-1$,故 $\vec{m}=(1,-1,-2)$.

设平面 PA_2C_2 的法向量为 $\vec{n}=(x_2,y_2,z_2)$,则

$$\begin{cases}\vec{n}\cdot\overrightarrow{A_2P}=0,\\ \vec{n}\cdot\overrightarrow{A_2C_2}=0,\end{cases}\quad 即 \quad \begin{cases}-2y_2+(t-1)z_2=0,\\ 2x_2-2y_2+2z_2=0.\end{cases}$$

令 $z_2=2$,解得 $x_2=t-3,y_2=t-1$,故 $\vec{n}=(t-3,t-1,2)$.

由于二面角 $P\text{-}A_2C_2\text{-}D_2$ 的夹角为 $30°$,故而

$$|\cos\langle \vec{m},\vec{n}\rangle| = \frac{|\vec{m}\cdot\vec{n}|}{|\vec{m}||\vec{n}|} = \frac{6}{\sqrt{6}\cdot\sqrt{(t+3)^2+(t-1)^2+4}} = \frac{\sqrt{3}}{2},$$

解得 $t=1$ 或 3,因此 $B_2P=1$.

10. (1) 因为 $ABCD\text{-}A_1B_1C_1D_1$ 是长方体,所以 $BB_1\perp$ 平面 $ABCD$,即 $AC\perp BB_1$. 由于 $AB=BC$,故四边形 $ABCD$ 为正方形,所以 $AC\perp BD$. 显然,$AC\perp$ 平面 BB_1D_1D,由 $EF\subset$ 平面 BB_1D_1D 可知 $AC\perp EF$.

(2) 如图 4.30 所示,在 CC_1 上取点 M 使得 $CM=2MC_1$,连接 DM,MF,因为 $D_1E=2ED$,$DD_1/\!/CC_1,DD_1=CC_1$,所以 $ED=MC_1,ED/\!/MC_1$,可见四边形 DMC_1E 为平行四边形,从而 $DM/\!/EC_1$. 由于 $MF/\!/DA,MF=DA$,故 $MFAD$ 为平行四边形,于是 $DM/\!/AF$,进而 $EC_1/\!/AF$,这说明 E,C_1,A,F 四点共面,因此 C_1 在平面 AEF 内.

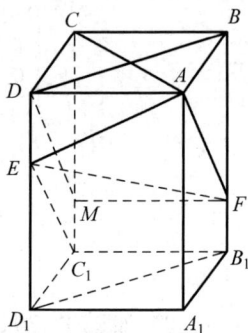

图 4.30

习题

1. (多选)如图所示,四边形 $ABCD$ 为正方形,$ED\perp$ 平面 $ABCD$,$FB/\!/ED,AB=ED=2FB$,记三棱锥 $E\text{-}ACD$,$F\text{-}ABC,F\text{-}ACE$ 的体积分别为 V_1,V_2,V_3,则(   ).

A. $V_3=2V_2$

B. $V_3=2V_1$

C. $V_3=V_1+V_2$

D. $2V_3=3V_1$

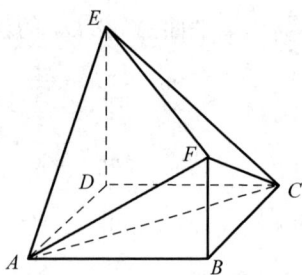

2. 如图所示,正方体 A_1C 的棱长为 1,点 M 在棱 A_1D_1 上,$A_1M=2MD_1$,过 M 的平面 α 与平面 A_1BC_1 平行,且与正方体各面相交得到截面多边形,则该截面多边形的周长为_____.

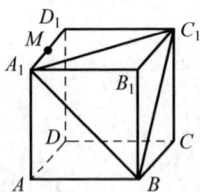

3. (2021·甲卷T11)已知 A,B,C 是半径为1的球 O 的球面上的三个点,且 $AC \perp BC, AC = BC = 1$,则三棱锥 $O\text{-}ABC$ 的体积为( ).

A. $\dfrac{\sqrt{2}}{12}$ B. $\dfrac{\sqrt{3}}{12}$ C. $\dfrac{\sqrt{2}}{4}$ D. $\dfrac{\sqrt{3}}{4}$

4. 如图,在边长为4的正三角形 ABC 中,E 为边 AB 的中点,过 E 作 $ED \perp AC$ 于 D. 把 $\triangle ADE$ 沿 DE 翻折至 $\triangle A_1DE$ 的位置,连接 A_1C, A_1B.

(1) F 为边 A_1C 的一点,若 $\overrightarrow{CF} = 2\overrightarrow{FA_1}$,求证:$BF /\!/$ 平面 A_1DE;

(2) 当四面体 $C\text{-}EBA_1$ 的体积取得最大值时,求平面 A_1DE 与平面 A_1BC 的夹角的余弦值.

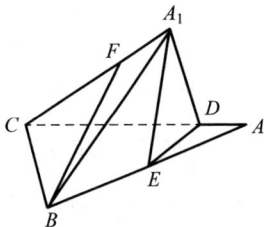

5. 如图所示,直三棱柱 $ABC\text{-}A_1B_1C_1$ 的体积为4,$\triangle A_1BC$ 的面积为 $2\sqrt{2}$.

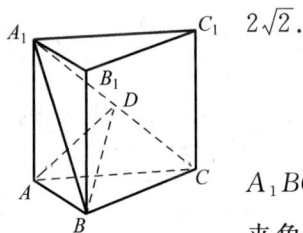

(1) 求 A 到平面 A_1BC 的距离;

(2) 设 D 为 A_1C 的中点,$AA_1 = AB$,平面 $A_1BC \perp$ 平面 ABB_1A_1,求平面 ABD 与平面 BCD 夹角的正弦值.

习题答案

1. 设 $AB = ED = 2FB = 2$,则 $V_1 = \dfrac{1}{3} \times 2 \times 2 = \dfrac{4}{3}$,$V_2 = \dfrac{1}{3} \times 2 \times 1 = \dfrac{2}{3}$. 连接 BD 交 AC 于 M,连接 EM, FM,则 $FM = \sqrt{3}, EM = \sqrt{6}, EF = 3$,故 $S_{\triangle EMF} = \dfrac{1}{2} \times \sqrt{3} \times \sqrt{6} = \dfrac{3\sqrt{2}}{2}$,$V_3 = \dfrac{1}{3} S_{\triangle EMF} \cdot AC = 2$,$V_3 = V_1 + V_2$,$2V_3 = 3V_1$. 可见正确答案为 C,D.

2. 在平面 A_1D_1DA 中寻找与平面 A_1BC_1 平行的直线时,只需要

$ME/\!/BC_1$,如图 4.31 所示,因为 $A_1M=2MD_1$,故该截面与正方体的交点位于靠近 D_1,A,C 的三等分点处,故可得截面为 $MIHGFE$.

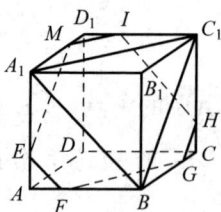

图　4.31

设正方体的棱长为 $3a$,则 $ME=2\sqrt{2}a$,$MI=\sqrt{2}a$,$IH=2\sqrt{2}a$,$HG=\sqrt{2}a$,$FG=2\sqrt{2}a$,$EF=\sqrt{2}a$,所以截面 $MIHGFE$ 的周长为

$$ME+EF+FG+GH+HI+IM=9\sqrt{2}a.$$

又因为正方体 A_1C 的棱长为 1,即 $3a=1$,故截面多边形的周长为 $3\sqrt{2}$.

3. 如图 4.32 所示,因为 $AC\perp BC$,$AC=BC=1$,所以底面 ABC 为等腰直角三角形,所以 $\triangle ABC$ 所在的截面圆的圆心 O_1 为斜边 AB 的中点,所以 $OO_1\perp$ 平面 ABC,在 $\mathrm{Rt}\triangle ABC$ 中,$AB=\sqrt{AC^2+BC^2}=\sqrt{2}$,则 $AO_1=\dfrac{\sqrt{2}}{2}$,在 $\mathrm{Rt}\triangle AOO_1$ 中,$OO_1=\sqrt{OA^2-AO_1^2}=\dfrac{\sqrt{2}}{2}$,故三棱锥 $O\text{-}ABC$ 的体积为 $V=\dfrac{1}{3}\cdot S_{\triangle ABC}\cdot OO_1=\dfrac{1}{3}\times\dfrac{1}{2}\times 1\times 1\times\dfrac{\sqrt{2}}{2}=\dfrac{\sqrt{2}}{12}$.故选 A.

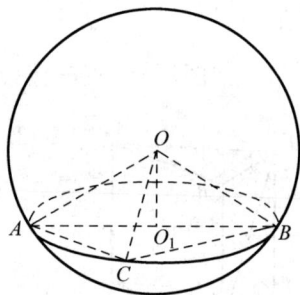

图　4.32

4.（1）如图 4.33 所示,取 AC 中点 M,连接 MF,MB.因为在正三角形 ABC 中,$MB\perp AC$,又因为 $ED\perp AC$,所以 $MB/\!/DE$,$MB\not\subset$ 平面 A_1DE,$DE\subset$ 平面 A_1DE,所以 $MB/\!/$ 平面 A_1DE.

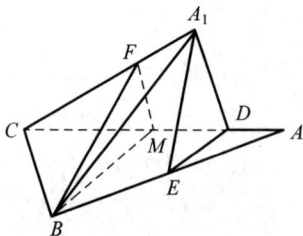

图　4.33

又有 $\overrightarrow{CM}=2\overrightarrow{MD}$,且 $\overrightarrow{CF}=2\overrightarrow{FA_1}$,所以 $MF/\!/DA_1$,而 $MF\not\subset$ 平面 A_1DE,$A_1D\subset$ 平面 A_1DE,所以 $MF/\!/$ 平面 A_1DE.由于 $MF\bigcap MB=M$,MF,$MB\subset$ 平面 MFB,所以平面 $MFB/\!/$ 平面 A_1DE.又 $BF\subset$ 平面 MFB,因此 $BF/\!/$ 平面 A_1DE.

（2）因为 $V_{C\text{-}BEA_1}=V_{A_1\text{-}BCE}$，又因为 $\triangle BCE$ 的面积为定值，所以当 A_1 到平面 BCE 的距离最大时，四面体 $C\text{-}BEA_1$ 的体积有最大值，因为 $DE\perp DC,DE\perp A_1D,DC\cap A_1D=D,DC,A_1D\subset$ 平面 A_1DC，所以 $DE\perp$ 平面 A_1DC.

因为 $DE\subset$ 平面 ABC，所以平面 $ABC\perp$ 平面 A_1DC.

当 $A_1D\perp CD$ 时，平面 $ABC\cap$ 平面 $A_1DC=CD,A_1D\subset$ 平面 A_1DC，所以 $A_1D\perp$ 平面 ABC，即在翻折过程中，点 A_1 到平面 BCE 的最大距离是 A_1D，因此四面体 $C\text{-}BEA_1$ 的体积取得最大值时，必有 $A_1D\perp$ 平面 ABC.

如图 4.34 所示，以点 D 为原点，DE 为 x 轴，DA 为 y 轴，DA_1 为 z 轴，建立空间直接坐标系，易知 $MB=2\sqrt{3},DE=\sqrt{3},D(0,0,0)$，$E(\sqrt{3},0,0),C(0,-3,0),A_1(0,0,1),B(2\sqrt{3},-1,0),\vec{n}_1=(0,1,0)$ 为平面 A_1DE 的一个法向量. 设平面 BCA_1 的法向量为 $\vec{n}_2=(x,y,z)$，

$\overrightarrow{A_1C}=(0,-3,-1),\overrightarrow{CB}=(2\sqrt{3},2,0)$，由 $\begin{cases}\overrightarrow{A_1C}\cdot\vec{n}_2=-3y-z=0,\\ \overrightarrow{CB}\cdot\vec{n}_2=2\sqrt{3}x+2y=0,\end{cases}$

令 $y=-1$ 得 $x=\dfrac{\sqrt{3}}{3},z=3$，所以 $\vec{n}_2=\left(\dfrac{\sqrt{3}}{3},-1,3\right)$ 为平面 BCA_1 的一个法向量，

$$\cos\langle\vec{n}_1,\vec{n}_2\rangle=\frac{\vec{n}_1\cdot\vec{n}_2}{|\vec{n}_1||\vec{n}_2|}=\frac{-1}{1\times\sqrt{\dfrac{31}{3}}}=-\frac{\sqrt{93}}{31}.$$

所以平面 A_1DE 与平面 A_1BC 的夹角（锐角）的余弦值为 $\dfrac{\sqrt{93}}{31}$.

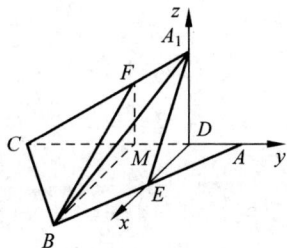

图 4.34

5. (1)（利用等体积法求高）在直三棱柱 $ABC\text{-}A_1B_1C_1$ 中,有

$$V_{A\text{-}A_1BC} = \frac{1}{3}S_{\triangle A_1BC} \cdot h = V_{A_1\text{-}ABC} = \frac{1}{3}S_{\triangle ABC} \cdot A_1A$$

$$= \frac{1}{3}V_{ABC\text{-}A_1B_1C_1} = \frac{4}{3},$$

所以 $h = 2$.

(2) 需要先证得 $BC \perp$ 平面 ABB_1A_1,然后建立坐标系,利用空间向量求出其二面角夹角的正弦值为 $\dfrac{\sqrt{3}}{2}$.

参 / 考 / 文 / 献

[1] 波利亚.数学的发现[M].刘景麟,曹之江,邹清莲,译.北京:科学出版社,2023.

[2] 哈尔莫斯.怎样做数学[EB/OL].(2019-04-16)[2019-06-12].https://chuansongme.com/n/2909741451012.

[3] 朱清波,曹广福.例谈探究式解题课教学[J].数学教育学报,2020,29(2):49-52.

[4] 曹广福.中学数学课堂中数学素养与思维能力的培养[J].中学数学杂志,2023,(6):1-5.

[5] 怀特海.教育的目的[M].张亚琴,鲁非凡,译.太原:山西教育出版社,2022.

[6] 弗莱登塔尔.作为教育任务的数学[M].陈昌平,唐瑞芬,译.上海:上海教育出版社,1995.

[7] 罗琼,廖运章.新加坡的中小学数学应用/建模教育[J].数学通报,2014,53(8):17-21,42.

[8] 董玉成,徐斌艳.我国高中数学教材中数学建模的处理:以人教版、湘教版、苏教版和北师大版教材为例[J].课程·教材·教法,2014,34(12):51-56.

[9] 曹广福,张蜀青.问题驱动的中学数学课堂教学:理论与实践卷[M].北京:清华大学出版社,2018.

[10] 曹广福,张蜀青,欧慧谋.问题驱动的中学数学课堂教学:函数与导数卷[M].北京:清华大学出版社,2022.